U0127323

中東簡史

黃鴻釗 主編

書林出版有限公司

國立中央圖書館出版品預行編目資料

中東簡史／黃鴻釗主編. -- 一版. -- 臺北市
　：書林，民 85
　408 面；21 公分
　ISBN 957-586-604-5 （平裝）

1.中東 – 歷史

735　　　　　　　　　　　　　　85000575

中東簡史

定價：250 元

主　　編／黃鴻釗
出 版 者／書林出版有限公司
　　　　　台北市新生南路三段 88 號二樓之五
　　　　　電話：23687226　傳真：23653548
　　　　　http：//www.bookman.com.tw
發 行 人／蘇正隆
郵　　撥／15743873・書林出版有限公司
印　　刷／優文印刷廠
登 記 證／局版臺業字第一八三一號

1996 年 5 月一版，2001 年 12 月三刷

ISBN 957-586-604-5

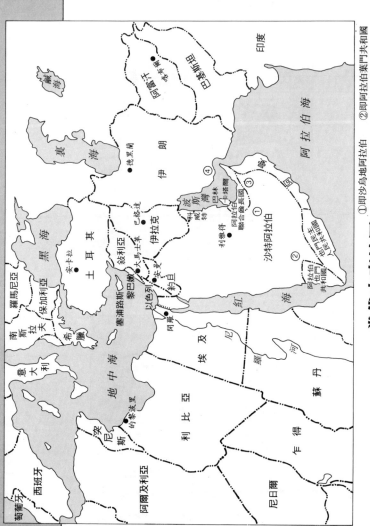

當代中東地圖

①即沙烏地阿拉伯　②即阿拉伯葉門共和國
③即阿拉伯聯合大公國　④即卡達

位於土耳其伊斯坦堡的清眞寺

這是公元七世紀用古阿拉伯文
抄寫在羊皮紙上的《古蘭經》

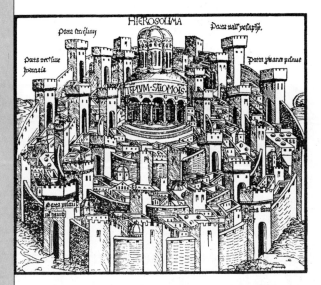

中古時代的耶路撒冷城

古畫中，描繪十字軍東
征前整裝待發的情況。

哭牆，耶路撒冷舊城內的一座牆壁，是猶
太教徒祈禱和朝聖的聖地。

聖城麥加的聖廟，每年都有成千上萬的穆
斯林前來朝覲。　　　　＊即回教徒

伊朗宗教氣氛濃厚。圖為婦女和兒童在街頭高舉**布條**和標語,支持前宗教領袖霍梅尼。

目　錄

導　言

　　自從一九九○年海灣[*]戰爭以來，人們對中東問題甚爲關注，但目前很多著作，往往只研究中東的某一具體事件，而缺乏全面的、歷史的考察，因此，我們撰寫此書，就是力求在有限的篇幅內，系統地、客觀地闡明幾千年來中東地區國際關係的演變，爲關心中東形勢的人士提供歷史背景的資料。　　　　　　　　　　　＊即波斯灣戰爭

　　"中東"是近代出現的一個地理概念，16－17世紀西方國家向東方擴展時，按照距離的遠近，把歐洲西部以外的地區分別稱爲"遠東"、"中東"和"近東"，這種劃分從來沒有明確的限定，有的書按照自然地理的觀點區分界限，更多的書卻按照政治地理的觀點確定範圍。而且人們常常隨意加以變動，尤其是中東與近東界限不清，有時人們乾脆合稱爲中近東。大體上說，近東是指巴爾幹、海峽地區和北非。中東是指從土耳其至阿富汗，以及埃及這一片土地。遠東則指東亞與東南亞諸國。本書闡述的中東

地區的範圍，是綜合《簡明不列顛百科全書》和《辭海》
的觀點，包括土耳其^①、約旦、伊朗、伊拉克、阿富汗、科
威特、沙特阿拉伯、阿曼^②、也門、阿拉伯聯合酋長國^③、卡
塔爾^④、巴林、埃及等17個國家。

這個地區連接歐亞非三大洲，位處五海之間（黑海、
裏海、地中海、紅海和阿拉伯海），自古以來就是聯繫東
西方的國際通道，海上和陸上絲綢之路的轉運點。到了近
代，由於蘇彝士運河1869年的通航，更使這裏成爲世界交
通的樞紐。蘇彝士運河全長173公里，溝通三洋（大西
洋、印度洋和太平洋）、四海（黑海、地中海、紅海和阿
拉伯海），通過運河比繞道好望角縮短航程6,000至1,400
公里，目前每年通航船隻20,000艘，其中80％爲油輪，總
噸位爲3.4億噸。中東還有許多海峽，如霍爾木茲海峽，
黑海海峽（即博斯普魯斯海峽和達達尼爾海峽）等，這些
海上咽喉具有經濟上和軍事上的意義，因此中東地區的地
理戰略地位十分重要，歷來爲大國霸權的必爭之地。

這裏也是人類文明的搖籃。擁有人類文明最早發源地
之一的尼羅河流域和兩河流域（即底格里斯河和幼發拉底
河）。位於尼羅河流域的埃及是世界文明古國之一，有着
6000年的悠久歷史，著名的金字塔和獅身人面像就是古代
科學與文化的宏偉奇蹟。伊拉克境內的兩河流域，在公元
前三千年建立了古巴比倫王國，而伊朗（古稱波斯），也
是一個具有四、五千年悠久歷史的古國。這一切說明，中
東人民曾在人類文明的啓蒙時代創造過輝煌燦爛的文化，
取得了無與倫比的偉大成就。而今天，中東地區又以其豐

①即沙烏地阿拉伯　　②即葉門

③即阿拉伯聯合大公國④即卡達

富的石油資源，爲人類文明的發展繼續做出卓越貢獻。

　　目前世界三大宗教（猶太教、基督教和伊斯蘭教*）也發源於中東。三教之中，又以伊斯蘭教在當地影響最大。據統計，80％的中東居民信奉伊斯蘭教，其餘信奉基督教、天主教、猶太教和東正教，還有少數人信奉拜火教。宗教信仰在中東居民的精神生活和政治生活中都佔重要地位。許多國家把伊斯蘭教定爲國教，寫入憲法，甚至成爲政治組織的基礎。耶路撒冷是中東一座古城，也是一座宗教名城。發源於巴勒斯坦的猶太教，曾在該城修築聖殿，基督教教主耶穌誕生於該城城郊伯利恒，其後又在該城錫安山殉難，因此猶太教和基督教歷來均以耶路撒冷爲聖地。伊斯蘭教發源於沙特阿拉伯的麥加，教主穆罕默德升天之前曾經神遊這座古城，於是伊斯蘭教亦把耶路撒冷列爲三大聖地之一。三大宗教各以耶路撒冷爲聖地，便產生聖地控制權之爭。除了宗教之間的矛盾之外，還有各個宗教內部派系之間的矛盾。伊斯蘭教內派系複雜，主要分爲遜尼派和十葉派兩大教派，但兩大教派中又各有支派。遜尼派內部有哈乃斐、沙斐儀、馬立克和罕百里等學派；十葉派內部有伊斯瑪儀派（又稱七伊馬目派）、十二伊馬姆派、栽德派、阿拉維派和德魯茲派等。基督教內部有天主教馬龍派、希臘東正教派、羅馬天主教、科普特教和亞美尼亞東正教等，教派一般都與國家政治集團結合起來。各個宗教和教派之間的鬥爭，往往表現爲激烈的政治鬥爭。

　　民族衆多也是中東地區的一個重要特點。中東民族約有二十多個，最主要的是信奉伊斯蘭教和講阿拉伯語的阿

＊又稱回教

3

拉伯人，約佔中東人口24,377萬人的一半以上。除了阿拉伯人外，還有土耳其人、波斯人、庫爾德人、阿塞拜疆人、柏柏爾人、科普特人和猶太人。此外還有亞美尼亞人、土庫曼人、科威特人、塔吉克人、普什圖人等等。複雜的民族關係和邊界問題導致中東長期紛爭不息，其中主要有伊朗和伊拉克的糾紛（阿拉伯河和霍爾木茲海峽三島問題）、土耳其和敍利亞的糾紛（亞歷山大勒達問題）、沙特和阿曼的糾紛（布賴米綠洲問題）、阿曼和也門的糾紛（佐法爾地區問題）、巴林和卡塔爾的糾紛（法什特迪貝爾羣島問題）等等。

二十世紀以來，豐富的戰略資源，特別是石油的發現和開採，使得中東的戰略地位倍增。1986年中東已探明的石油儲量爲593億噸，約佔世界總儲量的62％，其中沙特阿拉伯爲23億噸，居世界首位。1987年中東石油產量爲76,090萬噸，佔世界總產量的27.6％，石油使中東各國每年帶來1,000億美元的收入，同時爲世界各國提供穩定的能源。

中東自古是國際關係的重要焦點。公元前四世紀，馬其頓亞歷山大一世東征，把整個中東置於他的帝國統治之下。但他英年早逝，帝國迅速瓦解。公元一世紀，中東成爲羅馬帝國的附庸。其後羅馬帝國分裂，它又置於東羅馬帝國（又稱拜占庭帝國）統治之下。直到公元638年，阿拉伯人擊敗羅馬軍隊，從此中東地區進入了阿拉伯人統治的時代。

阿拉伯人佔領了巴勒斯坦，包括聖地耶路撒冷。他們在宗教上採取寬容態度，允許異教的基督徒和猶太人和平地居留巴勒斯坦，不阻撓基督教徒朝拜聖地。幾個世紀內，這些不同宗教基本上相安無事。

但是到了公元十一世紀，土耳其奧斯曼帝國崛起於西亞，取代了阿拉伯人，成爲中東新的統治者。基督教聖地耶路撒冷也落入土耳其人手中。他們對待異教徒的態度沒有阿拉伯人寬容，基督徒朝聖十分困難。於是西歐基督教國家乘機發動聖戰，企圖使中東地區置於基督教統治之下。從十一世紀末到十三世紀末（1096－1291年），發動了八次十字軍東征，一度攻陷耶路撒冷和附近地區，建立了幾個十字軍國家。其中最大的是耶路撒冷王國，以及安條克公國、的黎波里和埃德薩伯國。不過這些新建立的十字軍國家，西歐統治者只佔人口的少數，他們惴惴不安地生活在滿懷仇恨的中東民族包圍之中，又因發動十字軍東侵的那些西歐大國距離遙遠，難以及時聲援，結果一一被土耳其人滅掉。西歐十字軍的軍事殖民戰爭造成中東大量人口死亡，嚴重破壞了中東地區的社會生產和文化，而客觀上則加強了東西方的貿易與文化交流。

十八世紀以後，由於奧斯曼帝國的衰落，中東地區遂成爲西方大國角逐的場所。俄國是最早向中東殖民擴張的國家之一，沙皇政府認爲土耳其已是病入膏肓的病人，帶頭侵奪這個帝國的遺產。從十八世紀初至十九世紀七十年代，先後發動了九次俄土戰爭，佔領了中東大片領土，妄圖控制黑海海峽進入地中海的航道。法國在十八世紀末入侵中東。1789年拿破崙遠征埃及，佔領這個國家達三年之久。

　　進入十九世紀，中東地區在列强交侵之下，形成了大國爭霸之勢。英法爭奪埃及和蘇彝士運河控制權的爭鬥進入了高潮。法國開鑿了運河，但被英國人搶購了運河股票；英國人出兵佔領了埃及，卻長期遭到法國從政治上和經濟上的抵制。此外，兩國在中東其他地區的競爭也很激烈，法國資本控制着敍利亞和黎巴嫩，英國資本則統治伊拉克，並謀奪巴勒斯坦。但英俄在中東爭奪的激烈程度又大大超過了他們。俄國南下阿富汗、伊朗和土耳其均遭到英國堅決抵制，雙方甚至訴諸武力，1853－1856年的克里米亞戰爭，就是英國聯合法國，反對俄國擴張中亞一例。至於在阿富汗，兩國更長期處於軍事對峙狀態，1885年幾乎開戰。在伊朗，兩國也競相擴張，各自佔領了勢力範圍。到了十九世紀晚期，德國奉行向東方推進政策，與土耳其簽約，修建巴格達鐵路，把侵略勢力伸向中東地區，加入了英法俄角逐的遊戲之中。於是中東在原有的英俄、英法矛盾之外，又添增了新的矛盾，即英法俄與德國的矛盾。中東的局勢更加撲朔迷離，難以捉摸了。

　　第一次世界大戰把中東人民捲入了國際政治漩渦，戰爭改變了中東地區的政治地圖，出現了共和制的土耳其，巴列維王朝統治的伊朗，沙特阿拉伯的建國和埃及的獨立等等。土耳其的戰敗使它完全喪失了中東主人的資格，所有屬國均擺脫了它的統治，不過中東國家多數仍得不到獨立，而被國際聯盟宣佈爲列强的委任統治地，敍利亞和黎巴嫩歸法國統治，伊拉克、巴勒斯坦和外約旦歸英國統治，整個中東仍然是英法殖民勢力範圍，中東的石油資源基本上控制在英國人手裏。

第二次世界大戰後，中東地區矛盾錯綜複雜，戰火連年不息，概括地說，這些戰爭可分爲以下幾類：一是殖民地半殖民國家人民反對帝國主義與殖民主義的戰爭。戰後民族解放運動風起雲湧，建立了一系列民族獨立國家，敍利亞、黎巴嫩、約旦於1946年獲得獨立，埃及自由軍官組織於1950年發動起義，成立了共和國。1945年建立的阿拉伯國家聯盟日益壯大。

二是猶太復國主義與阿拉伯國家之間的鬥爭，1948年英國放棄對巴勒斯坦的委任統治權，但同年聯合國通過決議，決定把這個地區一分爲二，建立巴勒斯坦國和以色列國。以色列復國後，佔領了應屬於巴勒斯坦的領土，巴勒斯坦人民被擠出家門，變成無地容身的難民。阿拉伯各國人民支持巴勒斯坦人民反抗猶太復國主義，爭取早日重返家園的鬥爭。這一鬥爭一直延續至今尚未結束。

三是民族獨立國家的邊界戰爭和教派戰爭。如1980年至1988年的兩伊戰爭、黎巴嫩的内戰等等。

四是反對大國霸權主義和地區霸權主義的戰爭，如1956年的蘇彝士運河戰爭、1979年至1988年的反對蘇聯入侵阿富汗戰爭，1990年伊拉克吞併科威特的海灣戰爭。

五是大國爭奪中東地區權益的矛盾和衝突。首先是美國與英法的矛盾。戰後初期，美國力圖在中東擴大勢力，取代英法的地位，爭奪甚爲激烈。1956年"六・五"戰爭之後，英法在中東的勢力衰退，它們之間的矛盾已退居次要地位，但仍時有出現。其次是美國和蘇聯的矛盾。它們把在中東地區的爭奪看作是爭奪世界霸權的組成部分，盡量在中東擴大自己的勢力，削弱對方的勢力。它們在歷次中東戰爭和衝突中各自支持一方，使中東地區長期保持緊張局勢。同時它們又力圖將歷次戰爭限制在有限的範圍之內，避免危及美蘇之間整體的戰略均勢，防止引起美蘇直接對抗。因此它們的鬥爭時而激烈，時而又達成某種妥協和"諒解"。

總之，戰後中東地區先後發生大小戰爭數十次，都是上述某種矛盾的產物。中東戰爭次數之多，規模之大，持續之久，破壞之嚴重，影響之深遠，堪稱世界之最。因此，中東地區近幾十年來是國際政治中最大的熱點。

目前在世界緩和大勢的推動下，中東地區各處的戰火相繼熄滅，對話取代對抗的趨勢日益明顯，就連一向認爲難以調和的阿拉伯與以色列的矛盾，雙方也開始坐到談判桌上來，這不能不說是國際關係中一種健康的積極的現象。

本書由主編設計框架結構，一批長期從事中東歷史教學的教授和講師集體編寫而成。除主編外，參加撰寫的人員有袁昌堯（徐州師範學院副教授）、楊成竹（蘇州鐵道師範學院副教授）、李秀領（南京大學講師）、劉一兵（徐州師範學院講師）、孫吳（同上）、尹成法（同上）。書稿寫成後，袁昌堯和楊成竹二位先生參加統稿討論，爲最後定稿鋪平道路。

同時，南京大學圖書館陳才娣、寇小燕、冷瑤等三位女士熱心向我們提供圖書資料，協助編擬了大事年表，在此一併致謝。

　　由於我們水平所限，本書尚有不能盡爲人意之處，敬希廣大讀者給予批評指正。

　　　　　　　　　　　　　　　　黃鴻釗

第一章

中東地區概況

一　中東的地理

中東瀕臨地中海、阿拉伯海、紅海、裏海和黑海，有
"五海之地"的稱號。地形大體可分爲三部分。

（一）北部和東北部是安納托利亞—伊朗高原，高
原兩側是高大的山脈，北側有克羅盧山脈、屈雷山脈，與
卡德尼茲山脈、厄爾布爾土山脈；南側有托羅斯山脈、扎
格羅斯山脈、庫赫魯德山脈等。這些山脈在土耳其亞美尼
亞地區匯集起來，把高原分爲小亞細亞半島上的安納托利
亞高原和伊朗境內的伊朗高原兩部分。高原上還有許多死
火山，地面上廣佈火山噴發的熔岩流，還常常發生地震。

（二）美索不達米亞平原，位於安納托利亞—伊朗
高原與阿拉伯高原之間，包括伊拉克的大部分、敍利亞的
東北部、伊朗的西南角和科威特的大部分。"美索不達米
亞"語出希臘文，意爲"河間之地"，也叫"兩河流

域"，即底格里斯河和幼發拉底河流域平原，因呈弧形又稱"新月形沃地"。美索不達米亞南部海拔在200米以下，絕大部分地區海拔不足100米，地勢低平，有大片大片的沼澤地，河流漲水時常被洪水淹沒；美索不達米亞北部海拔在200米－50米之間，地表呈波狀起伏有很多平原。在古代美索不達米亞北部稱爲亞述，美索不達米亞南部叫巴比倫尼亞。巴比倫尼亞北部叫阿卡德；南部叫蘇美爾。美索不達米亞是人類文明的發祥地之一，曾建有巴比倫、亞述等古代帝國。

（三）中東的西南部是一塊台地，被紅海分割成阿拉伯半島和埃及兩部分。阿拉伯半島面積約爲320萬平方公里，是世界上最大的半島，這裏基本上是一個高原。這裏並不是阿拉伯人唯一的故鄉，他們也居住在半島的周圍。由於他們大部分住在半島，半島是他們最主要的居留地。所以稱爲阿拉伯半島，高原自西南部向東北部地勢逐漸降低。西部和南部邊緣爲高地和山脈，高原内部沙漠分佈很廣。全島沒有常流的河道，只有一些時流時涸的小溪。從黎巴嫩到巴勒斯坦有一條南北向的陷落谷，稱約旦陷落谷，是東非大裂谷的延續，谷底深陷，是世界上陸地最低的地方，人們通常稱它爲"地球的肚臍"。

中東地區的河流主要有尼羅河、底格里斯河與幼發拉底河等。尼羅河發源於赤道非洲，全長6,648公里，上游的白尼羅河同發源於埃塞俄比亞境内的青尼羅河在蘇丹的喀土穆會合，然後向北蜿蜒流經埃及，注入地中海。它與古代埃及人民的生活有着密切的關係，它每年定期泛濫，

泛濫時洪水爲害，往往造成損失，但也爲農業生產創造了
有利的條件。它使久旱的農田得到灌溉，洪水消退後留下
一層肥沃的淤泥，有利於農作物生長，所以儘管農業工具
粗陋，技術相當原始，勤勞的埃及農民仍然能夠獲得良好的
收成，尼羅河對他們的生存是如此之重要，公元前十五世
紀到過埃及的希臘歷史學家希羅多德說，埃及人獲得的土
地是"尼羅河的贈賜"。古埃及人把尼羅河視若神明，爲
它編創神話、頌詩，而且時常奉獻祭禮。底格里斯河長
1,950公里，支流多、流量大；幼發拉底河全長2,750公
里，很少有常年有水的支流，水量較小。兩河下游相匯，
稱阿拉伯河，注入波斯灣（即阿拉伯灣簡稱"海灣"），
底格里斯河每年4月出現最高水位，幼發拉底河每年7月
出現最高水位，這一漲落規律爲當地人民掌握，使兩河成
爲當地最主要的灌溉水源。中東還有廣大的內流區和無流
區，約旦河是著名的內流河，流經約旦陷落谷，注入死
海，全長約320公里，是當地的重要水源。死海長75公
里，寬5－16公里，面積約1,000平方公里，湖面在地中
海面以下392米，最大深度395米，鹽度高達230－
250/00，很多生物無法在這裏生存。

紅海和海灣是中東的主要內海，都是世界上溫度和鹽
度較高的海。紅海因沿岸生長許多紅色藻類使海水呈紅色
而得名，北以蘇彝士運河溝通地中海，南經曼德海峽同亞
丁灣相連，是著名的東非大裂谷的一部分，長2,000公里
左右，最寬在300公里以上，面積約45萬平方公里，平均
深558米，中部最深，達2514米，重要港口有蘇彝士、蘇

丹港、馬薩瓦吉達、荷台達等。曼德海峽寬約32公里，深約150米，與紅海、蘇彝士運河同爲東西方海上交通要道，海灣南經霍爾木茲海峽同阿曼灣相連，長約1,000公里，寬180－320公里不等，面積24萬平方公里左右，最深處102米，重要港口有阿巴丹、法奧、巴士拉、科威特、米納艾哈邁迪、烏姆賽義德、哈爾克島、阿布扎比等。霍爾木茲海峽寬約64－97公里。阿曼灣是阿拉伯海北部的海灣，東西長約540公里，灣口從瓜塔爾以東的海灣至哈德角寬約420公里，最深點3398米，重要港口有馬斯喀特等。亞丁灣是印度洋西北的海灣，東西長約880公里，灣口從蓋達以南的法爾塔克角至瓜達富伊角寬約480公里，灣內最深點3328米，重要港口有亞丁、吉布提等。

中東的地理位置十分重要，它位於歐、亞、非三洲交界處，從很早的時候起，這裏就是東西方的交通要道，有著名的絲綢之路和紅海商路。各種民族、部落、商人、軍隊和朝覲者都要穿過中東。蘇彝士運河貫通以後，中東的交通地位更加重要。

中東還有一個著名的海峽區域，也就是以黑海到愛琴海的水道。博斯普魯斯是一條長16英里的海峽，它很窄，最寬的地方也不過2英里左右。這個海峽到處都是深水，而且峽壁陡峭，所以吃水相當深的船隻都可以在很多地方靠岸繫纜，向海峽沿岸的道路上直接卸貨。在博斯普魯斯海峽注入馬爾馬拉海的岸上，有一個著名的城市，也就是拜占庭（也被稱爲君士坦丁堡或伊斯坦布爾[*]）。馬爾馬拉海向西南方向延伸後和達達尼爾海峽相連。海中還分佈着

*即伊斯坦堡

許多島嶼，這一歷史上有名的通道，常被稱爲赫勒斯滂，意思是"赫勒之海"，赫勒是希臘神話中阿瑟馬斯的女兒，據說溺死在這裏，所以，這片海域就被稱爲赫勒斯滂。它比博斯普魯斯海峽寬。博斯普魯斯海峽、馬爾馬拉海、達達尼爾海三部分水域合在一起，一向被稱爲海峽區域，它把歐洲從亞洲分開，卻又起了聯繫東西方的作用，在經濟上、政治上和戰略上，海峽區域在歷史上一直是重要的。

二　中東的資源

中東地區的資源是相當豐富的。這裏的土地上出產小麥、大麥、裸麥、蠶豆、扁豆、葱頭、韭菜、大蒜、無花果、葡萄、甜瓜、石榴、梨、蘋果、桃、杏、扁桃、胡桃、橄欖和棗椰等幾十種產品，這裏的水域特別是海峽區域生長着許多珍貴的魚類，這裏的地下富藏金、銀、銅、鐵、錫、鎳、鉻、錳、銻、鉬、汞和鈷等幾十種金屬，二十世紀中東最大的自然資源是石油。在土耳其、埃及、敘利亞和以色列，尤其是伊朗和伊拉克、沙特阿拉伯、科威特、巴林，以及波斯灣沿岸的幾個酋長國，都蘊藏着無法估算的石油財富。這一自然資源的出現使中東在世界上顯得更爲重要了。一位西方人曾經說："誰控制了波斯灣地區，誰就能控制西歐、日本，也就控制了整個世界。"

三　中東的民族

從古代起，這裏就是一個多民族交匯的地方。中東最早的居民是誰，目前尚無定論。根據考古發掘，早在舊石器時代，兩河流域北部就有人居住了。到公元前5000年，兩河流域南部居住着蘇美爾人。蘇美爾人穿羊毛短衣，大部分是圓顱短頸光頭光面。公元前3000年初，長臉多鬚的塞姆人從敍利亞草原進入巴比倫尼亞，他們被稱爲阿卡德人。塞姆族人也就是閃族人。説起閃族，人們就會想到歐羅巴人種。

世界上共有三大人種，**歐羅巴人種**即其中之一，亦稱"歐亞人種"、"高加索人種"或"白色人種"。歐羅巴人種又有許多分支，中東地區的居民就屬於歐羅巴人種的印度地中海類型（伊朗語族以及閃含語系各民族），還有少量的歐羅巴人種巴爾幹高加索類型（伊朗西部的盧爾人、巴赫蒂亞里人和其他民族）。

歐羅巴人種印度地中海類型包括伊朗語族和閃含語系各民族。

伊朗語族的主體是伊朗人，也稱波斯人。現代伊朗的主體民族就是波斯人，主要分佈在伊朗中部和東部地區。古代波斯人信奉瑣羅亞斯德教，七世紀中葉阿拉伯人入侵後改信伊斯蘭教，絕大多數屬十葉派。

閃含語系各民族主要包括閃族人（閃米特人）和含族人（含米特人）。

　　現在關於閃米特人的真正族源有兩種説法，一般認爲古代閃米特人以畜牧爲生，原來生活在撒哈拉北部地區，約在公元前5000年，因爲氣候劇變，開始東遷，陸續來到兩河流域和敍利亞草原，一直保留着相當統一的民族共同體。還有一種説法認爲閃米特人來自高加索與印歐人的原始家鄉相互毗鄰的地方。

　　到公元前3000年初，按照語言劃分，閃米特人明顯地可以分爲東西兩大支。東閃米特人生活在兩河流域北部，操阿卡德語，在與蘇美爾人接觸中排擠了對方的語言。公元前3200年到公元初的阿卡德人、巴比倫人、亞述人，都是東閃米特人。按現代民族學的分類法，東閃米特人也稱"閃米特北支"。西閃米特人又可分爲三個分支：西北支、中支和南支。西閃米特人西北支現稱"閃米特北中支"。西閃米特人西北支是指分佈在巴勒斯坦、敍利亞、美索不達米亞北部的各個民族，最早的代表有阿摩里特人（阿摩列伊人或阿摩利人）、迦南人、烏加里特人，公元前2000年前後的腓尼基人、猶太人、阿拉米人、莫阿比特人、亞奧迪人也都屬於閃米特北中支。西閃米特人中支（現稱"閃米特南中支"）的最早代表是利希亞尼特人、薩姆德人等，隨後合而爲一，統稱阿拉伯人。公元七世紀，隨着伊斯蘭教的興起，阿拉伯人逐漸走出阿拉伯半島，開始了閃米特人最大的一次遷移。現在的阿拉伯人不僅包括地地道道的阿拉伯人（阿拉伯半島的土著），也包括阿拉伯化的阿拉伯人，主要分佈在埃及、蘇丹、摩洛哥、阿爾及利亞、伊拉克、沙特阿拉伯、敍利亞、也門、突尼斯、黎巴嫩、約旦、利比亞、科威特等國家。按方言、歷史、文化傳統和地域可分爲47個民族。西閃米特人南支（現稱“閃米特南支”）分佈在阿拉伯半島的南部。古代的馬因人、薩巴人、卡塔班人、哈德拉人等都屬於西閃米特南支，都曾經建立過自己的國家。這一支的部分居民約在公元前七世紀跨越紅海，到達非洲之角，是今天埃塞俄比亞閃米特各族的祖先。今天屬於西閃米特南支的民族有阿拉伯半島印度洋沿岸的馬赫里人、沙赫人、哈蘇西人、巴薩里人，索科特拉島的蘇庫特里人，埃塞俄比亞的安哈拉人、蒂格賴人、蒂格雷人、古拉格人等。

閃米特人有時候也專指猶太人，所以歷來的種族主義者歧視、迫害和屠殺猶太人的行爲被稱作“反閃米特主義”，即“反猶太主義”，而“閃米特主義”也被稱爲“親猶太主義”。

含米特族是北非、非洲之角及東非部分地區操含米特語言各民族的總稱。一般分爲北支和東支。北支主要指柏柏爾人；東支包括古埃及人、科普特人和庫希特人。庫希特人包括貝扎人、加拉人、索馬里人等。近現代的研究證明這些民族並不構成統一的種族。他們分屬於歐羅巴人種地中海類型和埃塞俄比亞人種（尼格羅人種和歐羅巴人種之間的混合類型），所以“含米特”一詞在非洲學中已經很少再用了。

今天的中東地區阿拉伯人佔一半以上，主要分佈在阿拉伯半島和埃及。其他還有波斯人（主要分佈在伊朗）、土耳其人（主要分佈在土耳其）以及阿塞拜疆人、希臘人、猶太人和庫爾德人等。多數居民使用阿拉伯語，少數一部分人用土耳其語和波斯語等。中東80％以上的居民信奉伊斯蘭教，其餘的居民信奉天主教、猶太教和東正教。

四　中東的國家

中東的國家一共有十七個。

伊朗位於伊朗高原，同獨立國家聯合體*（前蘇聯）、土耳其、伊拉克、巴基斯坦、阿富汗相鄰，南臨波斯灣和阿曼灣，波斯人約佔半數，其餘的居民是阿塞拜疆人、庫爾德人等，居民大多數信奉伊斯蘭教。波斯語是伊朗的國語，德黑蘭是伊朗的首都。伊朗是一個具有數千年歷史的古國，公元前六世紀的波斯帝國就是由波斯人建立的。公元前二世紀到公元六世紀，中國和波斯（中國史書稱其爲安息）就有友好往來，並通過"絲綢之路"進行過經濟文化交流。公元七世紀以後，阿拉伯人先後統治波斯。十八世紀前期波斯復國。十九世紀後期起，英國、沙皇俄國侵入波斯，並在這裏展開了激烈的爭奪。1925年波斯人建立了巴列維王朝。1935年把國名改爲伊朗。1979年4月，王朝被推翻，改名伊朗伊斯蘭共和國。

*即獨立國協

伊朗高原上的另一個中東國家是阿富汗。它同中國、獨聯體、伊朗和巴基斯坦爲鄰，除阿富汗人（普圖什人）以外，還有塔吉克人、烏兹別克人、哈薩克人、土庫曼人等。居民大多信奉伊斯蘭教。阿富汗的官方語言是普什圖語和波斯語。阿富汗的首都是喀布爾。十八世紀中葉的時候這裏才建成獨立王國。1838－1919年期間，英國先後發動三次侵阿戰爭。在阿富汗人民的堅決抵抗下，英國於1919年承認阿富汗的獨立。1973年7月阿富汗人推翻王朝制，建立阿富汗共和國。

伊拉克位於阿拉伯半島東北部，同土耳其、伊朗、敍利亞、約旦、沙特阿拉伯及科威特爲鄰。東南面臨波斯灣。80％的國民爲阿拉伯人，其餘的是庫爾德人等，全國95％的居民信奉伊斯蘭教。官方語言是阿拉伯語，首都是巴格達。國土的大部分爲美索不達米亞平原，因而，這裏是人類文明的發祥地之一。公元前5000年時，蘇美爾人就在這裏建立起城市國家，公元前2000年這裏出現了强大的巴比倫王國，公元七世紀這裏是阿拉伯帝國的政治、文化中心，十六世紀起奧斯曼帝國佔領了這塊土地，1920年淪爲英國的委任統治地。1921年8月，伊拉克獨立，成立伊拉克王國，立費薩爾爲國王。1958年7月14日，伊拉克爆發革命，推翻了費薩爾王朝，建立了伊拉克共和國。

科威特位於阿拉伯半島東北部，波斯灣西北岸，首都是科威特城。將近半數的居民是阿拉伯人，其餘的居民是鄰近阿拉伯國家以及印度、巴基斯坦等國的僑民，居民絕大多數信奉伊斯蘭教。國語是阿拉伯語，這裏曾經是阿拉伯帝國的一部分。1871年受奧斯曼帝國統治。1939年淪爲英國保護國，1961年6月19日宣佈獨立，國家元首爲埃米爾。1922年伊拉克曾經與沙特阿拉伯協議建立中立區，1970年兩國對中立區劃定界線，分別統治。

沙特阿拉伯佔有阿拉伯半島的絕大部分，東臨波斯灣，西瀕紅海，同科威特、約旦、伊拉克、阿拉伯聯合酋長國、阿曼、也門等爲鄰。首都設在利雅德，絕大多數的居民是阿拉伯人，講阿拉伯語，信伊斯蘭教，伊斯蘭教的聖地麥加、麥地那都在沙特阿拉伯。公元七世紀的阿拉伯帝國就是從這裏起家的。十六世紀爲奧斯曼帝國統治，十九世紀，英國侵入，當時分爲漢志和内志兩部分。1925年内志酋長伊本·沙特合併漢志，1932年定名爲沙特阿拉伯王國。

敍利亞西北瀕臨地中海，與土耳其、伊拉克、約旦、黎巴嫩、巴勒斯坦接壤，80％的國民是阿拉伯人，居民絕大多數信奉伊斯蘭教，講阿拉伯語。這裏有四千多年的悠久歷史，曾經是埃及等許多帝國激烈爭奪的地區之一。九世紀以前，是阿拉伯帝國的一部分，十三至十六世紀初處在埃及近衛騎士的統治之下，1516年被奧斯曼帝國佔領。第一次世界大戰後淪爲法國委任統治地。第二次世界大戰期間被英法軍事佔領。1946年4月17日，英法撤軍，獲得獨立，定名敍利亞共和國，1958年曾同埃及合併，成爲阿拉伯聯合共和國的一部分。1961年脫離阿聯，成爲阿拉伯敍利亞共和國，首都定在大馬士革。

黎巴嫩西濱地中海，東面和北面與敍利亞接壤，南鄰巴勒斯坦，居民主要是阿拉伯人，阿拉伯語是黎巴嫩的國語，但國民信奉伊斯蘭教的只有45％左右，50％以上的國民信奉天主教。這裏曾經是古代腓尼基的中心。閃米特語稱這塊地方爲迦南，腓尼基人以此爲根據地，開展過廣泛的航海貿易和海外殖民活動。這裏位於海上和陸上商隊貿易路線的交叉點上，盛產木材、橄欖、葡萄、椰棗和一種紫紅顏料（腓尼基意爲“紫色之國”，就是因爲盛產紫色顏料而得名的），很古的時候起，這裏的居民就開展了頻繁的貿易活動，從公元前2000年起，腓尼基人開始在東部地中海殖民，並與希臘人的殖民活動發生激烈的衝突。公元前2000年後，相繼爲埃及、亞述、巴比倫、波斯和羅馬統治。據稱，有些腓尼基人曾受埃及法老尼科（公元前611年－前595年在位）的委託，完成了歷時三年的環繞非洲的航行。七至十六世紀初，這裏成爲阿拉伯帝國的一部分。1517年後併入奧斯曼帝國。第一次世界大戰以後淪爲法國的“委任統治地”。1943年11月22日獲得獨立，稱黎巴嫩共和國，首都定在貝魯特。

巴勒斯坦位於地中海東岸，與黎巴嫩、敍利亞、約旦、埃及等國家相鄰，南端瀕臨紅海的亞喀巴灣，是亞、非、歐三洲的交通要道，戰略地位十分重要，人口主要爲阿拉伯人和猶太人。

巴勒斯坦最主要的城市是耶路撒冷，它被認爲是猶太教、基督教、伊斯蘭教三教的聖地，對中東歷史和國際關係有極爲深遠的影響。耶路撒冷聖城的東南角有一塊既寬闊又平坦的場地，這就是舉世聞名的神廟山場地。神廟山場地南北長490米，東西寬280米，猶太人把它視爲自己的宗教聖地。他們認爲，上帝造的第一個人亞當就是用神廟山場地的土捏成的。他們還認爲，神廟山場地上的巨石與猶太人始祖的傳說有關。這塊巨石長約17.7米，寬約13.5米，高出地面約1.2米。猶太人傳說，他們的始祖亞伯拉罕爲了向耶和華表示忠誠，曾親手把自己的兒子以撒綁好，放在這塊巨石上，準備用以撒作爲燔祭，獻給耶和華。猶太人便把這塊巨石視爲聖石。猶太教徒還宣稱，耶和華開天闢地的第一道光就是從神廟山射向四面八方的。

基督教也把耶路撒冷視爲"聖地"。據《新約聖經》記載，基督教創始人耶穌誕生於耶路撒冷以南的伯利恒。據傳，耶穌30歲時與傳道師施洗約翰相遇，遂在約旦河領洗開始傳道。後來，耶穌招收彼得等徒衆12人去巴勒斯坦、以色列一帶進行傳教活動。大約公元30年，耶穌與門徒前往耶路撒冷時，被門徒猶大出賣。由於耶穌在耶路撒冷遇難並葬於此，耶路撒冷便成爲基督教"聖地"。

公元七世紀時，巴勒斯坦成爲阿拉伯帝國的一部分。根據傳説，耶路撒冷是伊斯蘭教創始人穆罕默德"登天"接受天啓的地方，因而它被列爲伊斯蘭教第三聖地，阿拉伯人把它稱爲"古德斯"，意爲"聖城"，地位僅次於伊斯蘭教第一聖地麥加和第二聖地麥地那。

十六世紀，巴勒斯坦被奧斯曼帝國領有，第一次世界大戰中被英國佔領，戰後淪爲英國的委任統治地。在"猶太復國運動"策動下，大批猶太人移入巴勒斯坦。1947年聯合國通過巴勒斯坦分治的決議，規定在巴勒斯坦建立阿拉伯國和猶太國。1948年，"以色列國"成立，但阿拉伯國卻未成立。

卡塔爾位於阿拉伯半島東北岸的卡塔爾半島上，東、北、西三面瀕臨波斯灣，南面同阿拉伯聯合酋長國接壤。居民大部分是阿拉伯人，講阿拉伯語，信伊斯蘭教。七世紀時是阿拉伯帝國的一部分。十八世紀時爲阿曼伊斯蘭教長國領有。1870年－1915年被奧斯曼帝國佔領。1916年淪爲美國保護國。1971年9月1日宣佈獨立，國都設在多哈。

阿拉伯聯合酋長國，舊稱麥什哈特阿曼，位於阿拉伯半島東部、波斯灣南岸，居民大部分是阿拉伯人，還有一部分伊朗人。居民大多數信奉伊斯蘭教，主要語言是阿拉伯語，但在沿海城市則流行波斯語。這裏原是一個個酋長國，七世紀時是阿拉伯帝國的一部分，十六世紀起，葡萄牙、荷蘭、法國等相繼侵入。1820年被英國佔領。1971年12月2日，原來的阿布扎比、迪拜、沙加、阿治曼、富查伊拉、烏姆蓋萬六個酋長國組成阿拉伯聯合酋長國，首都設在阿布扎比，1972年哈伊馬角酋長國加入聯合體。

巴林位於波斯灣西部的巴林羣島上，包括巴林島和木哈拉克、錫特臘等十多個小島，居民大多數是阿拉伯人，信伊斯蘭教，講阿拉伯語。1521－1602年這裏曾被葡萄牙佔領，十七至十八世紀幾次被波斯人所佔。1783年巴林酋長國宣佈獨立，但1820年英國殖民者又侵入巴林，1971年8月14日宣佈獨立，改稱巴林國，首都設在麥納麥。

阿曼位於阿拉伯半島東南部，波斯灣的入口處，大部分居民是阿拉伯人，信伊斯蘭教，講阿拉伯語。1508年葡萄牙人侵佔馬斯喀特一帶。十七世紀，阿拉伯人推翻葡萄牙統治建立王朝，1737年波斯人入侵，1741年阿拉伯人再次建立王朝，一度成爲印度洋上的強國之一，1789年英國侵入阿曼，1913年阿曼山區部落起義，成立阿曼伊斯蘭教長國，同英國人展開對抗。1920年英國和馬斯喀特蘇丹承認阿曼教長國在內部獨立，阿曼就由阿曼伊斯蘭教長國和馬斯喀特蘇丹國組成。1955年馬斯喀特蘇丹國軍隊攻入阿曼教長國，1970年改國名爲阿曼蘇丹國，首都是馬斯喀特。

　　阿拉伯也門共和國位於阿拉伯半島西南端，西臨紅海，扼地中海與印度洋之間的交通要衝，人口的絕大部分是阿拉伯人，信伊斯蘭教，通用阿拉伯語。公元前1000年左右這裏就出現了國家，七世紀時成爲阿拉伯帝國的一部分。1517年起歸奧斯曼帝國領有。1733年獨立，但至十九世紀又被奧斯曼帝國佔領，第一次世界大戰後帝國瓦解，1918年宣佈獨立，定名也門穆塔瓦基利亞王國。1962年9月26日推翻王朝政體，成立阿拉伯也門共和國。

　　也門民主人民共和國位於阿拉伯半島南端，南臨亞丁灣和阿拉伯海，西、北、東分別同阿拉伯也門共和國，沙特阿拉伯、阿曼接壤。國民絕大多數是阿拉伯人，信伊斯蘭教，通用阿拉伯語，1839年以後逐步淪爲英國的殖民地。1963年10月14日，南也門人民起而反抗，於1967年11月30日結束英國129年的殖民統治，宣告成立南也門人民共和國。1970年11月30日更名爲也門民主人民共和國，首都是亞丁。

　　現在，兩個也門正合併爲一個也門。

　　約旦位於阿拉伯半島西北，同伊拉克、沙特阿拉伯、敘利亞、巴勒斯坦接壤，西南一角瀕臨紅海的亞喀巴灣[*]。它也是以阿拉伯民族爲主體的國家，阿拉伯人佔全國人口

＊即阿卡巴灣

15

的90％。土庫曼、亞美尼亞和徹爾克斯等少數民族佔10％，他們中間有一部分人信仰基督教。這裏原來是巴勒斯坦的一部分，十六世紀起屬奧斯曼帝國。第一次世界大戰後，巴勒斯坦淪爲英國委任統治地。1921年英國以約旦河爲界，把巴勒斯坦分爲東西兩部，西部的稱巴勒斯坦，東部成立外約旦酋長國。1946年5月25日英國承認外約旦獨立。1947年5月25日改名約旦哈希姆王國，首都設在安曼。

土耳其位於亞洲西部，地跨亞、歐兩洲，亞洲部分位於小亞細亞半島上，佔全國面積的96.9％，歐洲部分位於巴爾幹半島東南部，佔全國總面積的3.1％，土耳其東接伊朗，東北與獨聯體相鄰，南部東段與敍利亞、伊拉克接壤，西部和西北部與希臘、保加利亞接界。北瀕黑海，南部西段臨地中海，與塞浦路斯相望。80％的居民是土耳其人，庫爾德人、阿拉伯人等佔20％。98％的國民信奉伊斯蘭教，土耳其的國語是土耳其語。十四世紀，土耳其人建立奧斯曼帝國，十五、十六世紀時帝國最爲强盛，地跨歐、亞、非三洲。十六世紀末帝國開始衰落。第一次世界大戰期間，奧斯曼帝國參加同盟國方面作戰，戰敗後帝國瓦解，1919年爆發民族革命，1923年10月29日成立土耳其共和國，首都設在安卡拉。

埃及全稱阿拉伯埃及共和國，地跨非、亞兩洲，在非洲東北部，包括蘇彝士運河以東，亞洲西南端的西奈半島。北臨地中海，東瀕紅海，陸疆與蘇丹、利比亞和巴勒斯坦相鄰。90％的國民是阿拉伯人，信奉伊斯蘭教，埃及的國語是阿拉伯語。埃及是一個歷史悠久的文明古國，公元前3000年時就已經形成了國家。公元前七世紀至公元前一世紀先後被亞述、波斯、馬其頓和羅馬帝國征服。七世紀時，阿拉伯人遷入，建立阿拉伯國家。1517年成爲奧斯曼帝國的一個行省。1882年被英國侵佔，1914年淪爲英國"保護國"。埃及人民長期堅持反抗。1922年2月28日，英國被迫承認埃及獨立。1952年7月23日革命軍人推翻法魯克王朝，1953年6月18日廢除君主制，建立埃及共和國，首都設在開羅。1971年改名爲阿拉伯埃及共和國。蘇彝士運河是埃及境内最重要的國際通航運河。

由於中東地區豐富的自然資源，特殊的地理位置和複雜的宗教背景，這裏很早就是一個經常面臨多事之秋的地區。早在蘇美爾城邦時代這裏就不斷有種族遷徙、流動，不斷有後來者征服先來者，成爲羣雄的逐鹿場。

第二章

古代中東地區的爭霸

一 中東早期外交

1. 麥西里姆調停：城邦外交

　　從蘇美爾城邦開始產生的公元前4000年到公元前2371年統一的阿卡德王朝興起，在巴比倫尼亞地區先後出現了幾十個城市國家（城邦），其中主要有埃利都、烏爾、烏魯克、烏瑪、拉爾薩、拉格什、蘇路巴克、尼普爾和基什等。為了奪取奴隸、土地和水源，這些城邦之間不斷發生戰爭。約在公元前2600年，基什之王麥西里姆調停拉格什和烏瑪之間關於邊界的爭端，在兩邦之間樹立界標，使雙方不再互相侵犯，這是目前所知的最早的國際外交事件。公元前2460年，拉格什與烏瑪又起邊界爭端，拉格什王安那吐姆率軍出征，烏瑪被迫退還所佔領的草原並重新樹起從前基什王麥西里姆所立的界碑。

2．早期帝國的形成

公元前2371年，拉格什被烏瑪和烏魯克聯軍消滅，烏瑪在蘇美爾稱雄一時，但好景不長，巴比倫尼亞北部興起了統一的阿卡德王國，國王薩爾貢一世（約前2371－2316年）經過34次戰爭，征服了幾十個蘇美爾城邦，第一次統一了巴比倫尼亞。薩爾貢還征服了埃蘭（今伊朗庫齊斯坦地區），並用兵小亞東部、敍利亞、阿拉伯半島東岸的一些地方，使王國版圖大爲擴張，薩爾貢一世自稱爲“天下四方之王”或“大地之王”。薩爾貢還建立了一支常備軍，但阿卡德王國的統治並不鞏固，蘇美爾各邦不斷發生騷動，王國迅速走向衰弱。公元前2230年，東北部山區的庫提人侵入兩河流域，滅亡阿卡德王國，統治兩河流域南部近一個世紀。蘇美爾各邦乘機復興。公元前2150年，烏魯克人趕走了庫提人。不久，烏爾城邦興起，取代烏魯克人，統一了巴比倫尼亞，建立了烏爾第三王朝（約前2113－2006年）。公元前2006年，在埃蘭人和阿摩利人的夾擊下，烏爾第三王朝滅亡。

烏爾第三王朝滅亡後，埃蘭人不久退回故地，阿摩利人在巴比倫尼亞定居下來，建立了伊新和拉爾薩兩個國家。在伊新的北面又興起了一個閃族人國家埃什努那。在幼發拉底河的上游河岸，還有一個城邦——瑪里。兩河流域因而出現伊新、拉爾薩、埃什努那、瑪里四邦互爭雄長的局面。約公元前1894年，另一支阿摩利人佔據巴比倫城，建立古巴比倫第一王朝，原來一個微不足道的村落終於發展爲一個繁榮的大城。

到公元前十八世紀，瑪里和埃什努那已屈服於亞述，伊新也日漸衰落，拉爾薩又爲東方的埃蘭人征服。巴比倫王國國王漢漠拉比（前1792－1750年）乘機而起，趕走了埃蘭人，征服了伊新、拉爾薩，重新統一了蘇美爾人、阿爾德人原來擁有的廣大地區，最後又攻佔了瑪里，並一度佔領過埃什努那和亞述城。但漢漠拉比死後不久，巴比倫王國就陷入國內人民起義，四周游牧部族入侵的內外交困狀態，約公元前1595年，終被赫梯滅亡。此後，巴比倫出現的三個王朝，同漢漠拉比時代没法相比。公元前八世紀，巴比倫尼亞終被亞述帝國鯨吞。

3. 特洛伊戰爭：歐亞第一次較量

特洛伊是中東古代的一個小城邦，位於今天土耳其西北部的查納卡累省。相傳爲特洛斯所建，故得此名。它東靠巍峨的伊達山，西臨一塊小平原。平原之北，緊靠着有名的赫勒斯滂海峽（也就是今天的達達尼爾海峽），平原西面是蔚藍的愛琴海。因而，這裏距離希臘不遠，是古代中東的前哨陣地。希臘伯羅奔尼撒半島東南部，有個國家叫斯巴達。斯巴達國王墨涅拉俄斯有個妻子叫海倫，據説她長得姿色出衆，綽約動人，是希臘世界有名的美人。一天，特洛伊國王普里阿摩斯的次子帕里斯來斯巴達作客，一下子被海倫的美貌所傾倒，趁男主人不在家，把她搶走。墨涅拉俄斯也是位有勢力的人物，馬上找到哥哥阿伽門農。阿伽門農是伯羅奔尼撒東北部邁錫尼的國王，在希臘世界很有影響。於是他從希臘世界召集了十萬大軍。由優卑亞島的奧利斯港推船下海，殺向特洛伊。特洛伊見希臘大軍壓境，立即組織起一支抵抗部隊，其中，除特洛伊人外，還有弗里吉亞、呂底亞等盟邦參加，盟軍在特洛伊王子赫克脫統帥下，英勇抵抗希臘人，這場戰爭從公元前1194年起一直打了九年，九年中，希臘人雖然攻城略地，取得不少戰果，但是特洛伊城仍然屹立在伊達山下。最後，希臘人在智慧女神雅典娜的指引下，採用木馬計，把一批精兵埋伏在一匹大木馬腹內，放在城外，佯作退兵。特洛伊人以爲敵兵已撤，把木馬移到城內。夜間伏兵跳出，打開城門，於是希臘人一湧而入，攻下特洛伊城，結束了特洛伊戰爭。

這個故事，夾雜着神話和傳統，具體情節難免有所虛構。但是，學者們證明，這次戰爭確實發生過，戰爭的人物和故事並非完全虛構。不過，戰爭的原因不是爭奪海倫，而是爲了爭奪通向黑海的赫勒斯滂海峽。由於希臘人在這次戰爭中獲得勝利，此後，他們便開始向小亞細亞及黑海沿岸陸續移民，與中東人的接觸更加頻繁。後來，中東與歐洲爲爭奪這裏的霸權曾進行過多次戰爭。特洛伊戰爭是這一系列爭霸戰爭的第一場。

二　埃及、赫梯、亞述三雄逐鹿

1. 哈土舒爾和約

埃及第十二王朝諸法老曾經頻繁發動對外侵略戰爭，

對西奈、巴勒斯坦、敍利亞等地也數度用兵。大量財富和俘虜源源不斷地運回埃及，以滿足埃及國王和貴族們的貪慾。考古學家在十二王朝的神廟廢墟裏曾發現四個銅箱子，其中裝着兩河流域的泥版文書。在十二王朝末期的紙草文獻（"布魯克林紙草"）上記載着一個南方城市田野長官給予其妻子辛湼布提希的奴隸名單，名單一共記有95名奴隸，由於紙草文獻的殘缺只保留下83個名字，其中49名是亞洲人。第十二王朝以後法老的權勢衰落了，亞洲游牧部落希克索斯人 (Hyksos) 一批批地越過西奈半島，佔領富饒的三角洲地區。隨後又將他們的勢力伸展到上埃及，但他們主要還是控制了下埃及，並在三角洲東部建立了統治中心——阿瓦里斯。希克索斯人侵入埃及沒有遇到有力的抵抗。他們焚燒城市，毀壞神廟，虐殺居民，强迫埃及人淪爲奴隸，並向上下埃及斂取貢賦。爲了加强統治，希克索斯人還在各險要地方配置重兵，據馬湼托所記，僅阿瓦里斯一地便屯兵24萬。他們在高大的圍牆中間安營紮寨，並善於使用戰馬和戰車。這種新的軍事技術也傳到了埃及。希克索斯人統治埃及一百多年（約前1720－前1570年），激起了埃及各階層的反抗。在希克索斯人統治比較薄弱的上埃及，形成了抵抗外族、爭取獨立的中心。底比斯第十七王朝法老卡莫蘇當政時期，依靠人民的支持開展了反希克索斯人的抗爭。雅赫摩斯（一作阿摩西斯）一世（約公元前1570－1546年）繼承卡莫蘇的事業，據說還聯合了愛琴海上的克里特人，南北夾攻，收復阿瓦里斯，徹底打敗希克索斯人，把希克索斯人趕出了埃及的國土，後來又一直追趕到巴勒斯坦境內。驅逐希克索斯人以後，埃及進入了新王國時期（約公元前1567－1085年），這是埃及最強盛的年代。

重新統一的法老政權，是在長期戰爭中產生的。法老手中掌握着裝備精良的軍隊（重裝、輕裝步兵和戰車兵），並在他的周圍形成了一批新的軍事貴族。法老依靠這種軍事力量，不僅打敗外族侵略者，而且還利用它來發動了大規模的對外侵略戰爭。他們常常率軍南侵努比亞，東征西亞，與西亞諸國，爭雄中東。第十八王朝法老吐特摩斯三世（公元前1504－1450年）曾經十七次出兵西亞，最遠的一次到達幼發拉底河西岸，敍利亞北部的埃勃拉城亦遭其兵鋒。他在“年代記”裏曾經詳細記錄他攻打巴勒斯坦北部城市米吉多的經過。他掠奪的奴隸、金銀財寶、大小牲畜不計其數，像潮水般湧進了法老的國庫。阿蒙霍特普三世（公元前1450年－1425年在位）從敍利亞一次就擄獲了十萬一千多名戰俘，這些戰俘大多數淪爲奴隸。

從第十九王朝開始，埃及國內經常處在動盪不安之中，對外政策也由進攻逐漸轉爲防守。塞提一世在位期間（約前1318－1304年），曾執行侵略西亞的政策，他攻佔推羅，進軍敍利亞，竭力保持十八王朝的疆界，但這時強悍的赫梯人正佔據着小亞細亞的廣大地區，他們虎視眈眈地望着南鄰敍利亞，並不斷向前推進。埃及和赫梯的軍隊劍拔弩張地對峙着，它們爲了爭奪敍利亞地區的統治權並進而樹立在中東的霸權，正準備着一場大戰。法老拉美西斯二世（約前1304－1237年）即位不久，赫梯的勢力已嚴重地威脅着埃及的既得利益。拉美西斯二世調集三萬軍隊，除埃及人外還有外國的僱傭兵，開赴奧倫特河畔的要塞卡疊什。赫梯國王牟瓦塔爾率軍迎戰。赫梯人以大量戰車兵從側翼猛攻埃及軍隊，埃及軍隊潰敗，法老險些被俘，幸虧援軍及時趕到，搭救了法老，也抵擋了赫梯人的追擊。法老只得返回埃及，準備再戰。在阿蒙神廟廢墟的牆壁上至今還保留着卡疊什戰役的記載，描述法老是如何勝利地殺敵的，同樣在赫梯人的編年史中，也自稱是這次戰役的勝利者。幾年以後，拉美西斯二世又出兵敍利亞，終於打敗了赫梯。約公元前1280年（一說是公元前1296年），法老與赫梯國王（哈吐舒爾）締結了和約。兩國國王後來相互祝賀，"賀信"已在哈圖斯出土。和約的全文在埃及神廟的牆壁上和赫梯的檔案庫裏被發現。這是目前所知歷史上最早的條約文書。雙方規定，確立和平，互不侵犯，並結成軍事同盟，對付可能出現的共同敵人。和約還規定，任何一方都不許接納對方的逃亡者，彼此保證互有引渡逃亡者的義務，但條約並未劃定各自的勢力範圍和領土界限。爲了表示友好，赫梯王將女兒嫁給法老，在尼羅河第二瀑布埃及古廟的牆壁上描繪着這個新娘到達埃及的情景。

2．赫梯王國的興滅

攻滅巴比倫王國的赫梯王國，原來的領土僅限於小亞細亞東部的哈里斯河（今天的克澤爾河）中上游一帶。最

初這裏只是些獨立的城邦，城邦之間經常發生戰爭，後來
哈圖斯成了各邦的中心。以哈圖斯爲中心的城邦聯盟，不
斷向外擴張，約公元前1595年，木爾舒爾一世領兵滅亡古
巴比倫王國，大掠而歸。公元前十五世紀初，赫梯曾敗於
吐特摩斯三世，被迫向埃及納貢。直到公元前十五世紀中
葉起，赫梯的勢力才開始強盛，國王蘇比魯流姆在位時乘
米丹尼王國因南方亞述的崛起而趨於衰弱、埃及國內因宗
教改革而陷於混亂之機，聯繫小亞細亞各部族，消滅米丹
尼，佔領敍利亞的大部分地區，一度突入巴勒斯坦，給埃
及人以極大的威脅，但蘇比魯流姆死後，亞述的勢力逐步
迫近赫梯南部國境，埃及又恢復了以前的強盛。於是在中
東便形成赫梯、埃及與亞述三國爭霸的局面。公元前十三
世紀初，哈吐舒爾三世執政時，赫梯國內矛盾重重，又因
亞述軍隊壓境，哈吐舒爾唯恐受到埃及和亞述的夾攻，便
與埃及法老拉美西斯二世妥協。公元前1280年，雙方簽訂
和約，赫梯得以苟存。但到公元前十三世紀後半葉，赫梯
帝國不斷受到亞述的進犯，以後又不斷遭到"海上民族"
和"蠻族"的進攻，都城哈圖斯被焚，赫梯帝國瓦解。殘
存的赫梯部落，被亞述滅亡。

3．亞述帝國的崛起與滅亡

　　亞述的歷史始於公元前3000年代，分爲古亞述（約公
元前2500年）、中亞述（古帝國，公元前1400－1070年）
和新亞述（新帝國，公元前746－609年）三期。其中以新
亞述時期最爲強盛。它擁有一支強大的軍隊，這支軍隊從

公元前八世紀起已廣泛使用鐵武器。亞述軍隊的主力是得到重裝步兵支持的弓箭手。此外還有著名的尼尼微騎兵以及車兵、工兵和攻城部隊。亞述人首次使用投石機、破城槌和坑道戰術。在這樣的軍隊面前，東方的泥磚城牆是無濟於事的。提格拉·比利薩三世（公元前746－727年）加強了中央集權制，改組了軍隊，開始實行募兵制。比利薩三世和後來的薩爾貢二世（公元前721－705年）利用當時的兩河流域及西亞其他地區許多國家相繼衰落或滅亡的有利條件，先後征服了小亞細亞東部、敍利亞、腓尼基、以色列和巴比倫，並摧毀了烏拉爾圖強國，從此亞述神也代替了巴比倫神馬都克而成爲最高神，這是征服者的軍事權力在宗教思想上的反映。

到公元前七世紀，亞述國王又侵入阿拉伯半島，征服埃及，毀滅埃蘭，在中東歷史上第一次把居住在中東領土上的各族結合在一個國家範圍内，建立起一個大帝國。公元前707年（或708年）塞浦路斯國王遣使至巴比倫獻金銀烏木。薩爾貢用自己的雕像回敬使者。雕像上面有簡短的銘文：“安放陛下之雕像”。受此禮物者，意味着向他屈服。使節返回後，把雕像置於伊達厄姆城。

亞述人每當侵佔一個地區後，便在戰略要地上建立起許多堡壘並儲備糧草，以控制軍事、商業通道，並作爲掠奪領土、原料與奴隸的基地。另外，還向被征服地區派駐大量軍隊，用武力鎮壓人民的反抗。對於不甘屈服和敢於起來反叛的地區則加以徹底毀滅。除了採用高壓手段以外，亞述還在各地上層人物中間物色代理人扶植親亞述勢力，並利用他們充當傀儡來奴役當地人民。有時則在當地代理人之下，另外委派親信去當“督察”。爲了便於軍事的調遣和行政的聯繫，亞述統治者在帝國境內開闢了寬闊的石砌馳道，設立了“驛站”制度。這些馳道的遺跡至今猶存。馳道的建設，對溝通商業貿易也具有重要意義。國家保護商旅安全，使亞述、巴比倫商人能夠在中東廣大地區從事活躍的貿易。由於商品貿易的發展，首都商人雲集，“多過天上之星”。但這種繁榮未能持續多久，帝國就出現了衰弱的徵兆。被征服地區人民與亞述統治者的鬥爭日益激化，敍利亞、腓尼基、巴比倫尼亞和埃及等地區不時爆發起義。帝國最後一個强有力的國王亞述巴尼拔（前668－627年）曾九次出征，鎮壓各地起義，但終究未能阻止埃及的獨立。

公元前655年埃及獨立後進入了自己的“復興時期”，與此同時，小亞興起了一個富國呂底亞，伊朗高原西部興起了一個强國米底。約公元前1000年代初進入兩河流域南端的迦勒底人（塞姆族）的勢力也日益壯大，亞述帝國的處境越來越困難了。約在公元前630年，迦勒底人的首領那波帕拉薩爾稱王。公元前626年，他們佔領巴比倫，建立新巴比倫王國，不久即與米底結成了反亞述同盟。前612年，同盟軍隊一舉攻陷了亞述首都尼尼微，最後在卡爾赫米什一役（前605年）徹底摧毀了亞述軍隊，帝國滅亡。聯軍攻打尼尼微時，亞述王無力抵抗，便在絕望中躲進王宮，下令放火，同自己的帝國和金銀財寶同歸於盡。此後，亞述地區先後受米底、新巴比倫、古代波斯、希臘、馬其頓、帕提亞（安息）、薩姍波斯等一系列外族統治，現在伊拉克等地的少數民族庫爾德人，是古亞述人的後裔。

新巴比倫王國又稱迦勒底王國（公元前626－538年）。亞述帝國滅亡後，新巴比倫王國和米底王國成為西亞兩大強國。米底佔領了亞述北部和東北部領土，新巴比倫王國則佔領了兩河流域南部、敘利亞、以色列以及腓尼基的大部分。

在摧毀亞述帝國後不久，新巴比倫王國的創立者那彼帕拉薩爾死去，他的兒子尼布甲尼撒二世（前605－562年）繼位。尼布甲尼撒二世是新巴比倫王國歷代帝王中最強大的一位國王。他繼位前已與米底的公主結婚，從而鞏固了與米底的聯盟。他在位的頭十一年中，除第五和第九兩年外，連年向敘利亞、巴勒斯坦進攻。公元前586年（或587年）他又出兵巴勒斯坦，攻陷耶路撒冷，滅了猶太王國，接著他又派兵長期圍困腓尼基的海島城市——推羅，推羅人頑強抵抗，基本上保持了獨立。公元前567年，尼布甲尼撒又領兵侵入埃及，大掠而返。他擔心同米底的聯盟很快破裂，為了防範米底人的突然襲擊，他下令在巴比倫尼亞北部興修一道跨越兩河平原的長城。後來又役使戰俘和本國人民擴建巴比倫京城，在京城建築起堅固的防禦設施，企圖使巴比倫成為一座固若金湯的帝都。為了取悅他的米底籍皇后，體恤她懷念故鄉山林的心情，尼布甲尼撒不惜百姓的血汗，在皇宮中築起一座高達25米的"空中花園"，它玲瓏別致；後來被希臘人譽為世界"七大奇觀"之一。

尼布甲尼撒二世死後，新巴比倫政局不穩，改變不斷，六年之中，三廢國王。公元前555年，那波尼德繼位，企圖鞏固國王的統治地位，但生不逢時，國外形勢開始變得緊張起來，波斯人崛起於伊朗高原，他們征服米底後，出兵小亞細亞，公元前538年秋天，波斯人長驅直入，新巴比倫王國滅亡。

三　波斯帝國的崛起與希波戰爭

1. 波斯帝國的形成

亞述帝國滅亡後，米底王國與新巴比倫王國一躍成爲中東兩大強國。但爲時不久，這兩個強國先後被伊朗高原另一個新興國家——波斯帝國征服。公元前529年，波斯國王居魯士遠征中亞，佔領了巴克特利亞（大夏），索格第安那（栗特）和花剌子模，控制了烏滸河（阿姆河）和藥殺河（錫爾河）之間的大片地區。他的兒子岡比西斯（公元前529－522年）繼位後，在腓尼基艦隊的支持下，於公元前525年征服了埃及，給自己加上法老頭銜。據希羅多德記載，岡比西斯相當瘋狂，對埃及施行高壓政策，他的所作所爲引起埃及人的強烈反抗。岡比西斯佔據底比斯後派出兩支遠征軍，一支遠征埃塞俄比亞，遭到失敗；另一支到西瓦綠洲去，據說是要毀滅那裏的阿蒙神廟，可這支軍隊迷了路，給鋪天蓋地的大風沙埋葬了，岡比西斯在歸國途中暴卒，高墨塔發動政變，巴比倫、埃蘭、亞述、埃及趁機獨立，脫離波斯，中亞和其他地區也不斷爆發反波斯人起義。公元前522年9月，大流士（公元前522－485年）殺死高墨塔，取得政權，並在兩年內平定了全國各地此起彼伏的大暴動。公元前518年，大流士到了埃及，他沒有採取岡比西斯的高壓政策，反而表示容忍埃及的宗教信仰和古老傳統，並鼓勵發展經濟，爲了擴大對外貿易和影響，大流士下令完成法老尼科時代開鑿的運河。這條運河從下埃及的尼羅河支流巴斯提斯起通達紅海，對溝通地中海與紅海地區的聯繫起了作用。波斯帝國每年向埃及徵收700塔蘭特白銀的貢賦，另外還勒索大量穀物，供應波斯駐軍，這對埃及人民是一項沉重的負擔。埃及人反抗波斯的事件不絕如縷，波斯人在國際事務中遭到任何失敗和挫折，都會成爲埃及人發動起義的有利時機。大流士對波斯原有的統治機構和古老的軍事組織進行一系列改革，以適應統治一個龐大帝國的需要。

他把整個帝國劃分爲二十三個行省（薩特拉皮亞）。每省設立總督（薩特拉普）一人，掌握本省的行政、司法和稅收大權。另設一個軍事首長，統領駐軍。軍事首長和總督多由國王從親近的波斯貴族中委派，彼此互不隸屬，便於互相監視、互相告發。爲了防止叛變，國王特意在總督身邊設立“王室秘書”，負責貫徹國王的旨意，此外，還在全國各地，安插耳目，秘密監視地方軍政人員的活動。

大流士還明確規定各省的貢賦數額，除波斯省享有免稅特權外，所有的省都必須按數交納貨幣稅。小亞細亞四

個省每年共納銀1,760塔蘭特；巴比倫－亞述省每年納銀
2,000塔蘭特；印度省每年交納沙金，約值銀4,860塔蘭
特。大流士每年可以從各省得到14,560塔蘭特（合400多
噸）的貢銀，除此之外，還向全國各地搜刮大量的實物貢
賦。貢賦實行包稅制，即將各省賦稅交給"包稅人"來徵
收，包稅人多係富商或高利貸集團，他們一次向國庫繳付
規定稅款後，即與地方官吏勾通一氣，巧立稅目，大肆搜
刮，獲致巨富，給非波斯省居民帶來沉重負擔。

　　爲了加強對軍隊的控制，大流士自任最高統帥，並建
立一支由波斯人組成的近衞軍，它包括1,000名騎兵，
1,000名槍兵和1,000名步兵。這種結構和總人數保持不
變，如有人死亡，就立即加以補充，因此希臘人稱之爲
"不死隊"。大流士還把全國劃分爲五個軍區，每個軍區
長官統轄數省軍事首長，直接對國王負責。波斯本部的軍
隊是帝國軍隊的核心，駐防各省軍隊的軍官亦多由波斯軍
人擔任。大流士還利用腓尼基人、巴勒斯坦人興建一支擁
有數萬艘戰船的艦隊，使波斯成爲擁有海、陸兩軍的國
家，以便與希臘人爭奪地中海東部的海上霸權。

　　爲了便於調遣軍隊，傳達政令，除了利用赫梯、亞述
原有的驛道外，又修築了許多新的驛道。大流士利用四通
八達的驛道網，把國內最主要的經濟、政治和文化中心連
接起來，有助於加強中央集權。埃及人開鑿的溝通尼羅河
和紅海的運河也在大流士統治時期最後竣工了，運河長度
爲四日航程，寬度足容兩艘大船並排行駛。這也促進了北
非和西亞的經濟往來和文化交流。

大流士還制定了統一的鑄幣制度,確定瑣羅亞斯德教
爲帝國國教。

通過一系列的改革,大流士建立了一整套中央集權的
官僚行政制度,使整個帝國有過一段時間的穩定發展,與
此同時,他繼續奉行居魯士、岡比西斯對外進行軍事攻掠
的政策。公元前514－513年,大流士遠征黑海北岸的西徐
亞人。西徐亞人實行堅壁清野,誘敵深入,在一望無際的
大草原中,打敗了波斯侵略軍。大流士雖遭慘敗,但在歸
途中卻佔領了赫勒斯灣海峽(黑海海峽)和色雷斯部分地
區。後來,又進而向愛琴海擴張,控制了海中的若干島
嶼。從此,波斯帝國成爲地跨亞、非、歐三洲的大帝國。
帝國的版圖包括伊朗高原、中亞的大部分、印度西北的一
部分、整個西亞(包括小亞細亞濱海的希臘城邦)、埃及
以及(歐洲)色雷斯部分地區和愛琴海上的一些島嶼。從
大流士一世起,帝國的首都共有四個:蘇薩、愛克巴坦
那、巴比倫、帕賽波里斯,波斯國王及其宮廷一年四季輪
流駐蹕於每個都城。

2．希波戰爭

特洛伊戰爭之後,有三支希臘人來到小亞細亞,在西
部沿岸一帶住了下來。北邊是埃奧利亞人,中間是愛奧尼
亞人,南邊是多利亞人。他們在這裏生息、繁衍,經過世
世代代的辛勤勞動,建立了幾十個城邦。由於這些城邦處
在歐、亞、非三洲的交通要道上,又多處於河流入海口或
陸地大道的末端,因此工商業發展迅速。特別是米利都工

商業發達，殖民地達80個，被稱爲"愛奧尼亞的花朵"，
但是這朵花盛開的時間不長，公元前六世紀中期，波斯帝
國的勢力進入小亞細亞，米利都以及其他希臘城邦，大多
淪爲波斯帝國的屬地，波斯人佔領了小亞細亞，控制了通
向黑海的海峽，甚至把觸角伸到色雷斯、馬其頓，這甚至
嚴重影響了希臘本土工商業發達之邦的對外貿易，損害了
這些城邦的工商業利益。原來爲雅典等邦掌握的商業，轉
到依附波斯的腓尼基商人手中。公元前500年，米利都帶
頭暴動，反抗波斯人的統治，並向希臘半島各邦求援，但
希臘各邦多未出兵相助，只有雅典和優卑亞島上的埃勒陀
利亞派遣戰艦聲援起義。起義軍佔領了北起拜占庭、南至
塞浦路斯一帶的大部分城邦，燒了波斯在小亞細亞的中心
城市撒迪。大流士聽後暴跳如雷，認爲雅典並不是亞洲國
家，竟然飄洋過海，欺負波斯，於是感到無法忍受。此
後，每當吃飯的時候，大流士都讓一名奴隸高喊三次：
"主人，不要忘記雅典人！"以表示其報仇雪恨的決心。
其後，波斯果真奪回了大多數城邦，鎮壓了起義。公元前
494年，米利都被波斯軍隊佔領，全城被燒成一片瓦礫
場，男子大部分被屠殺，倖存者也被賣作奴隸。這件事震
動了整個希臘。有個雅典人圍繞這件事，創作了劇本《米
利都的陷落》，當它在雅典上演時，全體觀衆都痛哭起
來。

　攻陷米利都以後，大流士還想征服整個希臘。公元前
492年夏天，便派軍遠征希臘，挑起戰端，希波戰爭爆
發。在艦隊航行至亞陀斯海角時，遇大風暴，大多數艦船

沉没海底，兩萬海軍葬身魚腹。陸軍也在色雷斯遇到當地人民的抵抗，損失慘重，被迫折回。波斯軍隊遠征失利後，大流士一面繼續備戰，一面進行外交恫嚇。他派使者到希臘各邦，要求貢獻“水和土”，意即要求希臘各邦投降。許多希臘國家唯恐遭到米利都的命運，滿足了大流士的要求，但雅典和斯巴達則堅決拒絕，雅典人把波斯的使者拋進深淵，斯巴達則把使者投入井中，並嘲笑說：“井裏有土又有水，要多少就去拿吧！”叫他們自己去取土和水，這在當時的希臘世界無疑是難能可貴的空谷足音。

公元前490年，大流士發動對希臘世界的第二次進攻。他改變海軍進軍路線，橫渡愛琴海，經過六天六夜的圍困，攻佔埃勒陀利亞後，在雅典的馬拉松平原登陸。雅典人衆志成城，以一萬餘兵，抗擊十萬波斯大軍，竟取得馬拉松戰役的勝利，戰鬥結束，雅典將領立即派了一名戰士奔赴雅典報捷。那個戰士一口氣跑完了從馬拉松到雅典的路程，告訴人們“雅典得救了！”說罷倒地而死（今天的馬拉松賽跑就是爲了紀念這個歷史事件而舉行的）。

馬拉松戰後，戰爭雙方都積極準備再戰，雅典大力擴充海軍，並聯合了31個希臘城邦，結成反抗波斯侵略的同盟。波斯也從各地强徵人力物力，於公元前480年，在國王薛西斯率領下，沿色雷斯海岸分海陸兩路再入希臘。斯巴達國王李奧尼達率部力戰，死守溫泉關，但由於奸細引路偷襲，斯巴達將士全部陣亡。後人爲了銘記他們的業績，在溫泉關他們的墓地上立碑紀念，上面刻着：“異鄉過客，請告訴拉棲第夢人（即斯巴達人）我們忠於他們的囑託，在這裏長眠。"

溫泉關失守後，據守阿特米西亞海角的希臘海軍，主動撤至阿提卡的薩拉米海灣。波斯大軍通過溫泉關，直搗阿提卡，佔領了雅典城。9月20日清晨，薩拉米海戰開始了，波斯的大型戰艦在狹窄的海灣裏掉轉不靈，而希臘的小型戰艦卻運轉自如。當晚戰鬥結束，波斯海軍大敗，損失戰艦300艘。

薩拉米海戰後，希臘聯軍在普拉提亞擊敗了波斯軍（公元前479年），解放希臘大陸，希臘海軍在小亞的米卡爾海角又擊敗波斯艦隊。原來在波斯統治下的島嶼都紛紛加入希臘同盟。此後，擁有強大海軍的雅典大肆擴張，在海外對波斯採取了攻勢。公元前478年，雅典進攻黑海海峽，佔領赫勒斯滂左岸要塞。同年雅典和愛琴海各島及小亞希臘諸邦，爲了對付波斯，結成同盟，由雅典領導，史稱雅典海上同盟，因同盟會議和金庫都設在提洛島，故又稱"提洛同盟"。同盟結成後，向波斯佔領的一些島嶼發起進攻。公元前468年在小亞的攸里梅敦河大敗波斯海軍。公元前449年，在塞浦路斯島附近再敗波斯海軍。至此希波戰爭最後結束。戰爭雙方簽訂了和約，規定波斯承認小亞希臘各邦獨立，放棄對愛琴海和黑海一帶的統治。希波戰爭使波斯國勢日削，使希臘，特別是雅典勢力日盛。希臘擊退了波斯的西進，得到了各邦的獨立，重新打開了通往黑海的航路，確立了希臘在東地中海的霸權。

3．安太爾西達和約

伯羅奔尼撒戰後，斯巴達獲得了全希臘的霸權，對隸屬各邦採用高壓政策，引起各邦的極度不滿，均伺機反抗。公元前399－394年，斯巴達企圖進一步控制小亞希臘各邦，與波斯發生了戰爭。就在這次戰爭期間，不滿斯巴達統治的希臘各邦掀起了反斯巴達的鬥爭。雅典、亞哥斯、哥林斯、底比斯等城邦結成反斯巴達聯盟，並取得波斯的支持。因這次戰爭的主要戰場是在科林斯地峽，故稱科林斯戰爭（公元前395－387年）。公元前394年，波斯艦隊在雅典將領科農指揮之下，在克尼達斯海角大敗斯巴達海軍，從此，斯巴達喪失了海上霸權。

公元前387年，在波斯的壓力下，希臘各邦在波斯首都蘇薩簽訂合約（因斯巴達使者之名而稱爲安太爾西達和約）。和約規定小亞沿岸的希臘城邦及塞浦路斯島均屬波斯；在希臘，除伯羅奔尼撒同盟外，不得再有其他同盟，科林斯戰爭應即停止。波斯似乎出現了生機，但帝國內部的爭鬥不斷發生。埃及一度擺脫波斯的統治，建立自己的王朝。公元前366－359年西部各省總督聯兵叛亂，使波斯到了非常虛弱的地步。公元前334年，馬其頓王亞歷山大率軍侵入波斯，公元前330年，波斯帝國末代國王大流士三世敗亡，波斯帝國隨之崩潰。

四 亞歷山大入侵和希臘化國家

1. 亞歷山大帝國的建立

公元前四世紀中期，位於希臘北部的馬其頓逐漸強盛。國王腓力二世（公元前359－336年）實行一系列改革，在軍事上，建立常備軍，組成密集而縱深的馬其頓方陣。腓力二世依靠精悍的兵力，在很短時間內佔領了馬其頓、色雷斯的沿海地區，接着入侵希臘。對於腓力二世的南侵，希臘諸邦有兩種對立的意見，有些人把腓力看作統一希臘的救星；有些人把他看成自由的敵人。在雅典，領導反對腓力的是希臘大演説家德摩斯提尼，他大聲疾呼："看吧，雅典人，那個傢伙的傲慢已達到極點：他發出威脅的叫囂，又誇誇其談……他不會滿足於已有的征服，他總是攫取得更多，當我們無所作爲的時候，在我們周圍到處撒網。雅典人，你們將在什麼時候採取必要的行動？你們還在等待什麼呢？"但是當時的雅典已非伯里克利時代的雅典了。公民們耽於安樂，弄錢比服務於城邦更起勁。當雅典決定抵禦時，爲時已晚。公元前338年，馬其頓軍隊在中希臘擊潰了由科林斯、底比斯、雅典等城邦組成的同盟軍，征服了希臘。公元前337年，腓力二世在科林斯召集全希臘會議（只有斯巴達未參加）。會議決定希臘境內停止戰爭，建立永久同盟，組成同盟會議，馬其頓握有軍政大權。會議宣佈由馬其頓領導希臘對波斯作戰，開始了東侵的歷程。

可是正當腓力二世躊躇滿志地準備東侵時，他卻在女兒的婚禮上遇刺身亡，其子亞歷山大（公元前336－323年）繼位。他加強了專制王權，於公元前334年率軍遠征波斯。其時波斯帝國內部矛盾重重，瀕臨崩潰。帝國西部的小亞、腓尼基、埃及等地苦於波斯的壓迫而準備依附希臘人，以便爭取獨立。帝國疆域內各被征服地區對波斯統治的反抗從未停止過，無休止的王位之爭更削弱了帝國的力量。公元前334年春，亞歷山大率軍侵入中東，首先在格拉尼庫河畔打敗波斯，接着用外交籠絡手段，使小亞細亞諸城不戰而降。這件事震動了整個波斯。公元前332年，亞歷山大的軍隊到達敍利亞。波斯皇帝大流士三世率大軍36萬迎戰，兩軍在伊蘇相遇，亞歷山大親率大軍猛攻，波斯慘敗。有人統計波斯軍有11萬人橫屍疆場。大流士也落荒而逃，連他的母親、妻子和兩個女兒也都落入馬其頓人手中。亞歷山大隨機率軍南下，先攻佔腓尼基，在推羅城大肆屠殺後，進軍埃及。公元前331年，亞歷山大從埃及回師向東，穿過敍利亞，向美索不達米亞進發。在尼尼微附近的高加米拉與波斯軍再次大戰，波斯軍隊號稱百萬，而亞歷山大軍隊不過六萬，但由於波斯軍隊缺乏戰鬥力，統帥指揮無術，百萬大軍竟一敗塗地，蒙受奇恥大辱。亞歷山大乘勝東進，迅速佔領波斯首都巴比倫和蘇撒。公元前330年，又佔領波斯舊都帕賽波里斯，掠獲財寶無算，並將波斯舊都的輝煌建築付之一炬。根據羅馬歷史學家普魯塔克的記載，爲亞歷山大駄運財寶的騾子就有二萬頭，駱駝五千頭。同年，大流士三世在東逃中，被巴克特利亞總督伯索斯殺害。伯索斯自稱皇帝，帶着少數隨從逃向巴克特里亞（大夏），不久也被亞歷山大追上殺死。

亞歷山大繼續東侵，終於建立起空前龐大的帝國，其領土西起希臘，東到印度河，南括埃及，北抵中亞，整個中東地區都籠罩在亞歷山大帝國的統治之下。爲了統治幅員廣大的領土，亞歷山大繼承了波斯帝國的統治方法，保留了波斯帝國的行政制度，在地方設立行省，由總督和軍事長官分別治理。爲了緩和同被征服地區的矛盾，亞歷山大把一些東方貴族任命爲地方官，鼓勵軍隊將士與波斯婦女結婚。但亞歷山大帝國像波斯帝國一樣，沒有自己的經濟基礎，仍然只能是不鞏固的軍事行政聯合，是一些生活方式不同、語言不同的民族和部落的混合物，内部很少聯繫。這種建立在武力征服基礎上的帝國很不穩固。公元前323年，亞歷山大病死，帝國如曇花一現，轉眼之間分崩離析。亞歷山大的部下們各據一方，長期混戰。公元前301年伊普斯戰役之後，亞歷山大帝國形成三分格局，馬其頓・希臘王國統治馬其頓和希臘，托勒密王國、塞琉古王國統治中東。

2．希臘化國家

托勒密王國是亞歷山大的部將托勒密建立的，統治中心在埃及。公元前305年，托勒密正式稱王，是爲托勒密一世（公元前305－283年），開創了埃及歷史上的托勒密王朝。公元前三世紀是托勒密王朝的全盛時期，其領土除埃及外，還有西林尼加、塞浦路斯、巴勒斯坦、南敍利亞、小亞西部和南部、色雷斯和赫勒斯滂沿岸地區，以及愛琴海諸島。從公元前三世紀末開始，托勒密王朝逐漸衰弱，人民起義接連不斷，公元前30年被羅馬吞併。

托勒密王朝時期，埃及出現了希臘・馬其頓人聚居的城市，如亞歷山大里亞、托勒邁伊、諾克拉梯斯等等。亞歷山大里亞是當時整個地中海地區最大的城市，也是地中海地區和東方各國貿易和文化交流的中心，它是當時最大的國際商港，從這裏輸出的有糧食、織物、紙草和玻璃等，輸入的有中國的絲、印度的象牙、珍珠、香料以及阿拉伯的寶石等。其中一部分還轉銷他處。這裏的居民除希臘、埃及人外，還有波斯人、敍利亞人、猶太人和阿拉伯人等。

塞琉古王國是亞歷山大的部將塞琉古建立的。公元前312年，他佔據巴比倫一帶，其後數年與安提柯爭奪敍利亞，其地位日趨鞏固。公元前305年稱王，號塞琉古一世（公元前305－280年）。王國的統治中心在敍利亞，所以又稱敍利亞王國，中國史書稱爲條支（可能是其國都安條克的轉譯）。塞琉古稱王後，東侵印度，繼又染指西方。公元前305年，塞琉古被迫退出印度河以西地區，但得到了500頭戰象的補償。伊普斯戰役後，塞琉古等聯合打敗安提柯，把勢力擴張到小亞西部，這時塞琉古王國的領土西起小亞細亞、敍利亞、巴勒斯坦、美索不達米亞，東達伊朗和中亞的一部分。但塞琉古雄心不已，又於公元前280年渡海進攻馬其頓，無奈遇害身死。其子安提柯一世

繼位，擊退了北方克勒特人對小亞的侵襲，開始同托勒密
爭奪東地中海的霸權，從安提柯一世到安提柯三世，自公
元前276年到公元前195年的八十年間與托勒密發生五次爭
奪東地中海霸權的戰爭，史稱敘利亞戰爭，雙方均有勝
負。這次長期戰爭消耗了塞琉古王國的國力，第一次敘利
亞戰爭之後，帕加馬宣告獨立；第二次敘利亞戰爭後，大
夏和安息也相繼獨立。儘管如此，塞琉古仍不放棄自己擴
張領土的各種努力。公元前201－195年，安提柯三世趁馬
其頓被羅馬打敗之機，渡海侵入歐洲，但受到東向擴張的
羅馬的干預。公元前196年秋，羅馬派遣一個使團到達色
雷斯（當時安提柯三世隨軍駐紮在那裏），希望安提柯三
世不要干涉希臘城邦的自由，並將他的軍隊撤離歐洲。但
是，安提柯没有答應羅馬人的這些要求，談判告吹。而當
時不堪羅馬人壓迫的希臘城邦希望安提柯三世能夠成爲希
臘的解放者，幫助他們趕走羅馬的侵略勢力。希臘城邦的
這些要求正中安提柯三世的下懷。公元前192年秋，他率
領二萬名步兵，五百名騎兵和少數戰象，在希臘北部的帖
撒利亞登陸，揭開了塞琉古王朝同羅馬戰爭的序幕。羅馬
聽到安提柯三世進軍巴爾幹的消息，立即宣戰。公元前
191年，羅馬人出兵，安提柯三世退守德摩比利（溫泉
關），他雖然佔據"一夫當關，萬夫莫敵"的溫泉關隘，
但還是被羅馬人打得一敗塗地。溫泉關的失敗，使安提柯
三世的聲望一落千丈，他在希臘的盟友大多投靠了羅馬。
公元前191年秋，羅馬派出艦隊，在小亞細亞附近的海面
上，大敗安提柯三世的海軍，控制了整個愛琴海的水域。

安提柯逃到小亞細亞的以弗所，在這裏，迅速集結各路大軍，準備同羅馬一決雌雄。公元前190年（一說公元前189年），在小亞細亞西部的馬革尼西亞被羅馬人打敗。安提柯三世損失極爲慘重，士兵傷亡、被俘達五萬人，而羅馬只傷亡了三百人。公元前188年，塞琉古王國與羅馬訂立和約，向羅馬賠款並退出小亞細亞和色雷斯，塞琉古王朝除保留十艘戰艦外，其他的船隻全部交出。這時境內各地又連續爆發大規模的人民反抗活動。公元前171年，耶路撒冷人民因地方當局企圖没收神廟金庫向國王納稅而反抗，反抗遭到鎮壓。公元前167年安提柯四世宣佈猶太教是非法的，猶太人爆發了起義，起義的領導者是猶大（綽號"馬卡比"，意爲錘子）。公元前164年，起義者攻克耶路撒冷，但終被安提柯四世鎮壓。公元前142年，猶大的弟弟西門·馬卡比重新佔領耶路撒冷，猶太宣告獨立。安提柯七世時，塞琉古作了恢復版圖的最後嘗試，猶太再次被征服，但塞琉古遠征安息是卻遭到全軍覆没，安提柯七世戰死。到公元前127年，兩河流域以東已不再受塞琉古王國控制。公元前64年羅馬軍隊兵臨中東，敍利亞王國淪爲羅馬的行省。

五　羅馬帝國與安息、薩珊波斯的角逐

　　安息和薩珊波斯是繼塞琉古王國後在中東先後興起的兩大帝國。

　　安息即帕提亞，位於中亞，在裏海東南，相當於現在

波斯的東北部和土庫曼南部一帶。它先是波斯帝國的屬地，後來當亞歷山大東征後又成爲了亞歷山大帝國和塞琉古帝國的一個省。公元前三世紀中葉，中亞的大夏、粟特、馬爾吉安那和帕提亞等地區羣起反抗塞琉古統治。安息國家就是從這種反抗中產生的。帕提亞游牧部落帕勒・達伊人（達赫人），起初在裏海以東的草原和阿姆河三角洲放牧，後來進入帕提亞，加入馬薩基特的部落聯盟。大夏貴族阿爾薩息利用達赫部落的不滿情緒和塞琉古統治衰弱的機會，當上了達赫部落的領袖。公元前250－249年，阿爾薩息率領部落起義，殺死塞琉古總督，而於公元前247年稱王，號稱阿爾薩息一世（公元前247－211年在位），建立起阿爾薩息王朝。司馬遷的《史記》按阿爾薩息的音譯其國爲安息。

　　公元前二世紀到公元前一世紀，是安息的興盛時期。國王密特里達提一世（公元前171－138年）和二世（公元前123－88年）在驅逐塞琉古勢力時不斷擴張自己的領土。公元前175年，佔領馬爾吉安那；公元前155年吞併米底，打開了通向兩河流域的道路；公元前141年攻佔塞琉西亞，這是塞琉古在兩河流域中部的重要據點，從此塞琉古的勢力被逐出兩河流域。公元前120年左右，中亞游牧部落塞種人被匈奴人打敗，移入伊朗東部，安息花了很大力氣才把塞種人趕到伊朗的東南部和印度的西北部。約在公元前115年，安息佔領木鹿綠洲，阿姆河成爲安息領土。公元前94年，已佔領亞美尼亞，並擴張到南高加索和小亞的一部分。面積達200萬平方公里。

國家對各地區的統治，因地制宜。西部地區因襲塞琉古的制度，郡設郡守，郡以下設府、縣，府縣之下設鎮，鎮轄村社，重要道路上的驛站也稱爲鎮，鎮上駐着守軍。在東部地區，部落殘餘依舊存在，整個地區分爲很多部落，各自統治一方，但須時對國王表示歸順。重要戰略地區專設總督，總督權力一般高於郡守。要塞地區設要塞司令，同時也是行政長官。各類城市都受國王管轄。兩河流域以西的希臘殖民城市保有一些自治權，但駐有國王監督，各城市須履行納稅義務，接受政府控制。

公元前二世紀末，安息控制了絲綢之路及其中介貿易，獲得了巨大的收入，但是，安息在西部遇到了羅馬帝國的挑戰。

公元前二世紀，歐亞大陸上並存着三個强大的國家，東方是中國的漢朝，勢力直達中亞；西方是歐洲的羅馬，其武力侵入中東，中間的就是安息。羅馬向中東擴張的目標有兩個，一是兩河流域，這是中東政治經濟的重心，財富和資源豐富；二是高加索山以南的亞美尼亞，佔有這塊高地，居高臨下，可以鉗制安息，安息爲了回擊羅馬的擴張，斷斷續續進行了達二百年之久的抗擊羅馬的戰爭。

公元前65年，羅馬大將龐培東侵，同安息交戰。安息軍隊一度後退。公元前54－53年，克拉蘇率領七個羅馬軍團，四萬餘人，渡過幼發拉底河，侵佔安息要塞，追擊安息騎兵。安息採取誘敵深入的戰略和機動靈活的戰術，公元前53年5月6日兩軍在幼發拉底河上游的卡雷城附近交鋒後，安息佯退，把羅馬大軍引進荒無人烟的草原深處，然後回師反攻，使敵軍陷入孤危境地，四面挨打。羅馬精旅喪失殆盡，殘部從亞美尼亞撤退，沿途又遭襲擊，幾乎全軍覆没，克拉蘇被俘殺，羅馬軍旗被擄獲。傳説安息王得到克拉蘇的頭顱後在其口腔内填滿黄金，並且嘲笑説："以遂汝欲"。這次戰爭的結果，阻止了羅馬向幼發拉底河的擴張，動搖了羅馬在小亞細亞、敍利亞、巴勒斯坦的統治地位，從而建立起安息同羅馬在中東的均勢。公元前36年，羅馬將軍安東尼率軍十萬，再度入侵安息。安息王弗拉特四世（公元前37－2年）大力反攻，羅馬又遭慘敗，損兵折將三萬人。但是羅馬對安息的陰謀活動，如勾引安息内奸、準備入侵等活動從未停止。而安息也採取相應對策加以反擊。公元51－63年，羅馬入侵亞美尼亞，安息出兵應戰，雙方爭奪激烈，難解難分，但是最後簽訂了和約，亞美尼亞國王由安息王族充任，由羅馬加冕，實際上安息仍佔優勢。115－116年，羅馬皇帝圖拉真又率兵侵佔亞美尼亞，並進佔兩河流域及泰西封。但與此同時，猶太人等發動反羅馬起義，圖拉真被迫撤軍，死於西里西亞。這次戰後，雙方仍常啓戰端，但無決定性戰役。安息末年，雖然國勢不振，但仍堅持抗擊羅馬。公元二世紀中葉，羅馬東侵，攻佔亞美尼亞和兩河流域大部分地區，並再陷塞琉西亞和泰西封（164－165年）。後來安息末王阿爾塔邦五世（約公元209－224年）又擊敗羅馬，收復失地，在中東一直維持了安息與羅馬的均勢。但安息由於長期作戰，損耗國力，加之王室爭權，内訌不休，以致中央權力削弱，政局不穩，人民不滿，終於在公元226年爲新起的伊朗薩珊王朝滅亡。

　　薩珊波斯的興起，是古波斯人反抗安息統治的直接結果。波斯人在安息統治下，遭受種族歧視，無權過問政事，不得擔任官職，而且負擔重稅徭役，因此早就對安息的統治不滿。公元三世紀，安息的阿爾薩息王朝內外交困，內有各省反抗和王室內訌，外有羅馬大軍壓境，波斯人乘機反叛。224年，安息的波斯族王侯阿爾達希爾起兵反對阿爾薩息王朝的統治。這年4月，安息王阿爾塔邦五世與阿爾達希爾在米底地區的奧米爾茲塔干附近會戰，安息王戰敗陣亡。226年，阿爾達希爾佔領安息首都泰西封，隨之控制了原安息王國的廣大地區，建立了薩珊王朝（因阿爾達希爾的始祖薩珊而得名，226－642年），仍定都泰西封。

　　薩珊王朝繼安息之後，又同羅馬展開了爭鬥。231年，阿爾達希爾一世致信羅馬皇帝塞維魯，要求羅馬的勢力退出亞洲。羅馬當然不會答應。是年秋，雙方開始戰爭，波斯戰勝。232年雙方締結和約，亞美尼亞為薩珊所併。薩波爾一世時，戰爭又起。260年羅馬皇帝瓦列里安為波斯軍所俘，薩珊王朝為此而立碑紀念，碑上的浮雕描繪了瓦列里安跪著向薩波爾一世求饒的形象。薩珊的勢力從此擴展到卡帕多細亞。286年，羅馬皇帝戴克里先扶植亞美尼亞反薩珊勢力，把薩珊趕出亞美尼亞。296年，薩珊軍攻伐亞美尼亞，羅馬軍隊在兩河流域的卡雷打敗薩珊。雙方簽訂和約，使薩珊割出了底格里斯河以西地區及米底的一部分。四世紀中，雙方又進行了幾次戰爭。363

年，雙方訂立三十年和約，薩珊重新獲得296年喪失的地區。384年，雙方瓜分亞美尼亞。482年，薩珊在亞美尼亞東部設置了一個省。

薩珊波斯與羅馬的爭鬥，伴隨着宗教之爭。薩珊波斯崇信祆教並把它作爲國教。羅馬崇信基督教，四世紀前，羅馬迫害基督教徒，薩珊對基督教徒採取寬容政策。313年羅馬頒佈米蘭敕令，允許基督教的存在，承認基督教的合法地位。薩珊國便開始改變對基督教的態度，幾度迫害、屠殺基督教徒。巴赫拉姆五世（420－440年）迫害基督教徒時，不少徒衆逃入羅馬境内，巴赫拉姆要求羅馬引渡，遭到羅馬拒絕，遂向羅馬宣戰。422年，雙方訂立和約，規定羅馬不再迫害祆教徒，波斯不再迫害基督教徒。此後，在波斯形成的基督教教會，因薩珊王朝排斥羅馬的影響，而與羅馬教會脫離關係。因此，基督教在薩珊形成獨立的景教（景教在唐代傳入中國，635年波斯景教僧侶在長安傳教建寺）。

西羅馬帝國滅亡之後，薩珊波斯與拜占庭帝國之間，爲爭奪中東霸權，壟斷從波斯灣經兩河流域到地中海和小亞細亞的商路，繼續進行戰爭。六世紀時，雙方數度爭奪亞美尼亞及綰轂東西方海上貿易的也門。七世紀初，薩珊波斯佔領了拜占庭帝國的安條克、大馬士革、耶路撒冷和亞歷山大里亞。以後，拜占庭轉入反攻。627年，尼尼微一戰，波斯大敗，被迫歸還所佔全部土地。薩珊波斯與羅馬爭鬥逐漸緩和，但在東方，與嚈噠人的爭鬥卻日趨激烈。五世紀三十年代，嚈噠人在中亞建國，後向西南發展，與薩珊波斯遭遇。巴赫拉姆五世與嚈噠人作戰，取得重大勝利，但到五世紀末葉，由於波斯內部動蕩激烈，薩珊王朝已不是嚈噠的對手。菲魯茲（457－484年）爲抵抗嚈噠人，曾發動進攻，因戰敗訂立了永久和約。不久，菲魯茲背約派兵東征，戰敗被殺。從此，薩珊王朝每年都要向嚈噠交納貢物。

第三章

伊斯蘭教和阿拉伯世界的形成

一 伊斯蘭教和阿拉伯帝國

伊斯蘭教的創始人穆罕默德（約570－632年）出生在麥加古萊氏部落的一個没落貴族家庭，青年時代他放過羊，做過買賣，跟着商隊到過敍利亞和巴勒斯坦，接觸過基督教徒，聽説過關於“上帝”的故事。結婚以後擺脱了生活的重擔，常到麥加郊外的山洞裏去過沉思生活。他結合猶太教和基督教等教義，創立了伊斯蘭教，並宣稱這是神的啓示。“伊斯蘭”一詞的阿拉伯文原意是“順從”，伊斯蘭教徒稱爲穆斯林，意即“信仰真主安拉”的人。

大約610年，穆罕默德開始在麥加傳教，説宇宙間只有一個“真主”安拉，此外別無他神；“真主”是宇宙的創造者，穆罕默德是真主的使者，是信徒的先知。他反對多神教和偶像崇拜，號召信仰者絶對順從“真主”，宣稱凡是信仰“真主”，遵行天命建立善行的人，將要升入天堂，否則墜入地獄。他的傳教得到妻子、宗族和一些窮人的相信，但另一方面卻引起麥加貴族的嚴重不安。因爲麥加城内的"克爾白"天房，是當時多神教崇拜和朝覲中心，貴族們唯恐關於一神教的宣傳會影響人們的朝聖，從而損害自己的特權和財富，因此竭力反對和阻撓穆罕默德的傳教活動，穆罕默德處境十分艱難，很難繼續留在麥加，恰恰當時麥地那有兩個部落互有仇恨，爭執不休。麥地那人邀請穆罕默德及其信徒從麥加出走，遷移到麥地那。這件事阿拉伯語叫作"希吉拉"，那一年後來被定爲回曆（希吉拉曆）元年。

穆罕默德在麥地那繼續傳教，除了宣傳宗教信仰以外，他還提出一些與現實問題密切有關的主張，號召所有穆斯林，不分部落，超越血緣的狹隘界限，停止衝突，以共同的信仰爲紐帶聯合起來。爲了取得更多的支持，他反對高利貸，主張濟貧，提出釋放奴隸。苦於麥加貴族高利貸剝削的農民和手工業者，有不少人接受了他的主張，伊斯蘭教的信徒日漸增多。穆罕默德的影響不斷擴大，漸漸由原來的宗教領袖進而兼爲政治領袖，在麥地那建立了政教合一的國家，並組織起一支武裝力量，一面無情地鎮壓異己，一面採取軍事行動對付麥加。630年，穆罕默德率領一萬人兵臨麥加城下，麥加貴族無力抵抗，只好妥協。結果麥加貴族接受了伊斯蘭教，承認穆罕默德是"先知"，是阿拉伯的政治領袖，穆罕默德則承認麥加在宗教上的神聖地位。麥加神廟改成伊斯蘭教寺院，其他偶像一律拆除，只有黑色隕石作爲伊斯蘭教的聖物保存下來，規定穆斯林要到麥加去朝聖。這樣，麥加貴族仍舊享有宗教和商業利益。而伊斯蘭教也奠定了在阿拉伯的統治地位。

伊斯蘭教教義由宗教信仰、宗教義務兩個部分組成。伊斯蘭教的信仰又包括信仰安拉[*]、信仰天使、信仰經典、信仰使者、信仰前定和信仰後世六部分組成，稱爲"六大信仰"，簡稱"六信"。　　　　　　　　　　　＊即阿拉

信仰真主也就是信仰安拉，安拉是伊斯蘭教徒的最高主宰，伊斯蘭教信"真主獨一"，"認真主獨一"是堅決的一神教，教徒對真主是有極大的熱忱和信仰。

天使又稱天仙，是執行安拉命令的。據《古蘭經》稱，天使的數目很多，最著名的是哲布勒伊來、米卡伊來、伊斯拉非來和阿茲拉伊來，他們各司其職，人們只能信仰而不能敬拜。

信仰經典也就是相信伊斯蘭教的《古蘭經》，它是全世界穆斯林遵循的基本經典。穆斯林認爲，《古蘭經》是安拉的語言，經文是安拉通過大天使哲布勒伊來"降示"給穆罕默德，再由穆罕默德在23年的傳教過程中以安拉"啓示"的名義陸續頒佈的言論集。它是每個穆斯林必須誦讀的經典。"古蘭"的阿拉伯文原意就是"誦讀"。除了《古蘭經》以外，伊斯蘭教的經典還有《聖訓》，也就是穆罕默德言行錄，阿拉伯文稱爲"哈底斯"或"遜奈"，前者意爲"言語"，後者意爲"行爲"。其內容包括穆聖的言論、行爲和默認等。

"使者"是安拉的"欽差"，受安拉之命向世人傳播一種教義。《古蘭經》提到的28位使者中，最著名的六位

是亞當、諾亞、亞伯拉罕、摩西、耶穌和穆罕默德。使者不僅能像先知那樣直接領受安拉的啟示，作出預言，而且負有安拉委派的專門使命，其地位高於先知。穆罕默德既是先知，又是使者，並且是安拉最後的使者，所以他自稱是"封印使者"。因此，在伊斯蘭教的書籍中，"使者"和"先知"專指穆罕默德。

信前定即作為人的命運是由安拉安排的，在世之前已經定好，個人無法選擇。

信後世也就是相信死後復活和末日審判，認為今世短暫，後世永存，是人們真正的歸宿，死亡只是連接今世和後世的橋樑。到了世界末日，一切事物都將毀滅。在那一天，從創世以來死亡的人，都會被安拉復活，來到真主面前，接受審判。這一天稱為"復生日"、"清算日"或"賞善罰惡日"。安拉根據天使的記載，審查每個人在今世的全部行為，歸信安拉為一神的行善者，永屬天國，不信者和作惡者則墜入火獄，天國是後世歸宿的極樂世界，林木蔭翳，溪流潺潺，氣象萬千，牛奶、美酒、蜂蜜遍地流溢，在這裏居住者，吃的是肥美的鵝肉和鮮瓜香果，穿的是綾羅綢緞，侍有童男童女。惡人居住的火獄則烈火熊熊，濃煙滾滾，下火獄者，披枷帶鎖，大火烤炙，受盡痛苦和折磨，且永遠不得翻身。

伊斯蘭教對教徒確定了五項宗教義務（又稱宗教功課）：信仰表白、禮拜、齋戒、施捨和朝覲，簡稱"五功"（即念功、拜功、齋功、課功和朝功）。

念功也就是唸誦"除了安拉，再沒有神，穆罕默德是安拉的使者。”

拜功是穆斯林義務中最基本、最重要的一項。每日禮拜五次，每七日聚拜（集體禮拜）一次，每年大會禮拜二次。禮拜的方向是安拉的克爾白。教徒禮拜時禁忌很多，身體不清潔不拜，衣服不乾淨不拜，地方不清潔不拜，時間不正確不拜，朝向不端正不拜。……

課功也就是指“奉主命而定”的宗教賦稅，又稱“濟貧稅”。教徒資財達到一定數量，每年應按規定稅率納課。

朝功也就是朝覲，每個穆斯林，不分性別，只要身體健康，自備旅費，一生中至少須在希吉拉曆的12月去麥加集體朝覲一次，以顯示對“真主”的虔誠。

伊斯蘭教產生以前，阿拉伯各部落分立門戶，睥睨一切，阿拉伯民族分裂渙散。伊斯蘭教以一神崇拜代替多神崇拜，把安拉奉爲唯一之神，號召服從安拉，消除多神崇拜，並提出團結對敵的口號，以共同信仰來打破血緣紐帶，以民族和睦來代替互相殘殺，以政治統一來消除分裂割據，爲統一國家的建立鋪平了道路。在爲主道而戰的口號下，穆斯林軍很快就戰勝了敵人。穆罕默德隨之在阿拉伯半島上建立了統一的政權。631年，阿拉伯半島各地的使團紛紛來到麥地那表示友好和歸順，盛況空前，這一年被稱爲“代表團之年”。代表團有的來自遙遠的阿曼、巴林、哈達拉毛和也門，有的來自泰伊、哈木丹和肯特等地。半島上的基督教和猶太教居民也派代表團來簽訂和約，願以納貢形式求得寬容。阿拉伯半島基本上統一爲政教合一的阿拉伯國家。

632年，穆罕默德去世（歸真），四大哈里發時期（632－661年），阿拉伯人始以疾風掃落葉之勢，囊括西亞，席捲埃及，內外交困的拜占庭帝國和薩珊波斯節節敗退。倭馬亞王朝時期（661－750年），阿拉伯統治者繼續大張撻伐，攻城略地，終於建立起一個橫跨亞、非、歐三洲的大帝國。其版圖東到印度河和中國邊境，西至大西洋東岸，北達黑海，南臨尼羅河流域。帝國版圖之大盛況空前，後難爲繼；其文明之輝煌在當時世界上只有亞洲東部的唐帝國可以與之相頡頏。

刺激阿拉伯人遠征的，固然不乏被宗教煽動起來的宗教熱忱，但更深刻的是其經濟原因。荒涼貧瘠的沙漠，嚴酷困苦的生活，驅使許多貝都因人出外尋求肥沃的土地和美好的財富。當時的一位阿拉伯詩人就曾經指出：

你拋棄自己的故鄉，

不是爲了尋找天堂，

卻是那麵包和椰棗，

把你吸引到了遠方。

但伊斯蘭教畢竟隨着穆斯林遠征的足跡，傳播到歐、亞、非三洲的廣大地區，成爲一個世界性的大宗教。阿拉伯人從沙漠的帳幕，走進了一個個圓頂尖塔的高大建築；阿拉伯語還逐漸取代了敍利亞通用的希臘語，取代了伊拉克和東方各省通用的波斯語，取代了埃及的科普特語，……。在中東地區形成了一個阿拉伯世界。它雖然由幾十個民族組成，但所有這些民族都相信阿拉伯民族這一概念，因爲他們擁有共同的宗教，共同的語言文化。所有講阿拉伯語的都被視作阿拉伯民族的一部分，在這裏到處可以碰到象徵着伊斯蘭教的事物和聲音，在那些有着尖頂塔的清真寺裏，可以聽到穆安津（即宣禮員）的呼喊聲，可以看到用阿拉伯語圖案裝飾起來的建築物，以及建築物上的《古蘭經》文字。

二　伊斯蘭教的教派分裂

伊斯蘭教從創教開始就表現出明顯的政教合一性。因而，與政治鬥爭有着密切的關係，隨着歷史的發展，伊斯蘭教內部不僅在宗教思想、儀禮、法律、習俗等方面不斷發生變化，而且政治觀點方面也日趨各異，逐步形成各種不同的派別。穆罕默德曾經說過："猶太人分爲七十一派，基督教分爲七十二派。我的人將分爲七十三派。"可見，穆罕默德在世時，穆斯林內部的派系之爭就已經存在。穆罕默德逝世以後，圍繞繼承權問題，派系之爭更加激烈。在伊斯蘭教內部形成許許多多不同的教派，分別代表着不同的政治集團和各個階層的政治經濟利益。

遜尼派是伊斯蘭教人數最多的一個教派，"遜尼"一詞是阿拉伯文 Sunni 的音譯，意思是"遜奈遵守者"，全稱"遜奈和大衆派"。由於得到歷代當權者的支持，又有"正統派"之稱。這一教派是在爭奪哈里發的繼承權時形成的。

公元632年，穆罕默德病逝，哈里發職位一時空缺，而穆罕默德生前對自己的繼承人問題和宗教首領的更換制度都未作過任何指示，因而，穆斯林內部爲爭奪哈里發的繼承權展開了激烈的爭鬥。當時主要有三種勢力：第一派是"遷士派"，多爲從麥加遷居麥地那的早期信徒；第二派是"輔士派"，多爲穆罕默德在麥地那的支持者；第三派爲合法主義者，以穆罕默德的堂弟和女婿阿里爲首。麥地那的輔士在沒有埋葬穆聖之前，就在白努撒伊達的草棚裏召開"賽基法會議"（草棚會議），商議解決的辦法。阿卜·伯克爾、歐麥爾等人知道後，深恐輔士們有私，便立刻前去參加會議。在"草棚會議"上，輔士們認爲，穆聖在麥加傳教13年，而奉教者寥寥無幾，麥加人不能保護穆聖，發揚聖教；只有在穆聖到了麥地那之後，伊斯蘭教才得到發展，麥地那人出面輔助穆罕默德，皈依他的宗教，保護他和門人的安全，直到整個阿拉伯半島都順服了。所以，輔士應是穆聖的當然繼承人。遷士們則認爲，他們首先信仰伊斯蘭教，忍受種種迫害，不怕人少勢單；他們既是穆聖的族人，又是屬於阿拉伯民族所崇拜的古萊氏族，具有他族所沒有的榮譽，所以，最有資格繼承穆罕默德的是麥加人。經過激烈的辯論，遷士派獲勝，穆罕默德的岳父阿卜·伯克爾當選爲哈里發，遷士和輔士之間暫時達成妥協。這時，阿里與家人忙於穆聖的喪葬，沒有參加會議。阿卜·伯克爾被推爲哈里發的消息傳出後，阿里派很不高興。他們反對用推舉法產生首領的慣例，堅持君權神授原則，主張以穆聖的家人爲繼承者，宣稱唯有阿里才有資格繼承哈里發。

　　圍繞哈里發的繼承問題，各派之間不斷地衝突着，各派的支持者和辯護者代不乏人。阿卜·伯克爾當政兩年後去世，哈里發由歐麥爾繼任。伯克爾和歐麥爾廉清克己，使擁護阿里爲哈里發的主張暫時銷聲匿跡。歐麥爾死後，奧斯曼繼位，他任人唯親，招致不滿，阿里及其黨羽對其大肆攻擊。奧斯曼被殺後，阿里得到多數穆斯林的擁護，於656年出任哈里發。

　　後來，遷士派和輔士派兩派勢力合併爲“聖門弟子團”，演變爲宗教派別後稱爲遜尼派。追隨阿里者組成的政治集團演變爲宗教派別後稱爲十葉派。遜尼派和十葉派是伊斯蘭教派中最主要的兩個派別。

　　遜尼派只承認阿里以前的哈里發爲合法繼承人，認爲只有古萊氏人才有資格出任哈里發；在教義方面，信崇《古蘭經》和《聖訓》。但在神學方面，遜尼派又有意見派與聖訓派之分；在教法學方面，有四大法學家之別。這些分歧都是在運用伊斯蘭教經典解決實際問題的過程中產生的。

　　在伊斯蘭教初期，穆斯林公社的範圍未超出阿拉伯半島，當時需要處理的日常問題比較簡單，處理爭端和案件主要依據“先知”的裁決和以往的慣例。“先知”去世後，“啓示”斷絕了，而國家的幅員卻愈來愈廣，遇到的問題愈來愈多，僅憑《古蘭經》、《聖訓》和慣例處理問題，已無法適應形勢的發展，因而刺激了教律學的發展，於是伊斯蘭教上層人士中出現了一批宗教學家、教律學家，他們專門從事神學研究，協助宗教公社裁決案件，維持社會秩序，到倭馬亞王朝時期，遜尼派神學家出現了"意見派"和"聖訓派"兩個派別。

意見派又稱自決派，主張以對事物的見解作爲對《古蘭經》和"聖訓"的補充，早期意見派以伊拉克爲中心，流傳甚廣。聖訓派又叫經典派，主張以《古蘭經》和《聖訓》爲立法依據，對《聖訓》堅信不移，不容許發揮個人意見或運用推理作新的解釋，但十分重視聖訓的傳統，故又稱之爲"傳統派"。麥地那的信徒因受先知的教化很深，世代相傳，多屬此派，所以該派也稱爲麥地那派。

圍繞如何運用伊斯蘭教經典解決法律問題，遜尼派形成不同的教法學派。《古蘭經》和《聖訓》中的法律條文比較少，無法解決日益增多的法律問題，法學家只好依據有關經文進行推理嘗試，產生了兩種新的立法根據：一是以推理爲依據的比論；一是以公議而裁決的僉議。到阿拔斯王朝（750－1258年），由於對《古蘭經》、《聖訓》、比論和僉議四個法律根據的具體運用不同，便形成了哈乃斐、馬立克、沙斐儀和罕百里四大法學派。

遜尼派信徒約佔全世界穆斯林總數的80％。

十葉派是伊斯蘭教内部僅次於遜尼派的大教派，它是許多不同派別的總稱。但所有這些派別又都以承認阿里爲穆聖的合法繼承人爲標誌。按阿拉伯文原意，"十葉"爲"追隨者"、"宗派"、"黨徒"之意，最初十葉派專指擁護阿里的人，後來演變爲宗教派別。

同遜尼派一樣，十葉派也遵奉《古蘭經》爲唯一經典，但十葉派對哈里發奧斯曼時代編纂的《古蘭經》不滿，認爲它没有反映出阿里的作用，有關阿里的經文在編輯時遵照奧斯曼的偏見被删除了。所以，十葉派出版的《古蘭經》補充了"二星宿"一章，用來比喻穆罕默德和阿里。十葉派認爲阿里在今生品德完美，在來世品格高尚，在天國品位極尊，是穆聖的當然繼承人，他能預知未來，絲毫不爽，與敵人戰爭，百戰百勝。但事實並非如此，阿里從656年到661年擔任哈里發期間，並未完全掌握哈里發政權，他不得不爲長期的戰爭而疲於奔命，隋芬之戰後，阿里陣營分裂出哈瓦利吉派，並導致阿里本人被害，政權落在穆阿維葉之手，倭馬亞王朝建立。680年，穆阿維葉死去，十葉派重新發起爭奪最高領導權的鬥爭，但均未獲勝。阿里的兒子哈桑被毒死在麥地那，另一個兒子侯賽因在卡爾巴拉慘案中被倭馬亞王朝殺害。從八世紀起，十葉派在反對倭馬亞王朝的鬥爭中，一直起主導作用。八世紀中期，十葉派幫助阿拔斯人推翻倭馬亞王朝，建立了阿拔斯王朝。但阿拔斯王朝從第二任哈里發曼蘇爾開始就以武力鎮壓造反的十葉派，對阿里的後裔，或殺害，或斷手，或刖足，或挖其目，或埋於土中，或吊死在椰棗樹上，極盡殘虐之能事。

十葉派在鬥爭中經歷了許多挫折，其宗教領袖或被殺害，或被毒死，都成了殉道者。這種特殊的經歷，使十葉派形成了特殊的教義、禮儀和節日。

十葉派的教義主要包括伊瑪目教義、馬赫迪教義和塔基亞教義三個部分。

十葉派稱其宗教領袖爲伊瑪目。十葉派的伊瑪目同遜尼派的哈里發不同。遜尼派認爲哈里發是穆聖維護宗教的代理人，督率人們遵循安拉的命令；他雖然是司法、行政和軍事首腦，但他没有立法權，他只能解釋聖訓，或在没有聖訓明文的時候，進行創製。而十葉派則視伊瑪目爲人間至尊至大的導師，具有超凡的神性，具有"瓦拉亞"（神光），由穆聖傳給阿里，然後一代代傳給每個繼位的伊瑪目。伊瑪目具有"不謬性"，永遠不會犯錯誤。伊瑪目是人與安拉之間的"中保"，人必須通過他們的説情才能獲准進入天國。十葉派强調《古蘭經》的隱義，認爲只有伊瑪目才能理解《古蘭經》的隱義，因此，只有伊瑪目才有權解釋《古蘭經》。

十葉派伊瑪目自阿里傳到第十二代便後繼無人了，便認爲最後一位伊瑪目並没有死，只是暫時隱遁起來。隱遁的伊瑪目將作爲救世主（馬赫迪）重返於世，爲世人伸張正義，恢復真正的伊斯蘭教。這就是馬赫迪教義的基本内容。一位穆斯林詩人，寫下了這樣的詩句：

不是嗎？伊瑪目來自古萊氏，

四位真理的領袖一般齊：

阿里和他的三個後裔；

三個外孫，這事不再是秘密，

一個有信仰，有善良的心地，

一個被卡爾巴拉藏匿，

一個還生活在人世間，

正率領着馬隊，高舉義旗，

許久了，人們没有看他了！

　　　　他隱在利瓦茲山，雙目流下水和蜜。

詩句表達了對來世伊瑪目的憧憬。

　　"塔基亞"的阿拉伯文原意是"警惕"或"掩飾"。在十葉派教義中，塔基亞指有危險的時候允許隱瞞自己的宗教信仰。十葉派由於長期處於被迫害的地位，爲了能夠繼續生存下來，在迫不得已的情況下，爲了避免自己或同伴的犧牲，可以履行塔基亞。十葉派人是伊斯蘭教各教派中最善於秘密活動的。他們的秘密活動，常使他們的敵人無從防範。由於十葉派長期忍受壓迫，所以他們的文學藝術，帶着深沉的仇恨、傷感、悲哀的色彩。

　　十葉派穆斯林主要分佈在西亞和印巴大陸。伊朗居民的絕大多數都是十葉派穆斯林，伊拉克、北也門、巴林居民的半數左右也都是十葉派信徒，在敍利亞、黎巴嫩、土耳其、科威特、阿曼、阿富汗、印度、巴基斯坦和中國新疆也有部分十葉派教徒。

　　但十葉派穆斯林內部又包括許多不同的派別，這些派別在伊瑪目的人數和誰是最後一位伊瑪目（隱遁的伊瑪目）的問題上互有分歧，信奉十二位伊瑪目的爲十二伊瑪目派；信奉七位伊瑪目的爲伊斯瑪儀派（也稱七伊瑪目派）；信奉五位伊瑪目的栽德派，還有努賽里派、阿里伊拉希派。

　　哈瓦利吉派是伊斯蘭教中最早形成的一個宗教和政治派別。"哈瓦利吉"的阿拉伯文原意是"出走者"，即從阿里的隊伍中分裂出走的人。656年，阿里（哈希姆家族）繼任第四代哈里發後，與大馬士革總督穆阿維葉的鬥爭激化，穆阿維葉以倭馬亞家族的代表自居，認爲第三任哈里發奧斯曼（倭馬亞家族）之死與阿里有關，阿里應當緝拿兇手，爲奧斯曼復仇。而阿里卻坐視不爲。於是，穆阿維葉等人拒不承認阿里爲哈里發，聲稱要爲奧斯曼復仇，他們展示奧斯曼的血衣，動員穆斯林反對阿里。657年，與阿里派在幼發拉底河畔的隋芬平原，激戰一場，阿里獲勝。面對軍事失利，穆阿維葉接受將領阿慕爾的建議，命令士兵把《古蘭經》散頁綁在槍尖上，要求阿里依據《古蘭經》用仲裁的方法解決糾紛。阿里的部屬對此態度不一。如不接受裁判，自己又打着安拉出戰的旗幟；如果接受裁判，又明知這是穆阿維葉軍事失利後的一種詐術。經過長時間的辯難，阿里慮及大部分支持者對穆斯林之間的相互殘殺頗感厭倦，便同意了穆阿維葉的要求，與其講和，得到大多數阿里派的支持，但也有一部分士兵，特別是召米姆族的士兵對此非常不滿，認爲阿里過於軟弱，持有正義卻與不義之師握手言和。這些反對者於是高唱"只有安拉，才能裁判"，這句口號，猶如一股電流，穿透人心，成爲召米姆族人的信念。他們脫離阿里派離開"迷惘的異端"，離開"人心虧損的地方"，到達庫法附近的哈魯拉村，做了"出走者"，形成"哈瓦利吉派"，又被稱爲"哈魯拉派"或"捨身派"（意即爲安拉而捨身）。

哈瓦利吉派主張，哈里發應該公選，一切虔誠並熟諳教理的穆斯林，不分民族和種族，不論是古萊氏人，或非古萊氏人，不管黑人或奴隸，都有權當選，當選之後，哈里發即爲伊斯蘭教的領袖，即應絕對服從安拉，否則，就應推翻。該派主張恢復早年的伊斯蘭教，提倡原始的民主、平等，主張在普通士兵中共同分配土地和戰利品；認爲信仰不只是內心的功課，宗教行爲也是信仰的一部分，因而要求同時恪守伊斯蘭教法典，履行禮拜、齋戒等宗教功課，否則，就是伊斯蘭教的叛徒。哈瓦利吉人反對非穆斯林，更反對不贊成其宗教信仰和政治觀點的穆斯林。反對後者更甚於反對前者，忠實地維護本派信仰，多數人反對奢華生活，主張過分的修持生活。在奈赫魯旺的哈瓦利吉人"由於長年的禮拜，前額深凹，兩手如駱駝的膝頭一般，穿着清潔的汗衫，人人都是緊張地工作着。"一位哈瓦利吉信徒描寫他們的同伴時説："他們是一些青年！青年時期就修持了！他們緊閉着兩眼，不視邪惡，穩定足跟，不蹈虛僞；爲修持而消瘦，爲夜功而孱弱。在深更靜夜之時，他們屈着背兒，唸誦《古蘭經》，唸到説天國的時候，他們涕泣流淚，企望天國的福澤；唸到説火獄的時候，他們氣喘唏噓，恐懼未來的罪罰；好像地獄中的呼嘯吶喊，在他們的耳邊繚繞着。從白晝到黑夜，從黑夜到白晝，他們不斷地勞苦着。"

　　哈瓦利吉派一共有二十多個支派，主要的有阿扎里加（愛薩里格）派和"易巴德（愛巴底葉）派"。阿扎里加派是哈瓦利吉派中的極端派，認爲哈瓦利吉派以外的所有穆斯林都是叛徒，主張對一切拒絕改變其信仰的非穆斯林、對叛教穆斯林，不問婦孺嬰孩，均加屠戮；不允許本派穆斯林與別派穆斯林一起禮拜，更不許和別派通婚，甚至不許吃別人屠宰的牲口，不和外人發生繼承關係。該派曾經在伊朗南部建立過國家，對倭瑪亞王朝構成過威脅，但七世紀時即被消滅。易巴德派是哈瓦利吉派中的溫和派，允許與其他派別通婚、承繼，反對採用武力，主張與哈里發和平相處，因而，拒不參加哈瓦利吉派的起義，得到哈里發政權的承認，在阿曼、北非和東非都有一定發展。八世紀七十年代，曾在阿爾及利亞建立了易巴德王朝，後來被法蒂瑪王朝征服，在上述地區至今還有許多信徒。阿曼半數以上的居民都是易巴德派的信徒。除阿扎里加派和易巴德派以外，哈瓦利吉派的重要派別還有奈芝達特派和蘇福利葉派等。

穆阿台及勒派是八至十二世紀伊斯蘭教派別之一。"穆阿台及勒"的伊斯蘭教文原意是"分離者"。關於該派的形成說法不一。其教義和信條分爲五個方面：安拉是獨一無二，只有安拉是永恆的，《古蘭經》不是永恆的，它是在安拉之後出現的，是被造的（認一）；安拉不喜歡罪惡與墮落（公正）；安拉信守諾言和警告，對犯有大罪而死不悔改的人決不饒恕（警示）；犯有大罪的人既非信徒，也非叛徒而是墮落者（折中）；信徒必須奉行安拉的旨意，任何違背者均受懲罰（令人爲善，止人爲惡）。該派與十葉派有密切的關係，兩派之間相互影響，到阿拔斯王朝時期，穆阿台及勒派分爲巴士拉和巴格達兩個學派。兩派人士對於許多問題意見不一，爭辯不已。

蘇非派是七世紀末期產生的一個神秘主義宗教派別，"蘇非"的阿拉伯文原意爲"羊毛"，因爲該派成員身著粗毛織衣，以示質樸而得名。蘇非派主張棄絕紅塵，苦行修道，雖然見左於伊斯蘭教重視人生，反對出家修行，反對棄絕現實生活的人生觀念，體現出某些外來宗教的影響。蘇非派的發展經歷了幾個階段。初期階段的主要特徵是守貧其行和禁慾，以表示對倭馬亞宮廷的奢侈腐化和世俗社會傾向的不滿和消極抗議。教徒身穿白色粗羊毛外衣，不作每日五次的禮拜，不齋戒，不祈禱，而是孤獨冥想和長期守夜，對外部世界漠不關心。遜尼派對他們戒備、疏遠、猜疑，十葉派也把他們視爲異端。八世紀中葉以後，蘇非派宣傳神秘的愛、泛神論和神智論思想，奉行內心修煉，沉思入迷以致與安拉合一。後來，蘇非派出現了各種教團組織，重要的有卡迪里教團、里法伊教團、毛拉維教團、沙茲里教團、巴達維教團、比克特亞教團、賽努西教團等。各教團的宗教儀式五花八門，稀奇古怪，有的舞弄活蛇，吞火，吃玻璃，走紅炭，以針刺肉；有的在音樂伴奏下搖頭聳肩，狂舞不已；有的以不同的聲調，千遍、萬遍地重複呼喚神名，讚誦禱文或經文，以至神智昏迷，而求人神交往。比如摩洛哥加蘇里教團規定，教徒每天要唸14,000遍“比斯米拉”。這些教團的活動遍及整個伊斯蘭世界，某些教團的活動一直延續至今。

到了近代，伊斯蘭教又分裂出一些新的教派，如瓦哈比教派、巴比教派和巴哈教派等等。這些教派的彼此鬥爭和相互消長，經常影響中東地區的國際關係。

三　阿拉伯帝國與拜占庭帝國的對峙

　　羅馬帝國的東部地區，在歷史上是經濟文化發達的地區。395年，羅馬帝國分裂，這塊富庶和文明的地區歸入東羅馬帝國的版圖。首都君士坦丁堡是羅馬皇帝君士坦丁將原來的拜占庭擴建而成的。因此，東羅馬帝國在歐洲歷史上通稱拜占庭帝國。它的版圖主要包括巴爾幹半島、小亞細亞、兩河流域上游、敍利亞、巴勒斯坦、愛琴海諸島，以及北非東部一帶。查士丁尼一世（527－565年在位）時期，東羅馬帝國一度呈現強盛的景象。查士丁尼總在夢想恢復統一羅馬帝國。他擴充軍備，試圖消滅在原來西羅馬帝國土地上建立起來的日耳曼國家。爲了解除後顧之憂，集中力量向西方進軍，查士丁尼對多年與之交戰的薩珊波斯王國啖以重利，以大量的黃金賄取和平。533年，他派大將貝利撒留率領步兵一萬人，騎兵六千人，遠征北非，利用汪達爾王國統治階級的內訌和當地居民對統治者的不滿，於534年消滅了汪達爾王國。汪達爾國王被押解到君士坦丁堡。535年，貝利撒留在西西里登陸，佔領該島之後，第二年進軍意大利，年底佔領羅馬。540年，東羅馬軍隊佔領東哥特王國首都拉文納。東哥特人繼續抵抗，經過反覆爭奪，直到555年，東哥特才被東羅馬大將納爾塞斯攻滅。

　　意大利戰事進行期間，東羅馬軍隊又侵入西班牙的西哥特王國，由於遇到堅決抵抗，只佔領了西班牙南部，另外還佔領了科西嘉島和撒丁島。這樣，東羅馬帝國的疆域從幼發拉底河上游一直延伸到直布羅陀海峽，地中海差不多成了它的內湖。東羅馬帝國一時似乎復興了羅馬帝國的聲勢。

這些戰果雖然威震一時，但也消耗了東羅馬的人力和物力，查士丁尼不但未能完全恢復原來羅馬帝國的版圖，即使在其所佔領的地區，也未能維持鞏固的統治。尤其當查士丁尼全力注視着西方的時候，卻忽略了東方的邊防。東羅馬軍隊西征期間，薩珊波斯撕毀和約，入侵敍利亞和亞美尼亞，造成很大破壞。565年，薩珊波斯在內外交困中死去。568年，倫巴德人侵入意大利北部，在這裏建立倫巴德王國，接着，西哥特人又陸續恢復了被東羅馬帝國軍事佔領的西班牙南部地區。在埃及、敍利亞、巴勒斯坦等地，奴隸、隸農和農民的反抗風起雲湧，原來住在多瑙河以北的斯拉夫人又大量地南下巴爾幹半島，逐漸散佈到廣大地區，定居下來。這些都使東羅馬帝國受到沉重打擊，但更爲嚴重的打擊則來自新興的阿拉伯帝國。

阿拉伯帝國興起以後，東羅馬帝國就始終處於不安靖狀態，兩個帝國的對立一直存在。公元631年夏天，穆罕默德進行他一生中的最後一次遠征，企圖征服拜占庭帝國統治下的敍利亞，那裏有許多基督教和猶太教部落。他親自率軍三萬，冒着酷暑炎熱，長途跋涉，行至敍利亞邊境的塔布克時停止了前進，一方面因爲他年老體衰，難於支持；另一方面，戰士遠離家園，天氣酷熱，流露出厭戰情緒。在塔布克停留期間，他們沒有同猶太人和基督教發生過任何戰鬥，就與艾伊萊（今日的亞喀巴）的基督教領袖和來自南方的麥格那、艾茲魯哈哲爾巴猶太部落簽了和約。和約內容為，異教徒可以保持原有的信仰，但每年必須繳納一次人丁稅。

632年，穆罕默德準備再次遣兵出征拜占庭，委任伍薩邁為大軍統帥，但因此時穆罕默德已染病不起，不得不推遲出征。穆罕默德死後，阿卜·伯克爾繼續派伍薩邁為大軍統帥，出征拜占庭，完成穆罕默德的遺願，伍薩邁出征四十餘天，凱旋而歸。633年秋，阿卜·伯克爾又率三支軍隊，遠征敘利亞，一支部隊在死海附近擊潰拜占庭軍隊；但另外兩支部隊出師不利，因敵軍佔據地理優勢，難以前進。這時，阿卜·伯克爾命令哈立德·本·瓦立德急行軍十八天，奇蹟般地出現在大馬士革，直趨拜占庭的後方。634年7月底戰敗拜占庭，打開了巴勒斯坦的門戶。奧麥爾執政後，派軍圍攻大馬士革，圍城六個月告捷，東羅馬帝國皇帝希拉克略率領五萬人，由其弟西奧多拉斯率領，營救大馬士革。阿拉伯軍隊被迫從大馬士革暫時東撤到約旦河支流雅穆克河邊，重整旗鼓，整兵25,000人，運用以逸待勞的戰術，挫敗了拜占庭正規軍及其僱傭軍，並擊斃了西奧多拉斯，重新收復了大馬士革，佔領了整個敘利亞。

642年，拜占庭的勢力又被擠出埃及。奧斯曼執政時期，曾經建立了穆斯林艦隊，擊退了拜占庭的海上進攻。奧斯曼的堂弟、敘利亞總督穆阿維葉於公元655年在利西亞沿岸殲滅了拜占庭的大部分海軍。

倭馬亞王朝時期，阿拉伯海軍艦隊不斷以拜占庭沿海城市爲進攻目標，曾經兩次兵臨君士坦丁堡，但都被著名的"希臘火"（能在水上燃燒的希臘火藥）及拜占庭的海軍擊退。在717年的進攻中，阿拉伯艦隊撤退時遇到暴風雨，1,800多艘船隻幾乎全部沉沒。從此，阿拉伯帝國很長時間沒再對拜占庭帝國發動進攻了，兩大帝國基本上相安無事。

阿拔斯王朝第三任哈里發馬赫迪在位時期（775－785年），穆斯林與拜占庭的戰爭重新開始。指揮作戰的就是馬赫迪的幼子哈倫。哈倫降服了拜占庭，迫使拜占庭與阿拔斯王朝簽訂和約。和約規定，拜占庭每年都要向阿拔斯王朝繳納大量實物，並繳納包括拜占庭皇宮裏皇帝和皇室每個成員都要繳納的一種侮辱性的人丁稅。

儘管阿拉伯和拜占庭之間長期對峙，但穆斯林對基督教和猶太教還是採取了寬容的態度。基督教徒和猶太教徒只要願意納稅並願意服從穆斯林的種種規定，仍舊可以信奉自己的宗教，居住在原來的地方，他們朝拜"聖墓"耶路撒冷也很少受到干涉。歐洲的商人只要承認當地的法律並向其經過的城市呈驗通行證後，便可以暢行無阻，從事他們願意進行的商業活動了。

阿拔斯王朝末期，政府大權旁落，中央權力削弱，帝國疆土四分五裂，宗教派別（主要是遜尼派和十葉派）之爭激烈，社會混亂不堪。最初，倭馬亞族阿布杜·拉赫曼倖免於賽法哈的屠殺，逃到西班牙後，建立了後倭馬亞王朝。呼羅珊地區建立了塔希爾王朝（820－872年）。第九任哈里發瓦西格之後，帝國分裂傾向進一步加劇，邊遠地區的總督紛紛建立各自的王朝。比如波斯中部希斯坦的薩法爾王朝（867－908年）；阿姆河流域的薩曼王朝（874－999年）；擁有波斯大部分領土的伽色尼王朝（962－1186年）等等。十葉派也建立了幾個王朝，如北非的易德里斯王朝（788－974年）、法蒂瑪王朝（909－1171年）以及卡爾馬特派於899年在巴林建立的卡爾馬特共和國。十世紀以後，十葉派又建立了布瓦希德王朝（944－1035年）。1055年，塞爾柱土耳其人佔領巴格達，建立了塞爾柱王朝（1055－1144年），哈里發只保有宗教首領的地位，名存實亡。分崩離析的阿拉伯帝國已不再是拜占庭的主要威脅了。但拜占庭很快又開始遇到塞爾柱突厥人的挑戰。

四　塞爾柱人入侵——"聖墓搶奪事件"

基督教興起於羅馬帝國東部，當初的經文用希臘文寫成，信徒用希臘語舉行宗教儀式。後來基督教傳播到歐洲，被羅馬教皇定爲國教。在它的發展過程中，逐漸形成了以希臘語地區爲中心的東派和以拉丁語地區爲中心的西派。羅馬帝國分裂之後，帝國兩大部分在政治上各自爲政，在文化上存在差異，在宗教上也反映出分歧。羅馬教會和君士坦丁堡教會長期爭權奪利。十一世紀中期，君士坦丁堡大主教邁克爾·凱魯拉里和羅馬教皇利奧九世又因爭奪意大利南部的教會權利發生矛盾。1054年，雙方互相革除教籍。從此以後，東西部教會正式分裂。以君士坦丁堡爲中心的東部教會自稱"正教"（"東正教"），以羅馬爲中心的西部教會稱爲"公教"（即"天主教"）。兩派教會似乎徹底脫離了關係，但沒過多久，情況就發生了變化。

十一世紀，中東興起了塞爾柱帝國。塞爾柱人是突厥人的一支，初居吉爾吉斯草原，十世紀下半葉，部落酋長塞爾柱率衆西遷至錫爾河下游的占德地區，部落因此得名塞爾柱。不久，塞爾柱人又西遷到布哈拉，接受了伊斯蘭教，屬正統派。1055年12月，塞爾柱首領突格里勒伯克（1037年—1063年在位）抵達巴格達城門，迫使哈里發成爲他們的御用工具，哈里發親自把突格里勒伯克迎入城內，任命爲攝政，封爲"東方和西方之王"，並賜以"蘇丹"（意爲"權威"）的稱號。塞爾柱帝國事實上取代了阿拔斯朝阿拉伯帝國，而又使阿拔斯朝名義上延續了一百多年，它剝奪了哈里發的統治權，而又利用哈里發最高宗教領袖的地位來發號施令，借助伊斯蘭教來擴張其勢力。

突格里勒伯克佔領巴格達後，復率師北征。突格里勒伯克死後，阿勒卜·阿爾斯蘭（突厥語意爲"英勇的獅子"，1063－1072年在位）繼爲蘇丹，繼續對外征服。1071年8月26日，在曼西克特戰役中粉碎了拜占庭部隊，俘擄了拜占庭皇帝，給東羅馬帝國以重創。從此，小亞細亞開始突厥化和伊斯蘭教化，大量突厥人遷往小亞細亞。1070年，阿爾斯蘭攻陷阿勒頗，勢力擴張到大馬士革。基督教的"聖地"——據稱保存着耶穌"聖墓"的耶路撒冷也落到了塞爾柱人手中。到十一世紀末葉，塞爾柱人的版圖東起錫爾河流域，西到敍利亞和小亞細亞，形成了一個強大的軍事強國。

面對突起的塞爾柱帝國，東羅馬帝國節節失利，君士坦丁堡也西臨着威脅，朝聖者也埋怨戰爭給旅行帶來了困難。歐洲風傳突厥人趕走了前往耶路撒冷朝聖的基督徒。1092年，塞爾柱帝國蘇丹馬立克沙（1072－1092年在位）去世，塞爾柱帝國的黃金時代終結，帝國頃刻因內訌而分裂爲幾個地方王朝，勢力相應削弱，東羅馬帝國皇帝想趁熱打鐵，消除突厥人這一隱患，便收斂起傲慢的自尊心，多次向羅馬教皇求援，甚至表示願意將東正教重新歸於羅馬教皇的統治之下，這正中教皇下懷，教皇借援助拜占庭，解救東方教胞，驅逐塞爾柱人，恢復聖地之名，把西歐各種力量糾集起來，發動了侵略東方的十字軍遠征。

五　基督教的挑戰：十字軍東征

十字軍東征是多種複雜力量逐漸會合的結果。

隨着西歐城市和商業的發展，封建主對城市商品，特別是東方奢侈品的慾望越來越大，他們日益感到領地上的收入不能滿足需要，那些小封建主尤其如此。當時西歐盛行長子繼承制，封建主的遺產全部傳給長子。在那些沒有領地的封建主的子弟中，一代接着一代，產生了許多小騎士，他們無權繼承財產，卻繼承了封建主愚昧、貪婪的習性。他們靠服兵役和打劫商旅爲生，有很多人又債務纍綮。這些大大小小的封建主都希望到東方去尋找新的富源，而東方的富庶也爲他們所熟知，肥沃的土地上盛產棉花、小麥、橄欖和葡萄，那裏的城市不斷向全世界輸出最著名的絲綢、錦緞和銅製品，耶路撒冷、君士坦丁堡、大馬士革等城市都繁華異常，建築特別輝煌。皇宮國庫裏收藏着無數的奇珍異寶，白銀黃金。從東方回來的使臣、商人和朝聖者津津有味地談論過東方的富裕，激起了西方封建主的貪慾。

西歐城市，特別是意大利的熱那亞、威尼斯、比薩等，商業發達，勢力日盛。它們在地中海西部與阿拉伯的爭鬥中取得優勢之後，商人們就希望到地中海東部奪取港口，建立商站，挪擠東羅馬和附近商人的商業勢力，從他們手中搶到中介貿易權，爲自己謀取更大的利益。

西歐的農民們處境在繼續惡化。十一世紀，農民大部分已經淪爲農奴。苛捐雜稅繁重，封建混戰仍在無休止地進行，伴隨着饑荒和瘟疫，天災人禍雙重襲擊下的農民渴望獲得土地，擺脫苛捐雜稅的壓迫。封建政府希望這些不安定的因素能夠早日清除。

以羅馬教皇爲首的天主教會是西歐封建社會的支柱。伊斯蘭教在阿拉伯興起和基督教會分裂後，羅馬教皇時時夢想恢復大一統的宗教權威。九至十一世紀，他們積極參與或者贊助意大利城市和法國南部沿海地區抵制阿拉伯勢力的騷擾，並取得了一定優勢，然後他們就把目光轉向東方，等待時機控制東方的東正教，並且迫使那裏的穆斯林改信基督教，這樣可以使教區數目擴大，從而增加教會收入。東羅馬帝國皇帝的軍事求援正好提供了這樣的時機。

就是這樣一些功利主義的考慮裏挾着一定的宗教狂熱促成了十字軍東征。

1095年11月，教皇烏爾班二世在法國的克勒芒召開宗教會議，教士、封建主和大批羣衆聚集在城郊，聆聽教皇的演説。教皇大肆渲染天主教的"東方兄弟"在異教徒手下所受到的迫害，並以基督的名義號召發動戰爭，解放"聖墓"。他向可能戰死的人約許升入"天堂"。同時，赤裸裸地煽動聽衆去謀求現實的利益。他説東方國家"遍地是蜜和乳"，愁苦窮困的人到了那裏就能當富翁。頓時封建主們如醉如狂，蠢蠢欲動，農民也信以爲真地行動起來。

克勒芒大會後，教皇的命令很快傳遍歐洲各地，使已經發瘋的基督徒更加瘋狂，展開了全歐洲性的大串聯。父子、夫妻、親屬互相勸説，鼓動對方參加"遠征"。人們把紅色十字架縫在衣服上，就這樣，不同階層的人在宗教狂熱和不同動機的驅使下開始組織起十字軍。可憐的農民爲了籌足路費，把田地、房屋和葡萄園以及所有的家產全部賣掉，把僅留下來的耕牛，像馬一樣，釘上鐵掌，套在雙木輪大車上，把婦女、老人、孩子和一些簡單的用品一古腦地裝在車上，踏上了"主"的道路。1096年2月，浩浩蕩蕩的農民遠征隊出發了，這支"窮人十字軍"沒有武器、沒有給養、沒有作戰訓練，只是一支毫無組織的逃荒隊伍。農民們根本沒有離開過家鄉，也不知耶路撒冷究竟在何方，在途中每遇到一座城市就打聽："這是不是耶路撒冷？"飢餓、疲憊使這支隊伍損失慘重。每到一處，當地的居民都把他們視作土匪，毫無留情地予以斬殺，或者整批整批地抓去充作奴隸。當這樣一支隊伍到達君士坦丁堡時，拜占庭皇帝大失所望，因而，立刻派船隊把這些可憐的農民運往小亞細亞戰場。在那裏，突厥人毫不費力地消滅了他們，只有少數僥倖逃回歐洲。"窮人十字軍"悲慘地充當了第一批犧牲者，這是封建主出征的前奏。

1096年9月，真正的第一次十字軍東征開始了。十字軍兵分四路向中東進發，四路十字軍約三、四萬人，於1097年在君士坦丁堡會合，組成十字軍聯軍，這支强大的國際性軍事力量，按照現代標準雖不驚人，而在當時卻十分可觀，而且這羣士兵表現得十分高傲，拜占庭皇帝阿歷克塞一世，對他們深感不安，預感到這支聯軍很可能把矛頭指向同是信仰上帝的拜占庭，於是阿歷克塞像不屑一顧地對待農民十字軍那樣，以同樣的驚恐，迅速調撥大量船隻，把他們運往小亞細亞。十字軍聯軍渡過海峽後，受到塞爾柱突厥人輕騎兵的猛烈襲擊，死於馬刀之下者不計其數，加上歐洲人很不適應小亞細亞的炎熱天氣，死亡特別慘重。無奈阿拔斯王朝和塞爾柱帝國已經是西山落日，凋零病樹，對於來自西方的洶湧惡流，已感到無能爲力了。1097年十字軍攻佔了尼西亞，稍事休整後，進抵多里亞，與突厥人大戰一場，突厥人主力被打敗。同年，十字軍在小亞美尼亞王國的援助下，攻佔了具有戰略意義的厄德撒及其附近地區，在這裏建立了厄德撒伯國（1097－1144年）。1098年，十字軍攻打安條克，由於安條克城防堅固，攻打數月未克，最後因守城軍叛變，十字軍才得以攻入城内。基督教徒們進入安條克後，對穆斯林們進行了駭人聽聞的大屠殺，全城財物被搶劫一空。同年，十字軍在這裏建立了安條克公國（1098－1268年）。1094年，十字軍進入巴勒斯坦，包圍了聖地耶路撒冷。十字軍的軍旗是一面基督教的十字旗，而駐守耶路撒冷的土耳其人的軍旗是一面嵌有一彎月牙的新月旗，十字軍與新月軍在這裏展開了一場舉世聞名的決戰，最後十字軍取得了勝利，並用滅絕人性的手段屠殺了數以萬計的伊斯蘭教徒，在所羅門神廟一處就殺死了一萬人。《耶路撒冷史》的作者曾經這樣寫道：“如果你站在那裏的話，你的腳直至大腿上，會染着死人的鮮血。……婦女與幼孩，均不得倖免。”當十字軍佔領了耶路撒冷後，基督教騎兵在所羅門神廟前排成縱隊，馬蹄在戰鼓聲中，踏着伊斯蘭教徒的屍體奔馳而過。司令官就這樣檢閱了部隊，慶祝基督教對伊斯蘭教的勝利。其後，開始了大洗劫，搶佔居民住宅和宮殿，甚至用帶血的劍剖開穆斯林殉難者的肚皮，取出死者生前吞下的金幣。因爲死人數量太大，一個個地剖開肚皮顯然費時太多，基督徒便把屍體堆積起來，燒成灰燼，從骨灰中找出金幣。這種行動持續了好多天。同年，十字軍建立了耶路撒冷王國（1099－1187年）。王國領有巴勒斯坦和敍利亞南部廣大地區，布雍的高弗黎被立爲國王，號稱“聖墓保衛者”。1109年，第三路十字軍在的黎波里建立了的黎波里伯國（1109－1192年）。

這樣，十字軍在中東一共建立了四個封建國家，即耶路撒冷王國、厄德撒伯國、安條克公國和的黎波里伯國等。以耶路撒冷爲宗主國，其他三個小國皆爲其附庸國。這些國家都是按照歐洲封建國家的模式建立起來的。十字軍國家内的農民，除了蒙受恥辱的民族壓迫和異教徒的欺凌以外，還要遭受十字軍封建主的肆意盤剝。

過了些年代，穆斯林開始收復失地。1114年，突厥人蘇摩爾總督贊吉率領部隊經過長期艱苦的戰鬥，收復了厄德撒及其周圍的一些據點。十字軍在東方建立的厄德撒伯國至此滅亡。消息傳到歐洲，教皇尤金三世十分恐慌，急忙向基督教徒們和法蘭西、德意志的國王發出號召，極力鼓吹再組十字軍，遠征穆斯林世界。在他進行煽動鼓吹之後，他便命令基督教徒們迅速行動起來，去拯救東方的基督弟兄。1147年，由法國國王路易七世和德意志皇帝康拉德三世率領的第二次十字軍遠征隊，從各自的國家出發，經維也納、貝爾格來德*、索非亞到達君士坦丁堡，從這裏兵分兩路，一路由路易七世率領東渡海峽，兵趨小亞細亞，之後挺兵西進，到達阿塔里亞，由這裏渡海到達敍利亞的安條克，另一路由康拉德皇帝統率，由君士坦丁堡乘船西渡海峽，過愛琴海繞小亞細亞南岸，由克里特島的東側轉向東行，直抵巴勒斯坦。兩路十字軍在兩年的時間裏，到處燒殺搶掠，1149年在敍利亞、巴勒斯坦人的打擊下慘遭失敗。十字軍含羞帶愧，兩手空空，返回家園。

十二世紀後末期，中東形勢發生了很大變化。原來互相攻伐的伊斯蘭各國被埃及蘇丹撒拉丁征服了，中東地區以埃及爲中心建立起一個強大的蘇丹國家。撒拉丁是個虔

＊即貝爾格勒

77

誠的穆斯林，也是個很有策略的政治家和軍事統帥，曾任埃及法蒂瑪王朝總督，1171年推翻法蒂瑪王朝，1174年稱蘇丹，統一埃及和敍利亞，並在穆斯林們的支持下，宣佈對十字軍進行"聖戰"。1187年，撒拉丁率領穆斯林聯軍在加利利海附近的提庇里亞地區與十字軍決戰，穆斯林大獲全勝，消滅了十字軍主力，俘擄了耶路撒冷國王和神廟騎士團團長。撒拉丁乘勝收復了沿海的許多城市，如西頓、貝魯特等，並對耶路撒冷發動總政，迅速收復了耶路撒冷，恢復了對先知穆罕默德的崇拜。對那些被俘的基督教徒和十字軍，撒拉丁採取了寬容的政策，允許他們在繳納人頭稅後獲得自由。數以千計的十字軍俘擄因拒絕繳納人頭稅或交不起人頭稅而被賣爲奴。

堅持了88年的耶路撒冷王國終於滅亡了。這一消息使基督教世界大爲震驚，甚至整個歐洲都陷入一片混亂之中。教皇又發出組織第三次十字軍東征的號召。1189年十字軍組成。當年，三路十字軍兵發東方。第一路由德意志皇帝紅鬍子腓特烈一世率領，在小亞細亞登陸後，到處遭到伊斯蘭教徒的堅決抵抗，損失慘重，最後到達塞琉西亞，在一次渡河戰鬥中，腓特烈一世溺死，其軍隊也同時被擊潰，少數人僥倖折返德意志。第二路十字軍由法王奧古斯都·腓力二世率領，抵達巴勒斯坦，到達安克拉，在這裏遭到撒拉丁的嚴重打擊，同時，腓力二世與英王獅心理查不和，互相爭鬥起來，一氣之下，腓力二世率軍返回法國。第三路十字軍由英王理查一世（獅心理查）率領，從倫敦下海，到達安克拉，與撒拉丁展開激烈戰鬥，因勢單力薄，終未取勝，沒能奪回耶路撒冷。1192年，獅心理查與撒拉丁簽訂和約，規定十字軍只可擁有靠近耶路撒冷沿海的狹長地帶。至此，十字軍只剩下一個的黎波里和安條克合併後的安條克公國以及推羅等幾個城市，再加上早些時候十字軍建立的塞浦路斯王國。在東方的十字軍基本上被消除了，但伊斯蘭教徒允許基督教徒到耶路撒冷朝拜。第三次十字軍東征以失敗告終。此後十年中，歐洲仍準備再次攻打耶路撒冷。

當英諾森三世當選爲教皇之後，立即開展廣泛的宣傳運動。1202年，法、意、德封建主組成的第四次十字軍在威尼斯集合，打算乘坐威尼斯船隻進攻埃及，先摧毀撒拉丁的基地，再謀奪耶路撒冷。但是，伊斯蘭教的埃及同威尼斯保持着密切的商業關係，基督教的東羅馬卻是威尼斯的商業勁敵。威尼斯商人決定借十字軍的侵略，達到擴張商業的目的。他們爲十字軍提供船隻，卻利用十字軍付不清巨額船費的窘迫，驅使十字軍去進攻同一宗教信仰的東羅馬帝國。十字軍佔領了東羅馬帝國的大部分領土，1204年4月又佔領了君士坦丁堡，並對這個與他們信奉同一個上帝的基督教城市進行了駭人聽聞的燒殺搶掠。十字軍雖然身佩十字徽章，但當他們看到聖索非亞教堂的耀眼珍寶時，全然忘卻了自己是基督教徒，他們剝下教堂大門上的金銀裝飾，砸碎鑲有金銀珠寶的聖壇，把價值連城的藝術珍品以及數不清的豪華物品搶掠一空，就連修女神甫的住屋也被洗劫殆盡。基督教神甫被屠殺，君城全市遭到血洗，住宅、宮殿被踏爲平地，歷史悠久的古代文物被搗毀，埋葬死人的墳墓也被掘開……，十字軍像燒殺搶掠穆斯林一樣無情地洗劫了基督教聖地。

1204年十字軍在拜占庭的廢墟上建立了“拉丁帝國”。因爲十字軍的參加國如法國、德國、英國、意大利等均操拉丁語，羅馬教會也使用拉丁語，故稱拉丁帝國。帝國建立後，羅馬教皇立即委任君士坦丁堡新主教爲拜占庭宗教領袖，羅馬教皇的教區擴大了，羅馬教皇的收入增加了。

第四次十字軍東侵也使威尼斯攫取了最大的利益，它佔領了君士坦丁堡的主要市街，並在這裏建立了威尼斯特別行政區；它還搶佔了拜占庭帝國八分之三的領土，擠走了這些地方的熱那亞商人。

拉丁帝國比耶路撒冷王國更加虛弱，幾乎很難支持，保加利亞和阿爾巴尼亞人對十字軍的侵犯十分憤慨，他們從北部向拉丁帝國發動進攻，而拜占庭人撤出君士坦丁堡後，在小亞細亞地區重整旗鼓，並從東南向拉丁帝國發起頻繁的攻擊；熱那亞商人爲了奪回被威尼斯商人搶佔的商業利益，也支持拜占庭人。東羅馬的殘餘統治勢力建立的尼西亞帝國逐漸收復失地，1261年攻陷君士坦丁堡，恢復東羅馬帝國，拉丁帝國被消滅。

十三世紀時，十字軍狂熱逐漸削減，教皇多次號召組織十字軍，有些歐洲人認爲，以往的歷次十字軍之所以失敗，不能最終收回“主的墳墓”，是因爲歷次參加東征的人都是有罪的人，成人中無罪的人是沒有的，只有幼稚的孩童是純潔無罪的，只有他們才能奪回主的墳墓，出於宗教熱誠，人們竟然相信，地中海的海水會在孩子們面前乾涸，爲他們鋪設一條通往聖地的神秘道路，許多處境悲慘的農民眼含熱淚把心地純潔的孩子送往教會。在法國，大約三萬名兒童組成了兒童十字軍，於1212年從法國北部被領到海濱城市馬賽，打算從那裏乘船遠征。馬賽商人先答應用船把他們運往巴勒斯坦，然而，當載滿兒童十字軍的船隻行駛到地中海時，船頭不是朝向亞洲的巴勒斯坦，而是向着非洲北部的埃及駛去，因航海中遭遇大風，部分船隻沉沒海底，許多兒童被淹死，剩下的被馬賽商人運往埃及賣做奴隸。

　　十字軍東征一開始就受到了東方阿拉伯人的堅決抵抗，他們在敵人佔領區內開展了各種形式的抗爭，他們組織小分隊，在十字軍常常經過的地方，神出鬼沒地襲擊十字軍，並採用堅壁清野的辦法，使十字軍得不到任何物資供給。1113年，撒馬利亞農民舉行起義，曾一度攻佔耶路撒冷王國的那布魯斯，並把這個城市徹底摧毀。1125年、1131年和1266年，在貝魯特、西頓和的黎波里也曾發生過多次起義。其中的黎波里的起義農民，曾經殺死十字軍伯爵，拜占庭帝國遭到十字軍的進攻和掠奪之後，東方的基督教徒也同伊斯蘭教徒超越了宗教對抗，並肩攜手，共同對付十字軍。在這些勢力的聯合打擊下，羅馬教皇亟亟以新的東征挽回基督教在東方的衰敗，然而，與此同時，在歐洲，人們對東征的熱情大爲減退，對十字軍的看法大爲改觀，騎士們大多數已被各國的國王招募爲親兵，生活有了着落；各國富有的商人，尤其是意大利的城市商人與東方已經建立起貿易關係，故而對航海作戰興趣冷淡。一般農人對十字軍東征有了清楚的認識，再不願攜兒帶女去遠方追求虛幻的"樂園"了。往日在奪回主墓口號下轟轟烈烈的場面早已消失。教皇要想發動新的東征已經十分困難了。爲了吸引人們參加東征，教皇們把征掠的目標轉向富裕的埃及。1215年，教皇英諾森三世在羅馬教廷拉特蘭宮召開宗教大會，宣佈組織第五次十字軍，教皇故態復演，許諾積極參加出征者以"清贖自身罪愆，永葆天國不朽的榮譽"，並答應親自爲遠征者送行。可是，第五次十字軍東征尚未成行，英諾森三世就壽終正寢了。1217年，在新教皇的威脅利誘，強制攤派下，第五次十字軍才勉強成行，他們從意大利出發到達埃及，遭遇慘重打擊，1221年以失敗告終。

當十字軍的失敗越來越明顯的時候，歐洲哀訴式的宣傳達到歇斯底里的狀態。荒誕無稽的"殘暴"故事到處流傳。1254年連一個最博學的歷史學家馬太·帕理斯也記載了那種謊言，說阿拉伯人在"運往西方的胡椒中放置了毒藥，因而很多法國人被毒死"。這些宣傳無非是要煽起基督教世界對阿拉伯世界的仇恨，挽回十字軍在東方的敗局。但敗局並未挽回，以埃及爲首的阿拉伯聯軍1268年攻佔安條克；1289年攻佔的黎波里，……1291年，西方基督教徒在敍利亞的最後一個據點阿克城被埃及軍隊攻佔。至此，十字軍東征宣告徹底失敗。"耶路撒冷王國除了一段光榮的史迹外，沒有留下什麼了。"

六　蒙古人的滲透

　　成吉思汗西征時，正值西歐十字軍與伊斯蘭教徒作戰之際，於是在十字軍中傳說東方出現了一個大衞王，是上帝派遣來掃除伊斯蘭教徒的。後來拔都攻入匈牙利，西歐人才知道蒙古對基督教徒也是一個很大的威脅。1241年甚至提出要組織十字軍以對抗蒙古，但沒有成功。1245年，在里昂宗教會議上，教皇決定派遣使節到蒙古，進一步了解情況，探索虛實。於是由方濟各派教士普蘭諾‧迦賓等，帶着教皇寫給蒙古大汗勸其勿攻基督教民的書信，經波希米亞、基輔，於1246年4月左右到達伏爾加河邊拔都大帳處。拔都認爲此事應由大汗決定。於是，普蘭諾‧迦賓等急行數月，抵達選舉貴由可汗之處。貴由寫了勒令西歐統治者投降納貢的書信，交由歐洲使者帶回。這種交涉當然沒有什麼結果。但不久，蒙古人即成爲中東角逐的第三種勢力。進攻穆斯林世界，在客觀上幫了十字軍的忙，穆斯林世界不得不同時對付西歐人和蒙古人。

　　1251年，蒙哥當選爲蒙古大汗（1251－1259）以後，便派其弟旭烈兀西征。1253年10月，旭烈兀統率大軍出發，1255年秋抵撒馬爾罕，1256年初渡過阿姆河，進入阿薩辛人盤據的厄爾布爾士山區。阿薩辛是伊斯蘭教伊斯瑪儀派中的一個派別。這個派別經常從事暗殺活動，曾使巴格達哈里發及塞爾柱蘇丹十分震驚，多次派兵進剿，未能成功。阿薩辛人在波斯西北的阿拉木圖建立了堅固的堡壘，以此爲中心，向四面八方發展，在險峻的厄爾布爾士山中建立起許多不易攻破的據點。蒙古大軍來到後，一方面攻破一些堡壘，一方面要求阿薩辛派首領魯克納丁投降，免遭屠殺。起初魯克納丁遷延觀望，後來認識到堡寨無法死守，被迫投降。旭烈兀起初還善待魯克納丁，後來，魯克納丁要求去見蒙哥，蒙哥拒絕接見，並派人殺死魯克納丁。阿薩辛人也被蒙古軍隊殲滅，殘存無已，其堡壘則被平毀。

阿薩辛派既滅，蒙古軍下一個征服的目標就是巴格達了。1257年，旭烈兀指揮軍隊繼續西征。阿拔斯王朝這時已經衰弱不堪，哈里發只維持伊斯蘭教領袖的名義，沒有實力了。旭烈兀致書哈里發穆斯台耳綏木（1242－1258年在位），警告他不要以拳頭去碰鐵錐，不要把太陽當作燈火，要他拆除巴格達城牆，填平城壕，納款投降，以保軍民安全；否則，蒙古軍攻入，必貽後悔。哈里發拒絕了旭烈兀的要求，並警告旭烈兀說，歷代進攻哈里發者都沒有好下場。1258年，蒙古軍隊渡過底格里斯河，圍攻巴格達，矢石如雨，經過六天攻打後，穆斯台耳綏木漸漸支持不住，被迫出城投降，蒙古軍蜂擁入城，瘋狂燒殺劫掠七日，居民被害者數十萬人，許多藝術珍品和華麗建築遭到焚毀。穆斯台耳綏木被裝入袋內，縱馬踏死，歷時五百餘年的阿拔斯朝滅亡。

巴格達陷落後，旭烈兀西攻敘利亞。阿勒頗、大馬士革、哈里木相繼失守。但這時傳來了蒙哥大汗的死訊，旭烈兀被召回遠東，留下5,000人由怯迪不花統帥，侵入埃及，1260年在阿因‧扎盧特被埃及馬穆魯克王朝將領俾巴斯率領的阿拉伯軍隊打敗，怯迪不花被殺。蒙古人的西侵受到阻遏。

第四章

奧斯曼帝國的擴張

一　奧斯曼帝國的興起

1．奧斯曼人的崛起

奧斯曼土耳其人是突厥人的一支，原住在裏海東南岸的呼羅珊一帶。十三世紀初，由於受蒙古人的進逼，遷移到小亞細亞，依附於塞爾柱突厥人的魯姆蘇丹國。十三世紀中葉，蒙古人的入侵使魯姆蘇丹瓦解。從此，奧斯曼土耳人逐漸崛起，他們建立了獨立的國家，並在同拜占庭帝國（東羅馬帝國）等鄰近國家和地區的較量中日益強大起來，成爲伊斯蘭世界的領袖。

這些信奉伊斯蘭教的土耳其人有着爲聖戰而獻身的精神。他們在首領奧斯曼的率領下掀起了對正在衰落的拜占庭帝國進行聖戰的狂熱。奧斯曼是一位精力充沛並具有強大感召力的領袖人物，來自小亞細亞各地的土耳其部族宗教戰士源源不斷地投奔到他的身旁。在與拜占庭帝國進行聖戰的過程中，奧斯曼土耳其人的勢力迅速增強。從1317年開始，他們對拜占庭帝國的重鎮布魯薩進行了持續九年的進攻。1326年，奧斯曼生命垂危時，他的兒子奧爾汗率兵終於征服了布魯薩，不久，奧爾汗在此興建了清真寺，並將其父埋在這裏，他們還將布魯薩定爲新生的奧斯曼國家的都城。布魯薩是拜占庭人在小亞細亞的最後一座堡壘，它的陷落無疑成了拜占庭帝國在小亞細亞統治行將崩潰的標誌。對土耳其人來説，定都布魯薩意義重大。布魯薩瀕臨馬爾馬拉海隔海峽與歐洲遙遙相望，它不僅爲奧斯曼土耳其人越過海峽向巴爾幹擴張奠定了基礎，更增強了奧斯曼土耳其人征服歐洲的信心。

奧爾汗對軍隊進行改編，建立了常備軍。1331年，奧斯曼土耳其人佔領尼西亞城，1337年又攻佔了君士坦丁堡附近的尼科米底亞。很快，拜占庭的勢力完全被逐出了小亞細亞。1341年，拜占庭皇帝去世後，發生王位之爭。安娜皇后給其子約翰五世加冕稱帝時，希臘貴族康塔庫尊在色雷斯自立爲帝，雙方發生爭執，各自向外求援。1345年，康塔庫尊決定把女兒狄奧多拉嫁給奧爾汗，條件是奧爾汗支援他六千士兵。奧爾汗欣然允諾，派六千士兵越過海峽去色雷斯支援岳父。在土耳其軍隊的幫助下，安娜皇后及約翰五世被迫同意與康塔庫尊共同執掌政權。1349年，巴爾幹半島上的強國塞爾維亞入侵拜占庭帝國，不久便逼近亞得里亞諾堡。拜占庭人再次籲請奧爾汗給予援助，因此兩萬名土耳其士兵越過海峽與塞爾維亞人交戰。1354年，土耳其軍隊佔領加里波里並在那裏駐紮下來。

1362年，他們又攻佔了亞得里亞諾堡，戰爭結束後，土耳其軍隊不再返回亞洲，他們決定把首都遷到亞得里亞諾堡，並改名爲愛迪爾內。拜占庭人提出了强烈抗議，他們希望塞爾維亞和保加利亞人能出面幫助拜占庭帝國迫使土耳其軍隊退回亞洲，遭到了拒絕。奧斯曼土耳其正是利用了塞爾維亞、保加利亞和拜占庭之間的矛盾涉足歐洲的。奧斯曼國家的勢力迅速向巴爾幹地區的腹地逼進。由於在亞洲受到了新興的帖木兒帝國的壓力，大批土耳其人源源不斷地渡海定居於巴爾幹。他們在奧爾汗的繼承者穆拉德一世（1359年繼位）的率領下猛烈向西推進，一發而不可收。

1389年，土耳其軍隊在科索沃與巴爾幹各基督教國的聯合軍隊激戰。以塞爾維亞國王拉扎爾爲首的塞爾維亞、保加利亞、波斯尼亞等國的聯軍在戰爭初期獲得了一些勝利，但奧斯曼土耳其軍隊最終取得了勝利。穆拉德一世在這次戰役中喪生，其子巴耶濟德即位。科索沃戰役後，土耳其人征服了塞爾維亞、扎拉畿亞，保加利亞的大片領土也被奧斯曼國吞併。

2．奧斯曼攻佔君士坦丁堡

1421年，穆拉德二世登上王位。在他統治期間，奧斯曼軍隊又恢復了對君士坦丁堡的進攻，後因小亞細亞地區發生了威脅，土耳其軍隊才在圍攻達兩月之久後放棄了攻城計劃。1451年2月，穆拉德二世辭世。他的兒子穆罕默德二世奪取王位。年僅21歲的穆罕默德二世立志要佔領君士坦丁堡，從1452年開始，他爲攻城作了戰術上的研究和作戰物資的準備。1453年4月，穆罕默德二世集結了十多萬精兵和上百艘船艦實施攻城計劃。這座聞名已數百年之久的城堡，此時已經是人口稀少、財源枯竭了，守城兵力實際已不足萬人。能夠阻擋土耳其人進攻的似乎只有那堅固的城牆了。處於危險境地的拜占庭皇帝要求西方國家及羅馬教皇給予緊急援助，甚至同意將東西兩大教會合併後向羅馬教皇表示臣服。然而即使這種屈辱的乞求也援救不了拜占庭帝國的命運，首先，各種複雜的因素使東西兩大教會根本不可能合併；其次，土耳其人控制了通向君士坦丁堡的陸路和海路，西方如果願意提供援助，困難也是可想而知的。拜占庭士兵依其城牆的防禦工事對奧斯曼軍隊進行了近兩個月的抵抗。而城內的五萬居民中絕大多數人對自己的前途漠不關心，他們甚至反對拜占庭皇帝爲求得救兵而向羅馬教皇臣服，而且對於他們來說，公民們寧願在奧斯曼國的統治下得到伊斯蘭教的寬容，而不願接受拉丁人的統治，去忍受那種羅馬教的偏執。5月29日，土耳其軍隊以重炮攻破象徵着拜占庭帝國統治的聖城君士坦丁堡，拜占庭皇帝君士坦丁堡十一世也在巷戰中身亡。穆罕默德二世進入該城後，土耳其軍隊的大肆的劫掠和屠殺被中止。一些西方基督教國家組織的援軍尚未趕到便得知君士坦丁堡已經落入土耳其人的手中。

二 奧斯曼帝國開疆拓土

1. 征服埃及 稱霸中東

　　精力充沛、熱衷於戰爭的謝里姆一世外號叫"亞武茲"，意即嚴厲之人或剛毅之人，他打敗了他的弟兄，鞏固了自己的統治地位。由於小亞細亞的十葉派穆斯林曾經在波斯國王的指使下支持過他的兄長艾哈邁德與他爭奪王位，謝里姆一世便開始對他的領土中的十葉派穆斯林進行普遍的宗教迫害，他將這些異端活動分子的名册開列出來，約有數萬人遭到斬首。謝里姆一世的行爲使得新興的波斯薩非王朝國王、十葉派宗教領袖伊思邁爾決心替十葉派穆斯林報仇。從此，綿延幾個世紀的征戰在奧斯曼帝國與波斯之間展開。伊思邁爾在小亞細亞東部向土耳其人發動進攻。謝里姆一世揮兵迎戰。1514年，土耳其軍隊在查爾迪蘭打敗波斯軍隊。之後，土耳其軍隊又乘勝追擊，攻取了波斯薩非王朝的首都大不里士。1516年，謝里姆一世繼續推行他在亞洲的擴張計劃。埃及馬木路克朝蘇丹甘蘇·古里曾同波斯薩非王朝結盟，以共同對付奧斯曼帝國的擴張。波斯國王伊思邁爾要求甘蘇·古里出兵共同抵抗謝里姆一世。甘蘇·古里率領一支軍隊進入敍利亞，8月24日在敍利亞北部重鎮阿勒頗一帶與奧斯曼軍遭遇，結果潰不成軍，甘蘇·古里本人也死在戰場上。很快，阿勒頗、大馬士革和貝魯特等城市向土耳其人敞開了大門，整個敍利亞和巴勒斯坦被佔領了。

　　事實上，東方三大穆斯林國家奧斯曼、波斯和埃及之間的力量均勢已經被打破。謝里姆一世準備繼續進攻波斯，遂向馬木路克朝新蘇丹突曼貝提出議和，條件是埃及接受他的宗主權，但突曼貝拒不接受。性情暴躁的謝里姆一世被激怒了，他放棄了入侵波斯的計劃，轉而進攻埃及。1517年1月22日，奧斯曼軍佔領了開羅，突曼貝逃出了開羅，但在三角洲地帶未能倖免，4月13日被絞死於開羅。在這塊土地上統治了四百餘年的馬木路克人喪失了獨立。土耳其人向這裏派駐了總督，但埃及的內政仍留歸馬木路克人自己料理。阿拔斯朝的最後一個可憐的傀儡哈里發也被押解到伊斯坦布爾[*]，被迫將自己的僅僅名譽上所擁有的管理正統伊斯蘭教徒的哈里發神聖權力移交給謝里姆一世。從此，奧斯曼統治者便獲得了哈里發的稱號，加上聖城麥加、麥地那也在奧斯曼帝國的版圖內，穆斯林世界的中心便從埃及的開羅轉移到了奧斯曼帝國的伊斯坦布爾，昔日的開羅現在降到了一個省會的地位。　＊即伊斯坦堡

2．蘇里曼大帝威震四方

　　蘇里曼是謝里姆一世的獨子，1520年，他未經任何衝突便平穩地登上了蘇丹（國王）的寶座。蘇里曼生於回曆900年，即伊斯蘭教第十世紀的元年，恰巧，他又是帝國的第十代君主。所有這些都使他的臣民預感到蘇里曼和他的帝國將有命中注定的好運降臨。

　　1526年4月，蘇里曼率軍從伊斯坦布爾出發沿多瑙河而上進軍匈牙利。8月29日至30日，奧斯曼軍隊在匈牙利

南部的摩哈赤城大敗由匈牙利國王路易二世統領的匈、德、意、波數國聯軍，進入匈牙利的戶門被打開。9月初，奧斯曼軍隊再克多瑙河畔的布達佩斯。從此，匈牙利的部分領土被奧斯曼帝國侵佔。11月中旬，蘇里曼率領軍隊經過長途跋涉回到了伊斯坦布爾。

蘇里曼被自己的臣民稱爲卡奴尼（立法者）、被西方史學家譽爲"大帝"。他在位四十六年，在這些年代中，建立在先前君王已構築成的牢固基礎上的奧斯曼帝國，在權力、財產和文采方面達到了鼎盛。奧斯曼帝國的版圖從多瑙河中游的布達佩斯連綿到兩河流域的入海口波斯灣，北到克里米亞、南達尼羅河第一瀑布。蘇里曼的對外擴張超過了他所有的前輩，他自己也產生了一種無比的優越感，這在他寫給法國國王法蘭西斯一世的信中得到證明："我是蘇丹們的蘇丹，君主們的君主，是把皇冠分配給地面上的國王的人，是上帝在大地上的影子……"。

然而，奧斯曼帝國這段燦爛輝煌的時期畢竟不能長久地維持下去。當奧斯曼帝國及其人民的生活達到權力和榮譽的高峯時，也就意味着從此以後必走下坡路無疑了。因爲帝國勢力的極巨膨脹勢必使它要走向反面。從內部原因講，奧斯曼帝國所施行的軍事封建采邑制度阻礙了社會生產力的發展；廣大被征服的民族和被奴役的人民不斷地反抗；無休止的對外掠奪和連年征戰，也嚴重削弱了帝國的力量。從整個世界範圍看，歐洲各國正在擺脫愚昧和偏見，到十六世紀中葉，英國、法國、西班牙、中歐的哈布斯堡王朝、威尼斯以及俄國都已經強盛或正在走向強盛。

文藝復興對所有歐洲各國產生了經久不衰的推動力，同時
民族意識開始覺醒，歐洲各國人民表現了要求民族統一和
獨立的強烈願望。

　　所有這些都表明奧斯曼帝國在對外關係中所處的地位
將要發生一個歷史性的根本改變。

三　奧斯曼帝國與歐洲

1. 歐洲聯合對抗奧斯曼帝國

　　奧斯曼帝國不光彩的時期來臨了。從1574年到十七世
紀末的一個多世紀中，相繼有十二個蘇丹在位，其中有四
位在即位時不足十六歲，其餘也大都是些未經訓練的年輕
人。朝廷的財富、奢華和安逸削弱了他們的精力、意志和
品德，用"熾熱的寶劍和勝利的大刀"支撐起來的帝國大
廈再無往日的光輝了。

　　1683年5月，奧斯曼帝國軍隊在首相穆斯塔法的率領
下從貝爾格萊德*出發向奧地利人發動了進攻。初期，奧斯
曼軍進展順利，奧地利軍則後退到維也納城。不久，奧斯
曼軍隊開始了歷史上最後一次對維也納的進攻。7月中
旬，維也納城已處在奧斯曼人包圍之中，將近9月，守城
部隊已經十分虛弱，維也納眼看就要被奧斯曼軍佔領了。
就在此時，一支由波蘭國王索比斯基統領的七萬大軍前來
解圍。9月12日，奧斯曼軍在維也納附近的卡倫堡遭到失
敗，被迫放棄了對維也納的圍攻。從此，奧斯曼帝國在歐
洲的領土擴張再沒有取得任何進展。帝國所面臨的是如何
　　　　　　　　　　　　　　　　　　　　*即貝爾格勒

保持既得領土的問題，而不是獲得更多的領土的問題，土耳其軍隊的任務不再是進攻，而是防守了。

2. 歐洲人步步進逼

1684年3月，奧地利、波蘭和威尼斯結成反土耳其同盟，土耳其軍隊在匈牙利戰場上一敗再敗，只有招架之功了。與土耳其政府保有外交關係的法王路易十四希望在歐洲保持一個對自己有利的力量均衡，他誘使波蘭人退出了同盟。於是，奧地利決定單槍匹馬地同土耳其較量。1686年，奧地利軍隊乘勝追擊，經過激烈的戰鬥，布達佩斯這個一百年來一直爲奧斯曼帝國統治匈牙利的堡壘終於被奧地利佔領。1687年8月12日，奧地利軍隊在摩哈赤戰役中擊敗土耳其軍。這是一個巨大的災難，土耳其人從此喪失了在匈牙利的統治地位，取代他們的則是奧地利人。消息傳來，伊斯坦布爾一片驚慌與憤怒，蘇丹穆罕默德四世被推翻了。他的弟弟蘇里曼二世繼任蘇丹。新蘇丹由於長期被幽禁在深宮中，一時竟不知道如何應付當前的局勢。他們無力阻擋奧地利人，1688年9月，奧地利軍隊又佔領了重鎮貝爾格萊德。此時，維也納宮廷中已經在熱烈地討論如何盡快將土耳其人的勢力逐出歐洲了。然而，事態也並非如他們設想的那麼順利。

1689年，奧斯曼政府在多瑙河畔另一重鎮尼什遭到失敗後，開始認識到帝國的處境已經十分危險了。以往，土耳其軍隊常常能在失利時會迅速組織力量，再次投入戰鬥以挽回他們的損失，而現在，卻無能爲力了。蘇里曼決定

任命艾哈邁德・柯普魯盧的弟弟穆斯塔法・柯普魯盧爲新
首相。這位新首相再一次使人們看到了柯普魯盧家族的才
能和智慧。穆斯塔法首先恢復了帝國的財政秩序，使國力
稍有回升。接着他又整頓了軍隊，土耳其軍隊的士氣因此
得到一定的振奮。戰爭開始朝着有利於奧斯曼帝國的方向
發展。至1690年9月，土耳其軍隊又收復了尼什和貝爾格
萊德，奧地利人被趕出了保加利亞和塞爾維亞。新首相已
在考慮將奧地利人趕得更遠一些。不幸的是，第二年8
月，他在率軍進攻匈牙利的一次戰役中喪生了。但土耳其
軍隊繼續前進，由於奧地利人正忙於同法國作戰，東部戰
線有所放鬆，土耳其人得以恢復了在東南歐的地位。不
過，這只是奧斯曼帝國早期力量的最後一次顯現。

　　1695年，精明強悍的蘇丹穆斯塔法二世（穆罕默德四
世之子）繼承了他叔父艾哈邁德二世（1691年即位）的王
位。此時，土耳其人已明顯地受到了來自俄國南下政策的
挑戰。彼得一世在1689年親政後明確提出了南下擴張的目
標。他認爲從奧斯曼帝國手中奪取黑海北岸地區和克里米
亞半島並打通黑海出海口是有着“正當理由”的“真正的
事業”。1695年春，彼得一世親率六萬大軍向土耳其人掌
握的亞速要塞發起進攻，同年夏季完成了對亞速的包圍。
但土耳其人的艦隊從海上支援了亞速要塞的守軍，而俄國
尚缺乏海軍的支持，彼得被迫後撤。同年冬季，彼得一世
開始組建艦隊。1696年夏季，俄軍在這支新組建的俄國艦
隊的配合下再次向亞速發動進攻。奧斯曼人最終失去了亞
速。但俄國人的目標遠未達到，彼得一世開始在外交上和

軍事上着手進一步向黑海挺進的準備。1697年 2 月，彼得一世派出使臣與奧地利、威尼斯締結了爲期三年的反土耳其同盟。同時，彼得一世還親自出使西歐各國爲尋找盟友而積極活動。面臨這樣的局勢，蘇丹穆斯塔法只好接受英國與荷蘭的調停建議。當時，歐洲各國的朝廷和軍隊都在關注無嗣的西班牙國王查理二世隨時可能發生的死亡，西班牙王位繼承戰即將開始。對英國人來說，他們自然希望盟國奧地利盡快從土耳其人的牽制中擺脫出來，1698年10月，奧斯曼帝國的外交使臣與奧地利、波蘭、威尼斯、俄國的談判代表會集貝爾格萊德以北的卡爾洛維茨召開國際會議，英國與荷蘭則向會議派出了自己的正式調停人。1699年 1 月26日，與會代表簽訂了和約。土耳其人沒有別的選擇，被迫接受這項屈辱的和約，土耳其將德蘭斯瓦尼亞、匈牙利的中部以及斯洛文尼亞和克羅地亞[*]的大部分割讓給奧地利；波蘭人則獲得了第聶伯河西岸的烏克蘭地區、波多利亞及要塞卡梅涅茨；威尼斯也獲得了克里特島等一些地區。至於俄國，當時只與土耳其人簽訂了爲期兩年的停戰協定。因爲在會前的一些預備性的談判中，反土耳其同盟之間的矛盾就已暴露出來。奧地利由於準備同法國展開一場西班牙王位繼承戰，顯然無暇東顧，早就準備與土耳其人單獨媾和了。威尼斯也是如此。西方盟國特別擔心俄國勢力在黑海區域的增強。由於西方盟國的背叛，俄國斷然拒絕將其佔領的亞速還給土耳其人。爲了發展俄國與土耳其人達成的停戰協定，1699年11月，彼得一世派遣公使乘坐裝有46門火炮的軍艦"堡壘號"抵達伊斯坦布

*即克羅埃西亞

爾，藉以炫耀俄國的海軍實力。土耳其政府與俄國公使的外交談判是在西方外交界極力反對的情況下進行的。因爲英國人期望奧斯曼帝國能被俄國拖住，以阻止在未來的王位繼承戰爭中土耳其人有可能對法國的援助。然而彼得一世爲了準備北方戰爭，力圖與土耳其人締結和約，並授權俄國代表有權作相應的讓步。1700年7月3日，奧斯曼帝國與俄國簽訂了爲期三十年的和約。條約規定亞速及其毗連的地區和要塞均屬於俄國，而俄軍佔領的部分第聶伯河沿岸地區歸還給土耳其人。雙方還保證不在邊界地帶構築新的工事，不進行武裝侵襲，土耳其應當遣返俄國俘虜，並爲俄國向伊斯坦布爾派駐代表提供方便。

　　上述卡爾洛維茨條約及會議是中東歷史上的一個大轉折，這尤其表現在奧斯曼帝國與歐洲的關係方面。首先，它是由一個或數個非交戰強國安排和參與的同歐洲國家簽訂的條約，因而也就承認了所有歐洲各國都有權關心中東尤其土耳其人的問題；其次，它承認了俄國在奧斯曼帝國和中東方面的利益和重要性；再次，條約重新確立了中歐和西歐力量的配置關係，消除了歐洲對奧斯曼帝國的恐懼心理，爲西方列強瓜分奧斯曼帝國的歐洲領地奠定了基礎。

　　1735年，俄國人再次發動了對奧斯曼帝國的進攻。他們進犯克里米亞，並佔據了亞速。俄國人要求土耳其蘇丹割讓從多瑙河到高加索一帶的土地，遭到拒絕。奧地利作爲俄國的盟國於1737年投入了這場衝突。但奧地利軍接連敗北，1739年，土耳其軍隊又一次包圍了貝爾格萊德。俄國人則打了幾次勝仗，奧地利爲俄國的推進所擔心，無意再戰，他們說服法國人從中調停，在法國駐奧斯曼帝國大使德‧維爾納夫的巧妙策劃與周旋下，奧地利先期於當年8月單獨與土耳其人締結和約，將貝爾格萊德和所佔的塞爾維亞歸還給土耳其人。俄國人雖然取得了幾次勝利，但奧地利的退出和俄瑞（典）關係的惡化對俄國十分不利，這一處境使俄國人不得不同意和談。在法國的調停下，於1739年簽定了貝爾格萊德條約，俄國僅得到了拆除所有工事的亞速，並承諾不在亞速海和黑海佈署海軍，但可以在黑海地區進行通商貿易，其條件是貨物必須用奧斯曼帝國的船隻載運。

1740年，爲了感謝法國在上述戰爭（1735－1739）中給予土耳其外交上的支持，奧斯曼政府與法國訂立了治外法權條約。其主要內容是：法國人有權在奧斯曼帝國的任何地方旅行和貿易；法國人的貨物除按規定抽取百分之三的進出口稅外，免徵其他各種形式的捐稅；法國的大使和領事對居住在奧斯曼帝國的法國人擁有全部裁判權，任何法國人不得由奧斯曼官員逮捕，除非有法國的領事官員在場；法國人獲准擁有和建立他們自己的教堂，並且享有信仰自由；此外，最重要的是法國還享有一種特權，它可以把那些在奧斯曼帝國沒有大使或領事的西方國家的基督徒們納入自己的旗幟之下，視如法國人一樣地加以保護。

七年戰爭結束後，歐洲列強將他們的注意力轉到波蘭和土耳其方面來。1764年，普魯士國王腓特烈二世和俄國沙皇葉卡特琳娜二世簽訂盟約，雙方同意在對付波蘭和土耳其時進行合作。英國對此表示沉默，法國的路易十五卻派遣韋爾讓爲駐土耳其大使，支持土耳其人反抗俄國。1768年，俄國以追捕波蘭愛國者爲藉口侵入奧斯曼帝國，早有準備的俄國人分三路向多瑙河、克里米亞和南高加索進軍。1770年俄軍控制了摩爾達維亞和瓦拉畿亞兩公國。1771年俄軍又佔領了全部克里米亞半島，並封鎖了達達尼爾海峽。在高加索戰場上，俄軍控制了格魯吉亞地區。葉卡特琳娜二世甚至令她的寵臣制定了關於滅亡奧斯曼帝國的計劃。俄國的勝利促使奧地利與土耳其人締結了一項秘密的援助條約，打算在必要時給土耳其人以軍事援助。普魯士則希望加速三個鄰國瓜分波蘭的進程，並勸說俄國放棄在多瑙河畔的征服，以防止奧地利與俄國之間發生衝突。1773年，俄國又爆發了普加喬夫起義，葉卡特琳娜二世不得不暫時停止對土耳其人的進攻。1774年7月10日，俄土雙方在庫楚克－凱納吉簽訂條約。該條約的簽定是奧斯曼帝國與俄國關係史上一個極爲重要的事件。俄國獲得了亞速港和黑海地區的一些領土；土耳其喪失對克里米亞的宗主權；多瑙河各公國包括摩爾達維亞、瓦拉畿亞獲得自治並轉入俄國的庇護之下；俄國商船可以自由通過亞速海、黑海和黑海海峽。庫楚克－凱納吉條約大大降低了奧斯曼帝國的威望。爲俄國人在巴爾幹和海峽區域進一步擴張鋪平了道路。

　　1774年條約使奧地利人產生了一種緊迫感，他們力求阻止俄國取得對奧斯曼帝國的優勢地位。奧地利人借機向土耳其提出了索取布哥維那省的要求，作爲他們在俄土戰爭期間保持中立的報酬。對此，土耳其人無力加以制止。

俄國在鎮壓了國内的起義後，立即將注意力轉向土耳其。1777年，葉卡特琳娜二世在寵臣波將金的協助下，審查了關於征服奥斯曼帝國的計劃。爲了實現這一計劃，俄國和奥地利於1780年締結了共同瓜分奥斯曼帝國的同盟。1782年，波將金又進一步制定了著名的肢解奥斯曼帝國的"希臘計劃"，即由俄國、奥地利和法國共同瓜分土耳其人在歐洲和非洲的領土，條約並具體地規定了各國的瓜分範圍。1783年俄國正式吞併了克里米亞。瓜分土耳其領土的戰爭於1787年爆發，由於俄奥的聯合作戰，土耳其人連遭敗績。隨着戰爭的進一步發展，俄奥之間因瓜分領土的多少產生了矛盾。英國也不願意看到土耳其完全由俄國人控制，遂於1790年支持瑞典向俄國宣戰，普魯士爲阻止俄國變得過於强大，再次加以干涉，普魯士勸說奥地利單方面與土耳其締約。因此，奥地利與土耳其在1791年8月締結了錫斯托瓦和約。條約規定奥地利不再支持俄國，並將在這次戰爭中奪佔的領土歸還土耳其，雙方邊境維持到戰前的狀態。奥地利退出戰爭後，俄國處於孤立的地位，1792年1月俄土雙方簽訂了雅西和約。土耳其承認克里米亞屬於俄國，雙方以德涅斯特河爲邊界。雅西和約使土耳其人喪失了黑海北部沿岸包括克里米亞在内的領土，從此，俄國在黑海的勢力得到了加强。

到十八世紀末葉，奥斯曼帝國已完全處於防守的地位，列强對波蘭的兩次瓜分和法國大革命的爆發使歐洲局勢紛紜複雜。奥斯曼帝國猶如"病夫"一般，各國都用貪婪的目光注視着它的財產，只是由於列强之間的競爭和對立才使得這位病夫得以苟延殘喘。在十九世紀的外交和戰爭中，奧斯曼帝國將處於更加被動、挨打的局面。

第五章

奧斯曼帝國與西方列強

一　拿破侖遠征埃及

1. 東方帝國之夢

受地中海和紅海波濤沖刷的埃及，物產極爲豐富，一向以發達的農業著稱於世。埃及地處歐、亞、非三大洲的咽喉，北臨地中海，與西歐隔海相望；東瀕紅海，與印度洋緊密相連，是通往印度，控制東方貿易的要道。埃及地跨非、亞兩洲，由此可通往西亞、北非和非洲内陸，戰略地位十分重要，素有非洲“北大門”之稱。

因此，自古以來，埃及成了侵略者的窺視之地。從十八世紀起，在全球範圍爭奪殖民霸權的英國和法國都企圖在這裏擴展勢力。埃及再次淪爲大國角逐的場所。

法國覬覦埃及由來已久。十八世紀以來，法國的謀臣策士曾在不同時期提出過遠征埃及的計劃，但那時埃及還是奧斯曼帝國的一部分，而法國又一直同奧斯曼帝國保持友好關係以反對他們的共同敵人奧地利。因此，征戰埃及不是明智之舉。1774年路易十六親政時，奧斯曼帝國的權力已名存實亡。俄國、奧地利正計劃從北面瓜分帝國領土，英國則從南面推進，埃及勢必成爲他們爭奪之地。法國雖不甘落後，但苦於兵力不足，始終不敢對埃及用兵。

1794年熱月政變後，代表大資產階級利益的督政府上台執政。法國資產階級對新的殖民地產生了強烈的渴望，他們要與英國決一雌雄，奪回世界霸權。1797年，拿破侖軍隊擊敗了反法聯盟中的奧地利，法國的視線轉向了第二號強敵英國。

1798年2月，拿破侖視察了敦刻爾克和弗蘭德海岸後認爲"不論我們作出多大努力，我們在若干年內不能獲得制海權。沒有制海權而入侵英國將是所有我們做過的最冒險、最困難的任務"。於是，拿破侖向督政府提出了遠征埃及、間接打擊英國的方案，並賦予這次遠征三個具體目標。第一，佔領蘇彝士地峽，切斷英國至印度的最近通道；第二，變埃及爲法國殖民地，以彌補所丢失的殖民地；第三，爲進一步奪取英國"皇冠上的寶石"——印度建立有效基地。可見，拿破侖遠征埃及不單是爲了擴張法國殖民地，還夢想從尼羅河畔到印度河邊建立一個龐大的東方帝國。拿破侖的大迂迴戰略，不但道出了法國統治階級的心聲，也體現了拿破侖想名揚天下的私慾。計劃很快被付諸實施。

1798年4月12日，拿破侖被任命爲法國東方軍司令，全權指揮遠征埃及的海陸軍事。拿破侖隨即進行了繁忙的準備工作，表現出卓越的組織才能。他細緻地研究世界政治局勢和英艦隊活動規律和動態。他不僅逐個地挑選將領和各方面的負責官員，而且幾乎挑選了下級軍官和普通士兵。爲了賦予這次遠征以科學研究性質，還帶走了許多科學研究和工程技術人員。一場改變埃及歷史自然發展進程的戰爭即將開始。

2．炮艦叩開了埃及的大門

1798年5月18日夜，暴風將土倫港外監視法艦的納爾遜艦隊吹向遠方。19日天轉晴和，拿破侖乘機登上旗艦"東方"號，率遠征軍揚帆出航。這支遠征軍擁有戰艦13艘，巡洋艦14艘，小型艦72艘，運輸船300餘艘，由海軍司令布律埃斯指揮。精兵約35,000人，内有炮兵和騎兵，由克雷拜耳指揮。隨軍學者、專家（考古學家，藝術家等）百餘人，另外，隨軍技術工人和商人等共2,000人。遠征軍出動時，法軍佯稱陸戰隊將在愛爾蘭登陸，拿破侖艦隊借此巧妙地逃出了英國海軍的封鎖，分三路縱隊前進。

6月10日，法軍沒有受到任何抵抗就佔領了馬耳他島。在短暫的逗留之後，6月19日艦隊繼續前進。在航行過程中，拿破侖甩掉了英國艦隊的追踪。納爾遜艦隊於6月12日才行到土倫前面，這時法國艦隊早已離開此地，納爾遜立即掉頭追索法軍。隨後，納爾遜獲悉法軍已離開馬耳他向東駛去，於是命令艦隊全速前進，直赴埃及。由於納爾遜求勝心切，反於6月28日，即提前法軍48小時抵至亞歷山大港,結果未見一艘法艦。他隨即決定艦隊駛往達達尼爾海峽,直奔君士坦丁堡。當納爾遜得知拿破侖遠征軍已佔領亞歷山大,並向開羅推進時,他再度命令艦隊向埃及行進。總之,在英方掌握制海權的情況下,拿破侖成功地完成了由海路調遣部隊至埃及的戰略部署。

7月2日,法軍在亞歷山大港迅速登陸並稍作停留後,兵分兩路向開羅方向推進。7月13日法軍沿尼羅河左岸南下,有一小部分艦船溯河並進,途中遇到曼姆魯克和阿拉伯人的襲擊。7月21日發生了"金字塔之戰",拿破侖指揮30,000名武器精良、訓練有素、久經沙場的精兵,一舉擊敗了5,000名善於單個格鬥,但紀律廢弛的曼姆魯克騎兵,其中,被法軍逼進尼羅河而死的就有數百人之多。埃及人大受震動,稱拿破侖為"火之王",曼姆魯克人稱拿破侖為"神之鞭"(意為天兵天將)。7月25日,開羅守軍接受法軍勸降,拿破侖進駐開羅。然而,法軍僅僅取得陸上的勝利是不夠的,法軍的克星納爾遜艦隊已悄悄追了上來。一場海上的大搏鬥就在眼前。

1798年8月1日,英國艦隊從敍利亞回到亞歷山大港時,瞭望塔終於發現了法國艦隊的帆柱。當時法艦隊停泊在開闊浩瀚和沒有充分防衛設施的阿布基爾水域。當英艦隊出現在亞歷山大的警戒線時,布律埃斯才發出緊急集合信號,而一部分水兵正在亞歷山大、羅塞塔和阿布基爾浴場的岸邊閒蕩。納爾遜正確地判定在法國艦隊停泊線與淺灘之間,必有足夠的地方可容英艦插進去。於是,他作出了極為大膽、近乎冒險的決定,把艦隊一分為二,五艘軍艦插入法艦和淺灘之間，其餘船隻則在朝海的一面，沿着法艦停泊線活動。結果，法艦隊在英艦隊兩面夾擊下，除兩艘主力艦和兩艘巡洋艦外，全部被殲。法國艦隊司令布律埃斯也因坐艦"東方"號的爆炸而陣亡。法軍由此陷入被動的戰略境地。

阿布基爾海戰後，拿破崙軍隊的處境極其困難。不但後路被截，而且得不到來自法國的給養、援軍，甚至消息。奧斯曼帝國則在極爲有限的忍耐之後，出乎拿破崙意料地於9月2日對法宣戰，並派軍隊取道敍利亞進攻在埃及的法軍。面對殘酷的現實，拿破崙以他固有的旺盛精力和非凡的組織才能，在與本土隔絕的情況下，在遙遠的異國他鄉巧妙地組織部隊的軍事活動，終於在埃及站住了腳。

3. 東方迷夢的破滅

拿破崙在埃及推行政治奴役控制、軍事血腥鎮壓和經濟殘酷壓榨的殖民政策，迅速地將埃及人民逼上武裝起義的道路。1798年10月21日清晨，成千上萬的開羅居民潮水般地湧向愛資哈爾清真寺，然後手持刀劍棍棒和石塊向拿破崙官邸衝擊，佔領了全城幾乎所有重要陣地。拿破崙老羞成怒，下令炮轟愛資哈爾清真寺，並開始了大屠殺。前後有四千多人慘遭殺害，開羅成爲血海一片。拿破崙也因此如同驚弓之鳥，坐臥不安，法軍士兵則槍不離人，人不離營，時時處於戒備狀態。

法軍入侵埃及在歐洲列強間引起軒然大波。1798年

底，英、俄、土、奧等國組成了第二次反法聯盟，法軍的
處境更爲艱難。而此時拿破崙卻打着如意算盤，決定東征
敍利亞，一舉打敗土軍，然後移兵南下印度，建立東方帝
國。在亞洲穩定後，經亞得里亞灣，擊滅奧地利，從維也
納凱旋回巴黎。歷史最終沒有按拿破崙的設計而延伸。

　　1799年2月，拿破崙親率一萬五千人越過蘇彝士運
河，向敍利亞進軍，相繼攻克了阿里什堡、加沙。隨後，
法軍投入攻打雅法的戰鬥，經過七天激戰，守城四千餘名
土軍繳械投降。拿破崙因無糧供養，又無法將他們押至埃
及，3月15日竟下令將他們全部處死，造成了雅法海岸駭
人聽聞的悲劇。

　　3月20日，法軍開始包圍阿克爾城堡。阿克爾不但是
巴勒斯坦的軍事要衝，也是土耳其總督賴以抵抗的據點。
法軍在這裏遇到了頑强的抵抗。英艦隊不但在海上截擊法
國船隻，使法軍得不到必要的攻城大炮，而且向阿克爾守
軍提供武器彈藥和軍事顧問。法軍接連向城牆缺口發動九
次攻擊，都未奏效。法軍在部隊傷亡重大，武器彈藥匱乏
以及瘟疫蔓延的情況下，被迫結束長達62天的圍困，於5
月21日撤離阿克爾。在敗退埃及的途中，法軍深恐土軍的
堵擊，拚命奔逃，丟下了大量槍支彈藥和傷病員。在艱苦
的沙漠行軍和蔓延開來的病疫襲下，法軍於6月回到埃
及。拿破崙終於從東方迷夢中醒來，恢復了理智。

　　7月25日，法軍向一支從阿布基爾灣附近登陸的土軍
發起了猛烈攻勢，土軍一萬五千人幾乎全部被就地殲滅，
其中被逼進大海淹死的有六千人之多。然而，此時拿破崙

更多關心的卻是法國急劇變化的政局。東方迷夢曾把拿破崙從巴黎帶到埃及，帶到東方，而現在拿破崙對權力的追逐又要求他離開東方回到西方，去實現他的西方計劃。拿破崙決定留兵埃及，先行回國。

1801年3月，英國再次聯合土耳其反攻埃及。在亞歷山大附近，英法兩軍展開了激戰，法軍總司令兵敗退守亞歷山大城內。英軍並未立即對該城發起攻擊，而是在獲得土耳其艦隊的增援後，溯尼羅河而上，直逼開羅。此時，二萬土軍已從敍利亞長驅直下，到達開羅城外。開羅法軍城防司令貝萊德在取勝無望和英土聯軍的認可下，不顧麥努的反對，率一萬三千名法軍從賴希德撤出埃及。隨後，英土聯軍揮師包圍了孤城亞歷山大。8月31日麥努接受了投降協定。1801年9月，法軍殘部撤離埃及。

顯然，拿破崙對埃及的征戰，是一場爭霸和殖民戰爭，是一段具有兩面性的歷史插曲。埃及整個民族在遭受流血與污穢、窮困與屈辱的同時，埃及也獲得了一些進步。法國遠征軍不但給埃及帶來了科學技術，也帶來了法國革命的反封建思想，埃及資本主義的發展從此揭開了新的一頁。

二 東方問題與俄土戰爭

1. 東方問題

東方問題始於十八世紀末，延至第一次世界大戰，而在十九世紀初已逐步發展爲歐洲外交的熱點之一。所謂

“東方問題”，指的是歐洲列強在爭奪奧斯曼帝國“遺產”的過程中所引起的一系列尖銳而複雜的國際糾紛。實際上也就是歐洲列強“對土耳其怎麼辦”的問題。

“歐洲病夫”之稱的奧斯曼帝國，曾經盛極一時，領土橫跨歐、亞、非三大洲。從十七世紀起，帝國勢力由盛轉衰，十八世紀則更加趨於衰落，十九世紀上半葉瀕臨崩潰。儘管如此，但帝國仍擁有小亞細亞、巴爾幹、波斯灣沿岸和埃及等廣闊的領域，特別是帝國的首都君士坦丁堡和博斯普魯斯、達達尼爾兩海峽更爲強權者所垂青。它們既是溝通東西的“金橋”，又是世界上第一流的軍事戰略要地，歷來爲兵家所必爭。沙皇亞歷山大一世稱之爲“我們房屋的鑰匙”，拿破侖則寧願“放棄對半個世界的統治，也不願把那兩個狹窄的海峽讓給俄國”。因此，在世界殖民地已被瓜分殆盡之際，奧斯曼帝國自然成了列強之間醞釀衝突的地區。這樣，君士坦丁堡和兩海峽爲軸心，一場分割奧斯曼帝國“遺產”的爭奪已在所難免。

俄國瓜分土耳其的蓄謀最早，野心最大。早在十六世紀中葉，伊凡四世就進行了南下的嘗試。彼得一世執政後，明確提出了南進征服土耳其，佔領君士坦丁堡和控制黑海海峽，打通由黑海入地中海，變傳統的陸地擴張爲既蠶食陸地又爭奪海洋的雙管齊下政策。然而，在歐洲列強激烈爭奪中東的情況下，俄國僅僅依靠自己的力量單獨吞併奧斯曼帝國，顯然是不現實的。於是，整個十九世紀，俄、英、法、奧圍繞着帝國“遺產”展開了錯綜複雜，忽明忽暗的爭奪。

1804年，塞爾維亞爆發了反對土耳其蘇丹統治的起義。俄國乘機起事，以支持起義爲藉口，向土耳其蘇丹提出：奧斯曼帝國境内的全部東正教的臣民應處於俄國的保護之下。土耳其政府在法國拿破侖的支持下，拒絶了俄國的要求，並撤換了親俄的多瑙河兩公國的大公。俄國則藉此於1806年派兵三萬佔領了兩公國。

　　拿破侖第四次打敗歐洲列強的反法同盟之後，爲了拉攏俄國分化瓦解同盟國的聯合，集中力量打擊英國，於1807年7月與俄國簽訂了《提爾西特條約》。拿破侖答應與沙皇共同瓜分世界，"西方歸拿破侖，東方歸亞歷山大"。但對土耳其海峽的處理問題，未能獲得最後解決。1809年，俄土戰事又起，一直持續到1812年。俄國因面臨法國可能入侵的危險，才被迫簽訂了俄土《布加勒斯特和約》，比薩拉比亞成爲俄國的一個省，塞爾維亞也獲得了自治。塞爾維亞的自治，僅僅是俄國對奧斯曼施加壓力和歐洲列強在瓜分"遺產"問題上的一個籌碼。

　　1821年3月，希臘本土莫里亞爆發了反對土耳其蘇丹統治的革命，到年底已解放了希臘大部分地區。1822年1月，希臘國民議會在埃及皮達魯斯召開，會議宣佈希臘獨立。土耳其政府對此的第一個反應，便是在復活節那天夜裏，希臘總主教格里高利與他的一些主教一起，被一羣近衞軍官兵捉住，吊死在他自己教堂門口。緊接着這一暴行之後，君士坦丁堡的希臘人遭到了普遍屠殺。在開俄斯島的大屠殺中，有二萬三千多人被殺，四萬七千多人被賣爲奴隸，希臘革命危在旦夕。

　　希臘的獨立運動在歐洲列強間引起了巨大反響。奧地利首相梅特涅擔心希臘革命會引發境內的民族解放運動，因而支持土耳其政府的行動。俄國卻持異議，因爲它一直是想削弱土耳其佔領君士坦丁堡，控制兩海峽地區，以擴大自己在巴爾幹的勢力。然而，此時彼得堡顧忌與維也納的關係，深受自己創造的神聖同盟維護正統的約束。結果希臘人沒有得到俄國政府的幫助。他們從英國的官方和非官方人士那裏獲得了支援。1823年3月25日，英國宣佈自即日起承認希臘和土耳其雙方交戰國，這無異於承認希臘的獨立運動是合法的。

　　土耳其蘇丹爲了有效和迅速地鎮壓希臘獨立運動，於1825年要求自己的臣國埃及的帕夏穆罕默德·阿里政府給予幫助。局勢變得更爲複雜。俄國不但對埃及軍隊似乎要征服希臘的行動，流露出極大的擔心，更恐英國在希臘建立獨佔勢力。於是，1826年4月俄國不情願地與英國簽訂了旨在英俄合作解決希臘問題的《彼得堡議定書》，承認希臘完全自治，承認土耳其蘇丹對希臘的宗主權；如土耳其不接受這個方案，英俄兩國必須相互支持調停希、土之間的爭端。英國人認爲《彼得堡議定書》只能"捆住俄國的一隻手"，要"捆住俄國的另一隻手"必須建立英、法、俄三國同盟。於是，1827年7月6日，英、法、俄三國又簽署了關於希臘問題的《倫敦條約》，它除了重申《彼得堡議定書》的內容之外，還補充了一條秘密條款：在土耳其拒不接受調停的情況下，三國將出動海軍協同希臘作戰。

1827年 8 月16日，英、法、俄三國向土耳其發出了最後通牒。但土耳其蘇丹卻認爲用不了多久，土耳其和埃及的軍隊將會徹底埋葬希臘的革命。8 月 8 日英國首相坎寧突然死去，土耳其蘇丹馬哈茂德二世差一點没有樂死，他的左右大喊大叫：足見上帝不曾忘記他的信徒，他的信徒最可怕的一個敵人竟然被消滅了。因此，土耳其蘇丹在眼前勝利的驅使下，既不同意希臘人自治，也不應允列強的調停。於是，三國聯合艦隊封鎖了摩里亞，這一行動導致了1827年10月20日毫無預料的納瓦里諾之戰（今皮洛斯），土埃海軍大敗。土耳其政府隨即宣佈與英、法、俄斷交。英、法擔心沙俄勢力在巴爾幹的擴張，因而，向土耳其暗示應克制自己的行動，以避免與俄國的戰爭。土耳其誤認爲三國將發生分歧，不可能採取共同行動，於是，繼續拒絕希臘自治，並準備對俄作戰。這正中尼古拉一世下懷。

　　1828年 4 月26日，俄國對土耳其宣戰，再次點燃了俄土戰爭的烽火。俄國軍隊儘管遇到了種種困難，但俄軍最終還是開過巴爾幹並佔領了亞得里亞那堡（今埃迪爾内）。俄軍的先頭部隊離君士坦丁堡近在咫尺。馬哈茂德二世決定求和。俄軍的攻勢引起了歐洲列強的不安。英、法兩國大使返回君士坦丁堡，並恢復了同土耳其的外交關係，奧地利正在加緊集結軍隊，法軍一萬四千人已在希臘莫里亞登陸，普魯士派到君士坦丁堡的特使也出來調停。此時的尼古拉一世既不想也無力量佔領君士坦丁堡，同時，他更害怕國際局勢的複雜化。因此，俄國見好就收，決定趕緊結束戰爭。

　　1829年9月14日，俄土雙方簽訂了《亞得里亞那堡和約》。根據和約，土耳其喪失了多瑙河三角洲中諸島嶼，整個黑海東岸地區以及高加索的大片領土；俄國商船獲得了自由航行兩海峽的權利；多瑙河沿岸各公國，塞爾維亞、瓦拉畿亞和摩爾達維亞獲得自治權；土耳其承認希臘獨立。

　　俄國對土耳其的勝利，確立了希臘的獨立，加強了塞爾維亞、瓦拉畿亞和摩爾達維亞的自治權。俄國在巴爾幹勢力大增的同時，俄國與列強的矛盾也進一步尖銳起來。

2. 土埃戰爭和《海峽公約》

　　希土戰爭和俄土戰爭結束後，埃及帕夏穆罕默德·阿里沒有從它為蘇丹在希臘的利益而做的勢力中得到應有的報酬。當初土耳其蘇丹曾以克里特島和莫里亞島作為埃及出兵希臘的酬謝，但事後阿里只得到了克里特島，為此阿里提出以敘利亞作為補償，但蘇丹拒絕了。1831年11月穆罕默德·阿里之子易卜拉欣率領的三萬大軍入侵了敘利亞。訓練有素、裝備精良的埃軍佔領敘利亞之後，又迅速向北推進，大有擺脫奧斯曼帝國的統治，建立一個阿拉伯帝國之勢。在1932年12月21日的科尼亞一役中，土軍完全被擊潰。蘇丹馬哈茂德二世陷入絕望的境地：他哪怕是要匆忙召集一下新兵，也既無金錢，又無時間。

　　馬哈茂德只得向列強求援。但是，早已選中了埃及和敘利亞作為自己未來勢力範圍的法國拒絕給予援助。英國外交大臣帕麥斯頓建議蘇丹耐心等待奧地利的援助，因爲他不希望讓蘇丹感覺到有求於尼古拉之必要，同時，希望英國所需要做的事情又可借奧地利之手來完成。然而，奧地利的軍隊根本没有打算在遙遠的小亞細亞沙漠裏抵抗已經取得勝利的埃及軍隊，更何況爲在歐洲保持一個强大的同盟軍對付革命的威脅，梅特涅不得不勉强地容忍俄國在東方造成的危險。

英、法、奧對埃、土危機的消極觀望，恰好給俄國提供一個單獨干涉的機會。儘管土耳其蘇丹對接受宿敵俄國援助的用心已有領略，但“當一個人落水而看見面前有一條蛇的時候，那麼爲了不致淹死，他甚至也會去抓住那條蛇的”。1833年2月3日，俄國駐君士坦丁堡的代表終於接到了盼望已久的外交文件：馬哈茂德正式請求沙皇幫助他對付叛亂的臣屬。於是，早已停泊在塞瓦斯托波爾整裝待發的俄國艦隊起錨開赴君士坦丁堡。

俄國艦隊的出動，引起了英、法的深切不安，法國大使海軍上將盧森急忙去見蘇丹，力勸他請俄國艦隊撤退，英國大使也陳述了同樣的要求。但事態的發展卻是4月2日第二批俄國艦隊出現在博斯普魯斯海峽，而過了幾天，第三批俄國艦隊又跟踪而至。大約有一萬四千名陸戰隊在海峽的東岸登陸。此外，有三萬俄軍雲集多瑙河下游，隨時枹鼓相應。

1833年5月16日，埃軍迫於英、法的軍事威懾和俄國艦隊的潛在威脅，與土耳其簽訂了《屈塔希亞條約》，敍利亞、阿達納和克里特島易主於埃及，埃及的帕沙仍臣屬於土耳其蘇丹。埃、土爭端暫告平息。

1833年7月8日，即俄國艦隊離開博斯普魯斯海峽的前三天，俄誘惑土耳其的全權代表在溫加爾－伊斯克列西這個小地方簽訂了一個外交史上著名的條約。對俄國來說可謂是一個輝煌的外交勝利，因為這一成果的取得，未費一兵一卒，未動一槍一炮，完全靠威脅利誘的手法獲得的。條約宣稱，雙方應採取協商的辦法解決有關和平安全的一切問題；如遇第三國進犯或發生內亂，對方應彼此相互援助；全俄皇帝有義務根據蘇丹的請求給他以陸軍或海軍方面的援助。作為交換條件，土耳其政府應在俄國認為必要的時候，黑海海峽只對俄國開放（此款為條約的秘密條款）。

《溫加爾－伊斯克列西條約》把達達尼爾海峽變成了俄軍的炮台，黑海則成為俄國的內湖，俄國不僅取得了採用武力單獨"保護"土耳其的權利，而且獲得了俄國軍艦從黑海到地中海通航的權利。俄國南下擴張達到頂峰。

《溫加爾－伊斯克列西條約》簽訂後，俄國與歐洲列強之間的爭鬥，特別是英俄矛盾更趨尖銳。1839年4月21日，土耳其蘇丹冒險對埃及帕夏復仇，第二次土埃戰爭爆發。土耳其軍隊渡過幼發拉底河，積極向敘利亞方向運動。隨後不久，戰局對土耳其急劇逆轉。6月24日易卜拉欣在尼濟普戰役中重創土軍，九千名土軍成為埃及人的俘虜。7月1日土耳其蘇丹馬哈茂德二世暴死於君士坦丁堡，土海軍司令卻在亞歷山大港率艦投降。"一星期之中，土耳其失掉了它的皇帝、它的陸軍和它的海軍"。

1840年 7 月15日，英國和"東方三君主國"（俄、普、奧）與土耳其簽訂了關於集體援助土耳其蘇丹，對付埃及帕夏的《倫敦協定》。規定：列強共同保證奧斯曼帝國的領土完整和獨立；一旦埃及進攻土耳其，如蘇丹提出要求，列強則應以集體的軍事援助保護君士坦丁堡和兩海峽；土耳其政府有權在和平時期對所有外國軍艦關閉兩海峽。年僅16歲的土耳其蘇丹阿卜杜爾·麥吉德（馬哈茂德二世之子）自恃有法國作靠山，拒絕接受《倫敦協定》。同年 9 月，英奧聯合艦隊封鎖敘利亞海岸，炮擊貝魯特，並於10月10日佔領了該域。11月 3 日，英軍攻佔阿克爾，易卜拉欣被迫從敘利亞撤軍。隨後穆罕默德·阿里接受了《亞歷山大條約》，承認自己是土耳其蘇丹的藩屬，歸還土耳其艦隊（1841年 1 月駛回土耳其），放棄對敘利亞的要求，以換取對埃及的世襲統治權。

　　《倫敦協定》儘管將法國排斥在外，但在解決海峽問題上，英國需要聯合法國以阻止即將期滿的《溫加爾－伊斯克列西條約》在1841年加以續訂。1841年 7 月13日，英、俄、普、奧、法與土耳其又在倫敦簽署了《海峽公約》，條約規定土耳其有權在和平時期禁止一切外國軍艦通過兩海峽，而在戰爭時期，土耳其有權許可友軍的艦隊通過海峽。此外，還正式確認各大國"集體保障"土耳其領土完整的原則。

　　《海峽公約》第一次以條約的形式將黑海海峽置於國際共管之下。因此，對在海峽利益衝突較大的英、俄兩國來說，海峽公約是英國在外交上的一次勝利，對俄國來說卻是一次失敗。英、法、俄三國在東方問題上的矛盾發展必然引起新的更大規模的戰爭。

3. 克里米亞戰爭和《巴黎和約》

克里米亞戰爭即東方戰爭，是俄國與同盟國（英、法、土、撒丁）爭奪近東統治權的戰爭。東正教與天主教之間在巴勒斯坦"聖地"歸屬權問題上的爭執，便引發了這場三年流血戰爭。

所謂"聖地"是指耶穌墓所在地耶路撒冷和耶穌誕生地伯利恒教堂。很久以來，基督教的兩大支派羅馬天主教和希臘東正教的教徒們一直在爭奪土耳其帝國的巴勒斯坦"聖地"的管轄權。這種管轄權既涉及教會的威望和影響，又關係到教會的收入，所以雙方都傾其全力而爭，並且在他們的背後都有某個大國的支持。法國通過1740年法土條約以聖地天主教徒保護者自居，俄國則借助1774年俄土條約成了聖地東正教徒的守護神。

路易·波拿巴成爲法蘭西軍事獨裁者之後，爲了借助國內天主教會勢力的支持，以保住動搖不穩的王座，決意把"聖地"的管轄權從東正教會的手裏奪過來。1850年5月28日，法國大使照會土耳其政府，要求根據1740年法土條約把"聖地"管轄權交予天主教會。俄國政府則援引1774年俄土條約，聲稱東正教會享有高於天主教會的特權。於是，法俄之間一場外交戰隨即展開，法國艦隊開進愛琴海示威，俄國陸軍則陳兵俄土邊境。其實，無論路易·波拿巴，還是尼古拉一世，對於宗教上的"聖地"問題都興趣索然，他們之所以窮追不捨，無非是借題發揮，為爭霸中近東製造藉口而已。路易·波拿巴利用這一事件製造外交衝突，目的在於加速英、奧與俄國的分離，拆散俄土的關係，以達拉攏英、奧、土，孤立俄國之企圖。尼古拉一世利用此事大作文章，意在以要求東正教會"聖地"保護權為旗號，進而要求土耳其承認俄皇是蘇丹統治下所有東正教徒的保護者，即取得外交上永久干涉土耳其內政的權利。

1852年底和1853年初，法、俄因"聖地"問題引起的外交衝突更趨激化。俄國沙皇決定利用這一衝突來解決東方問題。在尼古拉一世看來，拿破侖三世無論如何不會和英國聯合，更不會因土耳其而打起仗來，奧地利也不敢斗膽與俄國兵戎相見，英國沒有奧地利和法國的幫助也不會出兵。這樣，即使發生戰爭，也只會是局限於俄土之間的有利於俄國的局部戰爭。1853年初，英俄舉行了秘密談判，俄國以埃及和克里特島為誘餌，力勸英國與之共同瓜分土耳其，遭到英國的回絕。於是驕傲專橫的尼古拉便決定獨自蠻幹下去。

1853年2月，尼古拉一世任命緬希科夫公爵為特使和全權代表前往君士坦丁堡。2月28日，俄國的"雷鳴"號軍艦載着緬希科夫為首的高級使團進入博斯普魯斯海峽，並在蘇丹的宮殿附近拋錨下船，緬希科夫一行在君士坦丁堡受到特別隆重的歡迎。緬希科夫態度分外傲慢，他聲稱不願同親法的外交大臣法德－艾芬迪打交道。蘇丹被俄國在比薩拉比亞集中兩個軍團的消息所嚇倒，於是立即任命合乎緬希科夫心意的里法特帕沙代替法德。隨後，緬希科夫用蠻橫的、像讀最後通牒似的聲調，向蘇丹提出了沙皇的要求，即恢復東正教會管轄"聖地"的權利和承認俄國對1,200萬蘇丹東正教臣民的永久保護權。

俄國使團的君士坦丁堡之行，引起了英國的密切關注。1853年4月5日，素以反俄著稱而主張武力保障土耳其的英國駐土大使斯特萊福特‧坎寧的返任，迅速地將俄土爭端引向戰爭邊緣。頭腦機警、手段奇巧的斯特萊福特‧坎寧對付一個粗暴傲慢、外交場上的生手緬希科夫可謂游刃有餘。他不但對俄國使團此行的真正意圖瞭如指掌，而且順利地將冒失的俄國人領進了事先爲他們設下的陷阱。他一面向土耳其蘇丹和大臣們建議，只須對俄國關於"聖地"問題的要求作可能限度的讓步，至於其他要求一概拒絕。同時又向緬希科夫暗示，俄土戰爭時，英國無論如何決不站在蘇丹方面。俄國人在英國人的引導下，一步步走向深淵。

1853年5月，土耳其政府承認俄國享有對東正教會保護的權利，但拒絕承認俄國對1,200萬蘇丹東正教臣民的保護權。緬希科夫隨即宣佈與土耳其政府斷絕外交關係，並於1853年5月21日偕同隨員撤離君士坦丁堡回國。1853年6月21日，八萬俄軍渡過普魯特河，7月3日佔領了多瑙河兩公國摩爾多瓦和瓦拉幾亞。

1853年10月4日，土耳其正式對俄宣戰。11月1日俄也宣佈對土耳其處於戰爭狀態。戰爭在多瑙河地區，黑海沿岸和高加索同時展開。這場戰爭"對於雙方來説，這是宗教狂熱的戰爭，對於俄國人來説，這是實現傳統野心的戰爭，對於土耳其來説，這是生死存亡的戰爭"。

多瑙河戰區（即巴爾幹戰區），俄軍以820,000人對土軍150,000人，兩軍隔河對峙。直到1854年春，雙方總態勢沒有重大變化。高加索戰區，10至12月俄土軍隊幾次交鋒，土軍受挫，雙方都出動艦隊支援配合陸上作戰。爲了實現保障海上交通線，封鎖土耳其控制的高加索西沿海，以阻止土艦隊增援的戰略意圖，俄國黑海艦隊奉命迅速殲滅土艦隊。11月中旬，納希莫夫指揮的黑海艦隊，發現了土耳其帕夏率領的土艦隊，並將他們封鎖於黑海南岸的錫諾普港内。11月30日，俄艦隊利用晨霧向土艦隊發起攻擊。兩支停泊的艦隊在經過幾小時的炮戰之後，雙方才進行了真正的海戰。帕夏旗艦被艦炮擊中，退出戰鬥，土艦隊喪失了指揮，隨即出現一團混亂，土艦接連起火、爆炸或擱淺。激戰結果，土艦隊只有一艘英國人指揮的汽船免遭厄運，其餘船隻全部被殲，俄國艦隊乘機控制了黑海。

錫諾普海戰促使英法積蓄已久的電流驟然施放出來。1854年1月4日，英法聯合艦隊開入黑海，並通知俄國當局，他們將保護土耳其船隻和港口免受俄國的攻擊。對此，2月初俄國斷絕了與英法的外交關係。2月底盟國向尼古拉一世遞送了一份最後通牒，限他在兩月内撤出兩公國，遭到了俄方的拒絶。1854年3月27－28日英法正式對俄宣戰，1855年1月撒丁王國最後加入了反俄陣營。這樣，俄國被迫與擁有100萬軍隊的同盟國進行戰爭，陷入了外交上空前孤立，軍事多方受敵的困境。

多瑙河戰區在短暫的相對沉寂之後，又烽火高燒。1854年春，俄軍在該地區恢復了軍事行動。繼佔領兩公國後，俄軍又相繼佔領了伊薩克恰、土爾恰和赫爾肖伐。5月16日，俄軍開始對土耳其著名的要塞錫利斯特拉實施戰役包圍。俄軍猛攻不克，形成相持局面。隨後，俄國政府在英、法、奧、普強烈反對和軍事威懾下，被迫從多瑙河撤軍，兩公國先後爲奧地利和土耳其軍隊佔領。

1854年7月18日，拿破侖三世代表盟國向尼古拉提出"維也納四項條款"。作爲與俄國和談的基本條件：（1）多瑙河各公國由英、法、俄、奧、普五國共同保護，並由奧國暫時佔領；（2）五強國爲蘇丹全體基督教臣民的集體保護人；（3）五強國應集體享有多瑙河河口的最高監督權及控制權；（4）1841年的《海峽公約》應根據下列原則修改："使土耳其帝國的存在與歐洲的均勢發生更密切的關係，取消俄國在黑海的優勢。"俄國卻知而未答。

盟軍爲了扭轉參戰初期兵力分散的戰略態勢，決定集中力量攻打克里米亞半島，消滅俄國黑海艦隊，佔領其海軍主要基地塞瓦斯托波爾，以迫使俄軍投降。

1854年9月14日，盟國艦隊以強大的兵力（89艘戰艦，300艘運輸船）支援和掩護一支遠征部隊（62,000名士兵，112門火炮）在克里米亞半島的耶夫帕托里亞實施登陸，並沿海岸向南推進。9月20日在阿爾瑪河與俄軍相遇並展開會戰，結果俄軍在英法聯軍的左右夾擊下放棄了該地。9月底聯軍完成了對塞瓦斯托波爾的包圍。由此開始了歷時349天的塞瓦斯托波爾爭奪戰。

聯軍在完成了對塞瓦斯托波爾的戰役包圍後，採取了從海陸兩方面炮轟、修築一道道進攻工事，緊縮包圍圈的長期圍攻戰。1854年10月—1855年9月，聯軍先後對該城實施六次炮擊，造成俄軍慘重傷亡，瀕臨崩潰。9月8日，700門大炮摧毀俄軍全部工事後，聯軍發起了總攻。11月，俄軍在死傷10萬衆生之後，放棄該城向北轉移。塞瓦斯托波爾之戰的激烈程度是拿破崙戰爭以來空前未有的，從而使克里米亞戰爭進入高潮，對陣雙方的成敗大局已定。

這時，希望從速結束戰爭的拿破崙第三對英國繼續進攻克里米亞及高加索以"強迫俄國屈膝"的計劃甚爲冷淡，而是堅決要求奧地利採取行動，以迫使亞歷山大求和。1855年12月28日，奧地利向俄國發出了最後通牒，如果俄國拒絕以《維也納四項條款》爲基礎而開始談判，奧地利就將宣戰。數日後，普王也給俄皇寫了一封內容相同的信。俄國君臣們在一番利弊權衡之後，決定接受最後通牒作爲媾和的初步條件。1856年2月1日，雙方簽訂了停戰協定。

1856年2月25日，巴黎和會開幕。這是1814年以來第一次召開的大規模國際會議。歐洲的主要國家英、法、俄、奧、普、撒丁和土耳其參加了這次會議。由於俄國戰爭失敗，處境嚴峻，因此俄國在和會上巧妙地利用英法兩國矛盾，竭力爭取法國的諒解和支持，使列強不再提出新

的要求，特別是力圖避免讓俄國的邊界作出重大變更。俄
國的外交策略是，凡是英法一致的地方，俄國就乖乖讓
步，凡是英法有分歧的地方，俄國就態度強硬斷然拒絕。
結果，和約儘管對俄國十分苛刻，但比他們預料的畢竟要
好得多。

　　3月30日，大會一致通過了《巴黎和約》。和約規
定：俄國收復克里米亞半島，而把多瑙河河口和比薩拉比
亞南部割給摩爾達維亞，把卡爾斯還給土耳其，並放棄對
土耳其境內東正教教徒的保護；摩爾達維亞和瓦拉幾亞仍
然臣屬於土耳其蘇丹，但由列強共同保護；關閉兩海峽，
黑海中立化，各國商船可以自由通行，但禁止各國軍艦通
過兩海峽，禁止俄國和土耳其在黑海擁有艦隊和海軍基
地；塞爾維亞的特權同時也得到確認；多瑙河開放，保證
各國商船航行自由；土耳其政府正式加入歐洲國際社會，
列強共同保證其獨立和領土完整。

　　巴黎和會使俄國在巴爾幹和黑海方向長期侵略擴張的
成果，喪失殆盡，甚至在波羅的海的霸權也受到限制，從
而結束了自1815年以來保持數十年之久的歐洲封建君主的
盟主地位。歐洲外交中心又移回巴黎，而拿破崙則成為歐
洲舞台的台柱。這次會議確立了大國（主要是英法）所維
持的歐洲均勢以及與此密切相關的由外強共同保證的土耳
其帝國的獨立和領土完整。它不僅暫時緩解了十九世紀前
期的東方危機，而且對十九世紀後期的歐洲國際政治產生
巨大影響。

4．1877－1878年俄土戰爭

克里米亞戰爭充分暴露了俄國的腐敗和一切弱點，沙皇政府將其注意力轉到國內改革。廢除了農奴制，發展資本主義經濟，使虛弱之至的國家，開始恢復元氣。在以擴張爲主要内容的對外政策上卻表現出謹慎的態度：在東方，向强者妥協，向弱者進攻；在歐洲則積蓄力量，伺機而動。儘管這個時期俄國在亞洲方向的擴張相當猖狂，但它的注意中心仍在歐洲，亞歷山大政府念念不忘的還是解決土耳其問題。因此，在經過二十年的養精蓄銳之後，俄國再次把它的百萬之師投入到土耳其這方土地上。

爲重新奪回在克里米亞戰爭中失去的一切，俄國除在國内做好物質準備之外，當務之機是擺脱《巴黎和約》加給俄國種種限制，然後爭取達到克里米亞戰爭沒有達到的目標。1870年普魯士打敗法國，改變了歐洲力量的平衡，俄國感到它已有足夠力量來撕毀巴黎和約中有關黑海海峽的條款。普魯士對此表示支持；英、奧表示抗議，但無濟於事。1871年列强倫敦會議終於取消了巴黎和約中不利於俄國的條款。隨後，俄國對近東展開了新的攻勢，利用巴爾幹各民族解放運動的高潮形勢，積極插手巴爾幹事務，圖謀打敗空前衰落的土耳其。

1875年黑塞哥維那的暴動再度引起了東方問題。俄國政府立即抓位這個機會，發動反土運動，打着"泛斯拉夫主義"的旗號，在俄國組織"斯拉夫委員會"，招募"志願軍"參加反土戰爭。當時，只有普魯士仍是俄國的盟

友，支持俄國對土進攻政策，但並不打算給予俄國任何軍
事援助，因此，在對土戰爭前，俄國最緊迫的任務是盡可
能爭取各大國的支持或諒解。首先應竭力防止奧匈帝
國站在土耳其方面作戰，以避免俄國兩線受敵。1877年1
月，俄奧簽訂秘密協定。俄國同意奧軍佔領波斯尼亞和黑
塞哥維那，並許諾不在巴爾幹建立龐大的斯拉夫國家。奧
國則以在未來俄土戰爭中保持中立作爲報答。其次，俄國
政府一再安撫英國，要他們不必擔心埃及和蘇彝士運河，
至於君士坦丁堡和兩海峽，沙皇也無佔領之意。但俄國的
努力收效甚微，英國仍明裏暗裏支持土耳其。1877年4月
16日，俄國同羅馬尼亞簽訂了俄國軍隊通過羅馬尼亞領土
的條約。俄國順利地結束了對土戰爭的全部準備工作。

　　1877年4月23日俄國與土耳其斷交，次日對土宣戰。
不過，俄軍6月底才在巴爾幹戰場展開真正的軍事行動。
亞歷山大二世親率的多瑙河集團軍進入羅馬境內後，迅速
沿多瑙河一線展開，積極進行渡河準備。6月30日，俄軍
成功地越過多瑙河，多瑙河集團軍主力隨即兵分三路，分
別向東、南、西三個方向成扇形攻勢。7月和9月，俄軍
在普列夫納（今普列文）慘遭敗績，但俄軍最終還是打敗
了比它還要無用的土軍，12月10日，普列夫納被俄軍佔
領。接着，俄軍分兵二路向土耳其首都實施向心攻擊，俄
軍在大約150公里的正面上陸續越過巴爾幹山脈，展開了
冬季攻勢。1878年1月8日，土耳其政府向俄軍總司令請
求停戰。俄軍的進展十分順利，沙皇和最高統帥部並不特
別急於談判。1月20日俄軍攻佔亞得里雅那堡，對君士坦

丁堡構成直接的威脅。

　　在俄軍進逼首都的形勢下，1878年1月31日，土耳其接受了彼得堡事先炮製的和約草案，並達成停火協議。和約草案的條件極端苛刻，無異俄國吞併土耳其。因此引起英奧兩國的強烈反對。英國軍艦開進馬爾馬拉海，奧匈帝國的軍隊也迅速向俄國邊境運動。於是形成了俄國與英、奧對抗的態勢。俄軍只得放棄進佔君士坦丁堡的打算。

　　3月3日，俄土簽訂城下之盟——《聖斯特芬諾條約》。根據條約，俄國打算建立一個包括保加利亞、東魯美利亞和馬其頓為疆域並受俄國控制的大保加利亞國家，以便使俄國的領土從黑海延伸到愛琴海。條約公佈後，引起英國和奧匈帝國的激烈反對。這時，俄國不敢冒同兩大國發生衝突的風險，而且經過戰爭以後，俄國軍隊和軍備儲存遭受了損失，國內財政狀況也很糟。俄國被迫同意召開國際會議討論對土和約問題。

　　1878年6月13日，十九世紀第三次全歐大會在東道主俾斯麥親王的主持下在柏林召開，俄、英、德、法、意五大強國和土耳其參加了會議。會議前，英俄兩國先於5月30日簽訂俄英協定，俄國作了某些讓步，達成了初步的交易，隨後，英國又於6月6日與奧匈達成協定，決定兩國在會上將採取步調一致的政治路線。會議開始後，大國之間爭論異常激烈。在英奧聯合壓制和德國“中立”情況下，俄國處境孤立，被迫讓步。經過一個月的討價還價，7月13日，會議最終簽署了柏林條約。條約規定：承認保加利亞公國的自治，但其領土只限於巴爾幹山脈以北直到多瑙河爲止，山南半自治的東魯美利亞省和馬其頓仍由土耳其統治；承認塞爾維亞，門的内哥羅和羅馬尼亞爲獨立國家，希臘爲自治國家；承認俄國吞併比薩拉比亞和巴統；波斯尼亞和黑塞哥維那由奧匈帝國佔領和管理。此後，英國根據會前締結的英土條約，佔領了塞浦路斯島。

　　俄國雖然打敗了土耳其，但其宰割土耳其，佔領君士坦丁堡和兩海峽的一百多年的迷夢，仍未能完全實現。近東的列強力量均勢再次得以恢復。

第六章

波斯(伊朗)、阿富汗的對外關係

一 波斯薩非王朝的對外關係

1. 薩非王朝的興起

波斯是西亞的一個具有悠久歷史和古老文明的國家,從公元前六世紀建波斯帝國到十五世紀末期,其間歷經了數代王朝,屢有興廢,它還多次遭到異族(阿拉伯、突厥、蒙古等)的入侵和佔領。從十三世紀初葉蒙古人西侵的時候起,波斯則成了蒙古族與奧斯曼土耳其人(突厥人的一支)之間爭奪的對象。

十四世紀末,蒙古族帖木兒帝國在波斯和中亞興起,波斯於1380至1393年又被著名的"跛子"帖木兒征服。帖木兒對被征服地區及其居民進行大肆的破壞、掠奪和屠殺,波斯人屢次舉行起義反對這種外來的殘暴統治。1405年,帖木兒率兵二十萬擬東侵中國,結果在途中病逝,不久,帝國內部各封建主之間的內訌紛起,只剩中亞細亞地區仍受帖木兒的後裔統治了。在波斯的西部，由土庫曼遊牧部落的貴族建立的黑羊王朝（1378年建，因以黑羊旗幟爲標記而得名）則漸漸強大起來。黑羊王朝不可避免地與帖木兒王朝發生了爭端。與此同時，另一支土庫曼遊牧部落開始興起，1468年他們推翻了黑羊王朝的統治，代之以白羊王朝（以白羊旗幟爲標記），建都大不里士。白羊王朝與極度衰落的帖木兒國展開了爭鬥，其領土不斷擴大。到十五世紀末，白羊王朝的領地包括了波斯的中部和西部、阿塞拜疆、亞美尼亞、伊拉克和庫爾德斯坦。帖木兒家族則佔據着裏海東南岸的呼羅珊一帶。

　　1500年，北方遊牧部落烏茲別克人侵入中亞，帖木兒帝國滅亡。白羊王朝因與帖木兒帝國彼此相爭，到此時也日漸衰微了。由薩非家族的伊思邁爾率領的一支部落聯合了附近七個突厥遊牧部落則開始強盛起來。1502年，伊思邁爾率軍擊潰了白羊王朝阿爾文德蘇丹的主力部隊，佔領了南阿塞拜疆和大不里士城。伊思邁爾自立爲波斯沙（國王），以大不里士爲首都，建立了薩非王朝（王朝的得名緣於伊思邁爾的祖先薩非阿丁，伊思邁爾是薩非阿丁第六代孫）。伊思邁爾宣佈以伊斯蘭教十葉派爲國教，他定十葉派爲國教，一方面是由於薩非家族一貫信仰十葉派，另一方面則是由於十葉派作爲正統的遜尼派的反對派，在七世紀波斯被阿拉伯人征服時，成了被征服的波斯居民反對外族佔領的一種強有力的思想武器，因此，十葉派的思想實際就成了波斯居民反抗外來征服的一面思想和宗教旗幟。伊思邁爾定十葉派爲國教顯然是利用十葉派在波斯尤其是在阿塞拜疆羣眾中的威信，藉以籠絡人心，鞏固勢力。就在當年，伊思邁爾又擊敗了佔有波斯中部、西部的白羊王朝阿爾文德之弟穆拉德，並佔領了設拉子，白羊王朝就此覆滅。隨後，伊思邁爾乘勢佔領了亞美尼亞、庫爾德斯坦、美索不達米亞（兩河流域）和伊拉克，1508年又佔領巴格達。伊思邁爾用驚人的速度征服了幾乎整個波斯後，開始謀求向外擴張了，他的東進和西進政策勢必引起與東方的呼羅珊一帶的烏茲別克人和西方的奧斯曼土耳其人發生衝突。

烏茲別克人在其首領舍巴尼的率領下，1494年肅清了呼羅珊和赫拉特的殘餘的帖木兒國勢力，成爲波斯的近鄰。1510年12月，伊思邁爾親率一萬七千波斯騎兵東進，不久與舍巴尼統領的烏茲別克28,000士兵在莫夫發生遭遇戰。波斯騎兵以少勝多，擊潰了烏茲別克人，其首領舍巴尼也被殺。對烏茲別克人一戰的重大勝利，使呼羅珊全境和直到阿姆河流域的廣大地區都被薩非王朝吞併了。當然，烏茲別克人也並未因此戰的失敗而被徹底打垮，在以後的很長一段時期，他們繼續對波斯王朝的東部邊境進行威脅。

伊思邁爾在向東推進的同時，也積極謀取在西方的拓展，但他們遇到了强有力的奧斯曼土耳其人的阻擋。奧斯曼帝國蘇丹謝里姆一世看到一個咄咄逼人的波斯王朝在崛起，尤其是波斯王朝在伊斯蘭教歷史上第一次强制人民放棄一種信仰（遜尼派教義），而接受另一種信仰（十葉派教義），他對伊思邁爾這種毫不掩飾的不容異己的政策甚爲惱火，他更無法克制自己與波斯爭雄的慾念。謝里姆決定大舉東侵以圖報復。1514年，伊思邁爾率波斯大軍在卡爾狄朗與奧斯曼軍隊遭遇。伊思邁爾把部隊分成兩部分，從兩翼向土耳其人發起攻擊。由於波斯士兵沒有火炮，而土耳其軍隊則擁有火槍和火炮，戰爭自然對土耳其人有利。伊思邁爾是一個饒勇善戰的人，他自己率領的一支部隊取得一些勝利，衝破了土耳其軍的陣容，但另一支波斯騎兵卻抵擋不住土耳其人的進攻。雙方激戰中，伊思邁爾負傷落馬，當他重新上馬時，發現戰鬥已經輸掉了，於是率殘部逃離戰場。這樣，土耳其人在查爾迪蘭戰鬥中獲得了勝利。隨後，土耳其人乘勝追擊，攻佔了薩非王朝的首都大不里士．謝里姆一世原打算在大不里士過冬後繼續深入波斯的領土，由於糧食不足和禁衛軍的反對，土耳其軍隊很快即撤出了大不里士。但土伊戰爭並未就此結束，雙方開始了漫長的較量，波斯人與土耳其人之間的衝突都是以宗教爲旗幟，宣稱是十葉派與遜尼派的宗教戰爭，宗教意識上的分歧是存在的，但戰爭的真正目的卻是爲了爭奪領土與資源並力圖控制阿塞拜疆與南高加索的歐亞通商路線。

　　伊思邁爾失敗後，感到必須尋找同盟者來共同對付土耳其人。伊思邁爾派信使去聯絡埃及馬木路克朝蘇丹甘蘇·古里，請求他援助波斯王朝共同抵抗謝里姆一世。1516年，甘蘇·古里率大軍在調停的幌子下進兵至敍利亞的阿勒頗，其實際目的是援助波斯同盟者，精明的謝里姆率大軍一舉擊潰了馬木路克軍隊，並征服了整個敍利亞。

1517年1月，謝里姆一世又進佔了開羅，將埃及吞併爲奧斯曼帝國的一個組成部分，形勢越來越對波斯不利了，伊思邁爾緩和了進攻勢態並違心地祝賀謝里姆獲得新領土。

1520年春，謝里姆一世死後，伊思邁爾又重新在西部採取冒險行動，不久即佔領了南高加索的格魯吉亞王國和其他一些汗國。1524年5月，年僅38歲的伊思邁爾病逝。年僅10歲的幼子達赫馬斯普繼承王位，開始了他長達五十二年的統治時期。在他統治時期，波斯王朝與東西方的敵手烏茲別克人和土耳其人的戰爭連綿不絕。

達赫馬斯普像他的父親一樣概不承認奧斯曼帝國蘇丹有權作哈里發的稱號。當時，奧斯曼蘇丹蘇里曼一世正忙於在歐洲的擴張，1529年土耳其人圍攻維也納沒有取得成功，土耳其軍班師回到了伊斯坦布爾。蘇里曼一世開始把注意力轉向東方。達赫馬斯普向奧地利皇帝派遣使者，建議與奧地利結成反土耳其的攻守同盟，然而這種外交磋商並未取得成功。由於一度投誠到奧斯曼蘇丹方面的巴格達又被波斯國王征服，蘇里曼便以此爲藉口從1532年開始連續數次對波斯的領地發起進攻。特別是1534年，蘇里曼率大軍佔領了阿塞拜疆和大不里士，當年11月，土耳其軍又席捲了美索不達來亞，並揮戈南下，佔據了巴格達。1536年初，土耳其人在巴格達留下了一支駐軍後，即放棄了阿塞拜疆和大不里士城。波斯國王達赫馬斯普得以回到阿塞拜疆和大不里士，並力圖恢復那裏的統治秩序。

在波斯的東部邊境，烏茲別克人從1525年起就不斷地給波斯製造麻煩。1525年，舍巴尼汗的兒子歐拜德率領烏茲別克人進犯波斯，達赫馬斯普的部隊在圖爾巴特附近將其戰敗，但此戰未能長期阻止頑強好戰的烏茲別克人。1530年，烏茲別克人認爲他們的勢力已經強大到足以再次侵入波斯，烏茲別克軍隊冒險深入到赫拉特附近，對這座名城發起了進攻。波斯王朝在這次戰役中真的遇到了麻煩，波斯守城部隊進行了十八個月的反擊戰，直到年輕的國王達赫馬斯普親自率軍前來解救，烏茲別克人這才放棄圍攻，撤出戰鬥。

1548年，蘇里曼再次率土耳其軍東征，佔領大不里士城後又四處追蹤波斯國王達赫馬斯普，而這位波斯國王爲避免與蘇里曼一世正面交鋒竟始終不敢露面。同時，爲了避免土耳其人的侵擾，達赫馬斯普於1548年左右將首都遷到喀茲文。1553年，達赫馬斯普借土耳其人正全力在歐洲征戰的機會大膽地對土耳其人採取了攻勢，並奪取了埃爾珠魯姆等一些地方。隨後對土耳其人的戰爭再沒有取得令人滿意的戰果。交戰雙方逐漸認識到他們之間的敵視對任一國都沒有什麼好處，而且他們對長期的緊張局勢也產生了厭倦。達赫馬斯普派談判代表來到埃爾珠魯姆同土耳其人商談停戰的有關事宜，1554年雙方宣佈了停戰協定，1555年又締結了一項和約。和約規定，南高加索地區的阿塞拜疆、亞美尼亞和格魯吉亞的東部仍歸波斯，而土耳其人則瓜分了格魯吉亞的西部和美索不達米亞及下游的伊拉克。蘇里曼一世還在和約中保證，雙方將和平共處，除非波斯一方破壞協定。條約還規定，波斯去土耳其境內的麥加、麥地那朝聖的香客應得到保護。這個和約使波、土之

間的衝突停息了二十年左右，波斯薩非王朝初期的對外征
討也告一段落。薩非王朝在一系列的與外族的戰爭中並沒
有取得驕人的戰績，尤其是與土耳其人相比較而言，更是
如此。嚴格地説，這一時期，薩非王朝與奧斯曼帝國尚不
能勢均力敵，只是由於奧斯曼土耳其人在東西兩面作戰時
將西線的歐洲戰場放在主要地位，薩非王朝才有機會與奧
斯曼土耳其人以平等的姿態進行商談。

2．阿拔斯大帝的對外擴張

達赫馬斯普在位的末期，薩非王朝的内部局勢已經惡
化。由於他的橫徵暴斂，全國各地起義不斷。特別是1571
年吉梁大起義和1573年大不里士起義都嚴重地削弱了國家
的實力。而東部的呼羅珊等地的起義又招致了烏茲別克人
的乘機侵擾。1576年5月，達赫馬斯普在内外交困中逝
世。由於他在臨死前未對王位的繼承加以安排，使得王朝
中各派別之間產生了内訌。長子穆罕默德・胡達班達優柔
寡斷而又體弱多病，雙目幾乎失明。因此，次子伊思邁爾
二世於當年8月繼承王位。1578年，伊思邁爾二世遭人毒
害致死，長子穆罕默德・胡達班達開始即位。奧斯曼土耳
其人乘波斯王朝混亂的局面和這位當政國王的軟弱，向波
斯重新開戰。土耳其蘇丹穆拉德三世勾結了一些對薩非王
朝不滿的阿塞拜疆貴族，佔領了大不里士城和阿塞拜疆。
同時，東部的烏茲別克人則乘機侵入了呼羅珊，接着又佔
領了赫拉特、馬什哈德等一些城市。面臨這樣的局勢，波
斯宮廷中的一些達官貴人驚慌失措。在這種情況下，穆罕

默德·胡達班達的次子阿拔斯在一部分貴族的擁戴下迫使他的父親退位，自己接任王位。從1587年開始了他長達四十三年的統治，在阿拔斯君臨波斯的時代，薩非王朝真正強盛起來，他因之被尊稱爲"阿拔斯大帝"。

阿拔斯即位之初，即運用其非凡的組織能力，初步穩固了國內的局勢。由於要鎮壓國內時常爆發的起義，同時又要應付東部烏茲別克人的挑戰，這種內外交困的危險局面使阿拔斯被迫在1590年與奧斯曼土耳其人締結了一項屈辱的和約。阿拔斯將阿塞拜疆、格魯吉亞、亞美尼亞、大不里士城以及盧利斯坦的一部分割讓給土耳其人，並且將他的堂弟送往伊斯坦布爾作爲人質。西部邊境的安寧使阿拔斯能夠集中全力來對抗東方的烏茲別克人。1597年，阿拔斯調集了他的軍隊在赫拉特城附近對烏茲別克人發起了猛烈的攻擊。大批烏茲別克士兵被包圍並遭到屠殺。赫拉特城下一戰，阿拔斯一舉粉碎烏茲別克軍隊，這種強大的威懾力量使烏茲別克的殘餘部隊渡過阿姆河逃去，呼羅珊全境和赫拉特重新被波斯收復。之後，阿拔斯又率大軍東進並佔領坎大哈城。在與烏茲別克人進行爭鬥的同時，阿拔斯還在國內進行一些改革，加強了王權。1598年又將首都從喀茲文遷到了伊斯法罕。新都在控制整個國家和加強波斯灣對外貿易交往方面，其地位比喀茲文更爲重要。

阿拔斯大帝鞏固了自己在東方的統治地位後，便開始了對軍隊的改編和整頓。1598年，阿拔斯僱用了兩位來自英國的武士羅伯特·舍萊和兄弟安東尼·舍萊。羅伯特兄弟精通火炮技術，陪同兩兄弟來到波斯的還有另外幾個擅長製造火炮的人。這批英國人以獵取財富爲主要目的，但在他們的幫助下，波斯軍隊終於可以用大炮來裝備自己了。正是由於過去缺乏大炮，波斯軍隊在同土耳其人的戰鬥中總是處於劣勢，現在的情況完全不同了。

　　阿拔斯已作好了準備，要與宿敵土耳其人較量，以收復失去的領土。當然，他也不放棄在外交上的努力。阿拔斯派遣英國人安東尼率領使團前往俄國和西歐各國進行外交活動，尋求建立反奧斯曼土耳其人的聯盟。然而，精明的歐洲人在這兩個穆斯林大國進行衝突時是絕不會對其中的一方提供任何援助的，對於波、土兩國之間的長期衝突，他們倒是歡欣鼓舞，因爲這兩個東方穆斯林國家將會在這一系列的衝突中變得兩敗俱傷。事實正是如此，十六至十八世紀奧斯曼帝國與波斯王朝之間的相持不下的戰爭削弱了雙方，使它們遭到了歐洲人在領土上的瓜分和商業上的入侵，從而導致了在十九世紀聽任歐洲列強擺佈的局面。阿拔斯這一次的外交努力也不例外，歐洲人未對他的呼籲作出響應。阿拔斯對此並不以爲然，1603年，他率領波斯大軍向土耳其人宣戰了。此時的奧斯曼帝國也沒有了往日那種氣勢了，他們已經走上了一條漫長而曲折的下坡路，形勢對阿拔斯是有利的。僅僅幾年的功夫，阿拔斯便收復了被土耳其佔據着的阿塞拜疆、亞美尼亞、格魯吉亞東部、庫爾德斯坦、盧利斯坦、美索不達米亞以及底格里斯河沿岸的迪亞巴克爾、摩蘇爾和巴格達幾座城市。1612年交戰雙方經過長期談判終於簽訂了伊斯坦布爾停戰和約。奧斯曼帝國被迫承認波斯對上述地區的佔領。但奧斯曼土耳其人有過輝煌的戰績，他們畢竟不甘心這些失敗，1616年，土耳其人在上述地區向波斯發動了反攻，企圖奪回失地。但波斯軍隊早有防備，其戰鬥力也十分強大，土耳其人進攻大不里士沒有取得成功，被迫後撤。1623年，他們又深入到遙遠的巴格達，結果又被波斯軍隊打敗，以後進行的一些戰爭也未能改變1612年和約中規定的狀況。總之，在阿拔斯統治時期，薩非王朝不僅收復了東西方宿敵烏茲別克人和奧斯曼土耳其人佔去的領土，而且兼併了一些新的領土。

阿拔斯在位時，對外關係方面除了屢勝外敵外，對外貿易也得到廣泛的發展。薩非王朝與不少歐亞國家尤其是歐洲的英國、荷蘭有着頻繁的貿易往來，爲了鼓勵波斯與東西方各國進行蠶絲貿易，藉以發展波斯的經濟，阿拔斯爲外國商人制訂了不少優惠權利，諸如准許英國、荷蘭等國商人在首都伊斯法罕、設拉子、阿拔斯港等地設立商行，減免外商進出口貿易中的稅務等等，同時，阿拔斯還規定歐洲商人享有信仰自由的權利，並下令波斯各地的僧侶和地方官吏不得干預外國人的事務。對外貿易的發達使薩非王朝在阿拔斯統治時期與許多國家建立了聯繫。阿拔斯屢次派遣自己的使節前往荷蘭、西班牙、俄羅斯、英國，並覲見了德意志皇帝與羅馬教皇，而上述國家也不止一次地派使臣前往薩非王朝阿拔斯國王的宮廷。爲了吸引外國商人前來貿易，阿拔斯在國內修建了許多公路和橋樑，並重點營造首都伊斯法罕。首都伊斯法罕擁有不少富麗堂皇的建築物，成爲那個時代最美麗壯觀的城市。不少包括中國、印度和歐洲各國在內的旅行家和商人來到了波斯及其首都伊斯法罕，並生動地記述了他們在那裏的所見所聞。

值得一提的是，葡萄牙人於1507年來到波斯灣，1515年又正式佔領了波斯灣的霍爾木茲島、馬斯喀特島和巴林羣島。葡萄牙人還在霍爾木茲修建了要塞，使得波斯的對外貿易嚴重受阻。爲了打開波斯灣貿易的通道，阿拔斯又與葡萄牙這一歐洲國家發生了衝突。1601年到1602年，阿拔斯率軍驅逐了佔據巴林羣島的葡萄牙人，1622年，波斯軍隊又與英國人聯合起來從葡萄牙人手中奪取了霍爾木茲島。隨後，阿拔斯即在波斯灣出海口興修了阿拔斯港，作爲永久性的基地。

必須指出，阿拔斯時期爲歐洲人制定的種種特權，並不標誌着波斯薩非王朝在阿拔斯時期與歐洲國家的關係中居於附庸和臣屬的地位。一些商業性質的特權並不影響阿拔斯時期波斯薩非王朝作爲一個有獨立主權的國家而存在。當時與東西方各國的關係包括與歐洲各國的往來基本上是相互平等的。至於說歐洲人在商業上的侵略實際上是在阿拔斯死後發生的。

阿拔斯大帝統治時期，薩非王朝的對外關係得到了順利的發展，這不僅表現在波斯人與東西方宿敵進行的領土爭端上，而且還表現在波斯與東西方各國的頻繁往來和商業貿易方面。然而，所有這些在阿拔斯死後不久即一去不復返了。正如一位法國旅行家查爾丁所記述的那樣："這位偉大的國王一旦死去，波斯也就不再繁榮了。"（這裏

當然是限於薩非王朝時期）

3．薩非王朝的衰微與阿富汗人的入侵

　　1629年春天，阿拔斯大帝病逝，他的孫子沙菲一世
（1629－1642年）繼承王位。不久朝廷內部圍繞着權利和
地位出現了紛爭。一些妻妾們同親王和其他一些貴族相互
勾結，明爭暗鬥，國王沙菲一世以接連不斷的大規模的流
血鎮壓來維持他的權力。同時，國內也陸續爆發了一些大
規模的起義。1629年在吉梁省又爆發了起義，這次起義是
由當地的一些封建主發動起來的，其意圖是要恢復吉梁原
有的獨立。他們利用當地農民和手工業者對王朝苛捐雜稅
與沉重壓迫的不滿，使起義聲勢浩大。沙菲國王派大軍幾
經鎮壓才穩住了局勢。國內這種混亂的局勢使得薩非王朝
對外關係的情形開始惡化。西方的奧斯曼土耳其人利用有
利的時機向波斯的領土發起了進攻。1630年，奧斯曼帝國
蘇丹穆拉德四世率大軍長驅直入，深入到波斯的內地，侵
佔了波斯中部的哈馬丹，並在城市中進行了大肆的破壞和
屠殺。1635年，土耳其人再次出動，他們又攻佔了埃里溫
和大不里士兩個城市，波斯軍隊雖進行了抵抗，但他們
沒能阻擋土耳其入侵的步伐。1638年，土耳其攻佔了巴格
達，1639年又強迫波斯人簽訂和約。波斯人收回了北部的
埃里溫與阿塞拜疆，但他們付出的代價也是巨大的，伊拉
克和巴格達被劃歸土耳其人所有。在東方，波斯人與烏茲
別克人重開戰端。

　　1642年，沙菲一世的兒子阿拔斯二世（1642－1666

年）繼承王位。這位新王即位時，年僅10歲，他沒有能力也不可能有效地組織對外戰爭，以反抗外敵的入侵，國勢日見衰落。阿拔斯二世當政時期，值得一提的戰績是1649年波斯軍隊從印度莫臥兒國手中奪回了東部的坎大哈，並屢次粉碎了莫臥兒國企圖重佔坎大哈的夢想，1657年，波斯軍隊又粉碎了格魯吉亞人的叛亂。1666年，阿拔斯二世之子蘇萊曼（1666－1694年）即位。他貪圖享受，不理朝政，聽任王朝走向毀滅。對於烏茲別克人在東方的活躍和荷蘭人在波斯的侵擾一概沒有進行認真有效的抵抗。1694年，蘇萊曼的兒子侯賽因繼位，侯賽因是一個堅定的十葉派信徒。他即位後，在國內過分強調十葉派教義中的模式和習俗。不僅如此，侯賽因還把國家的大權交給十葉派教士，造成了十葉派教士在國內推行對遜尼派教徒的大規模無情的迫害。狂熱的十葉派僧侶過分干預國事對國家產生了消極影響，它直接導致了統治階級上層僧侶與世俗封建主之間的激烈爭鬥，而十八世紀初葉許多被征服地區的人民在反對薩非王朝統治時也打起了保衛遜尼派、反對十葉派的宗教旗幟。如果說十葉派教義在薩非王朝興起時起了巨大的、不可替代的宣傳鼓動與籠絡人心的積極作用的話，那麼從十七世紀末葉開始的對十葉派教義的過分推崇和渲染則完全走向了它初期作用的反面，它大大加速了王朝的滅亡。

居住在以坎大哈爲中心的帝國東部的阿富汗人正是利用了這一形勢，掀起了遜尼派對十葉派的宗教戰爭。坎大哈地區的阿富汗人歷來信仰遜尼派教義。起初，他們爲了避免印度莫臥兒人的征服而將自己置於波斯薩非王朝的保護之下。但他們始終沒有失去自己獨立的地位，也沒有放棄對遜尼派教義的信仰。當波斯國王侯賽因手下的僧侶們企圖加強對他們的宗教控制時，這些信仰遜尼派教義的阿富汗人起來造反了。

1709年，以坎大哈地區的首領米爾‧韋斯爲首的吉爾扎部落阿富汗人開始起義，反對薩非王朝的統治。侯賽因派大軍前來鎮壓，但這支軍隊經不起激烈的戰鬥，又遭到頑強的阿富汗山區土著居民的襲擊，很快敗下陣來。不久，米爾‧韋斯公開宣佈脫離薩非王朝而實現完全的獨立，他實際上成了阿富汗人在坎大哈的獨立的統治者了。1715年，米爾‧韋斯的弟弟米爾‧阿卜杜拉接任了他的統治地位。阿卜杜拉與波斯國王進行了妥協，他承認侯賽因國王對坎大哈阿富汗人的宗主權。阿卜杜拉的行爲招致了其追隨者們的強烈不滿，他們認爲，這是對阿富汗人的背叛。1717年，阿卜杜拉被推翻，接替他的是年輕、有爲、富有進取之心的米爾‧馬穆德（米爾‧韋斯之子）。與此同時，在赫拉特地區，另一支遜尼派的阿富汗部落阿勃達里與烏茲別克人聯合起來於1716年襲擊呼羅珊，1719年阿勃達里阿富汗人擊潰了波斯國王派去鎮壓他們的軍隊，並宣佈獨立。西北部的庫爾德人也舉行了起義，其前鋒部隊幾乎逼到首都伊斯法罕。薩非王朝的形勢已經岌岌可危了，而波斯國王卻茫然不知所措。

1720年，吉爾扎部落的阿富汗人在米爾‧馬穆德的率領下開始進攻波斯的本土，佔領了克爾曼市，不久，國王的軍隊在法爾斯省的首領率領下擊潰了這支阿富汗人並使他們退回到坎大哈。但薩非王朝國內的局勢並未就此好轉起來。1720年，盧利斯坦和庫爾德斯坦都發生了規模較大的起義，阿勃達里部落的阿富汗人又佔領了呼羅珊的大片土地。

1721年末，坎大哈的統治者米爾‧馬穆德糾集了近三萬武裝騎士，其中包括吉爾扎部落的阿富汗人、阿勃達里部落的阿富汗人以及其他一些部落的阿富汗人和俾路支人，這支部隊於1722年1月佔領了克爾曼市，3月8日，阿富汗人部隊在距離伊斯法罕東二十五公里的地方擊潰了從伊斯法罕出來迎敵的波斯五萬大軍。緊接着，米爾‧馬穆德揮兵進入伊斯法罕。10月22日，國王侯賽因退出了伊斯法罕，米爾‧馬穆德當上了波斯國王，薩非王朝就此中斷了。阿富汗人接着又佔領其他一些地區，他們所到之處，對當地居民進行搶劫和屠殺，從而引起了波斯各地居民的憤怒和反抗。事實上，原來薩非王朝一些極度腐化了的上層分子此時成了阿富汗人的順民，而廣大的波斯下層居民卻始終沒有歸順阿富汗人，他們展開了抵抗。在波斯的北部地區，侯賽因國王的兒子達赫馬斯普二世於1722年6月從首都阿斯法罕突圍到這裏，他在那裏集合兵力抵抗入侵的阿富汗人。

波斯的內亂，使俄國人乘機採取了南下擴張的步驟，1722年7月，彼得一世派軍隊從阿斯特拉罕和裏海同時向南方進軍，其目的是企圖以此佔據波斯北部並進而打開進入波斯灣和阿拉伯海的通道。8月間，俄軍佔領了裏海西岸的傑爾賓特，後由於後方供應的困難又退回到了阿斯特拉罕。1723年，俄軍又從那裏出動，沿原來的進軍路線佔據了傑爾賓特和巴庫等地，接着又深入到吉梁等裏海西南岸地區。俄國人在南高加索裏海地區所採取的行動，引起了土耳其人的緊張，土耳其於1723年春向波斯領地發起了進攻，並侵佔了格魯吉亞。達赫馬斯普二世獲悉土耳其人入侵的消息後，派使臣前往彼得堡與彼得一世簽訂了同盟條約（1723年9月）。彼得一世在條約中答應幫助達赫馬斯普恢復波斯王位，條件是割讓裏海西南岸大片土地歸俄國。土耳其人不甘示弱，在侵佔了格魯吉亞後，又佔領了波斯西北部的一些地區。俄土兩國的關係就此緊張起來，兩國彼此間都擔心對方在波斯勢力的過分膨脹。在法國大使的調停下，俄土兩國於1724年6月簽訂了瓜分波斯北部各省和一部分西部省份的條約。根據該條約，土耳其人同意俄國對南高加索一些地區及波斯裏海沿岸地區的佔領，土耳其人則佔領了南高加索地區的其餘部分和波斯的整個西北部，包括阿塞拜疆、庫爾德斯坦、哈馬丹和克爾曼沙。俄土兩國還宣稱，如果達赫馬斯普二世同意俄土對上述地區的佔領，兩國將決心維持他在波斯的統治地位，否則，兩國將另立波斯國王。1724年俄土條約並沒有束縛住土耳其人的手腳，他們所佔領的地區超出了條約中所規定的範圍。他們於1725年又佔領了喀茲文、阿達比爾和其他一些城市。同年，土耳其軍隊又向伊斯法罕推進。波斯居民對入侵的土耳其人進行了頑強的抵抗。而阿富汗人在波斯的地位也不穩固，波斯居民對阿富汗人的反抗沒有停息。1725年，米爾‧馬穆德在伊斯法罕進行了一次大屠殺，不少王公貴族、士兵乃至平民都未能倖免。馬穆德的恐怖政策也引起了阿富汗人之間的內訌。1725年4月，馬穆德被殺。阿富汗的達官貴人又擁立阿斯拉夫爲王。阿斯拉夫對波斯居民採取了安撫的政策，他還同前波斯國王侯賽因的女兒結了婚。然而，人們對不久前的屠殺記憶猶新，拒絕同這位阿富汗人合作。

爲了改變人們對他的態度，阿斯拉夫於1726年率大軍迎擊向伊斯法罕推進的土耳其人，居然取得了勝利。1727年他與土耳其簽訂條約，把被土耳其人征服的阿塞拜疆、庫爾德斯坦、庫齊斯坦等地割讓給土耳其人，以換取土耳其對他的統治地位的承認。然而這並不能鞏固他的統治地位。被殺死的米爾‧馬穆德的兄弟佔據坎大哈與他對抗，赫拉特地區的阿勃達里阿富汗人也脫離阿斯拉夫而獨立。波斯居民反對阿富汗人統治的起義更是一浪高過一浪。

1726年，以裏海南岸馬贊得蘭地區爲根據地的達赫馬斯普二世的勢力得到了加強，他聯合了呼羅珊一帶阿甫沙爾部族首領納迪的勢力佔領了馬什哈德。1728年，又佔據了整個呼羅珊，1729年，納迪率大軍征服了赫拉特地區的阿勃達里阿富汗人，同年，納迪率軍進逼伊斯法罕，阿富汗篡政者阿斯拉夫出兵迎戰，被擊敗。阿斯拉夫率殘部逃往南部的設拉子。達赫馬斯普二世來到伊斯法罕，被納迪擁立爲王。納迪又出兵法爾斯，消滅了設拉子的阿富汗人。到1730年初，阿富汗人被徹底趕出了波斯。

達赫馬斯普二世只是名義上的波斯國王，實際統治者是納迪。在波斯居民的心目中,納迪才是將波斯從阿富汗侵略者統治下解放出來的英雄,納迪在征服了阿富汗人之後,於1730年上半年開始了對土耳其人的進攻,佔領了哈馬丹、大不里士和阿塞拜疆的其他城市。納迪準備進一步驅趕土耳其人時,東部赫拉特地區的阿勃達里阿富汗人發動了叛亂,納迪遂趕往東部去征討阿富汗人。達赫馬斯普二世則在此時發動了對土耳其人的進攻,以圖恢復原先帝國的版圖,結果被土耳其人輕易地打敗了。納迪對此極爲惱火,火速趕回伊斯法罕。1732年,納迪廢黜了達赫馬斯普二世,立他的年僅八個月的嬰兒爲國王,號稱阿拔斯三世,此即薩非王朝的末代國王。這一年,俄國爲對付奧斯曼帝國,與波斯聯盟簽訂了《臘什特條約》,俄國放棄波斯裏海沿岸的吉梁、馬贊得蘭等地區。1735年,俄國又與波斯簽訂《岡扎條約》,同意將原從波斯奪佔的裏海西岸的巴庫與傑爾特地區歸還給波斯,條件是波斯必須與俄羅斯保持永久的結盟。1736年,幼主阿拔斯三世夭折,納迪遂自立爲王,波斯薩非王朝就此完結。1747年,納迪死後,波斯陷入了紛爭的局面。1750年至1779年出現了桑德王朝,從1794年開始,卡扎爾王朝又在波斯興起,波斯近代史由此發端。其對外關係將在後面得到闡述。

二 英俄爭奪下的伊朗

1.大國棋盤上的小卒

十九世紀初,在英、法、俄爭奪歐洲和中東霸權中,

瀕臨波斯灣的伊朗自然成了列强涉足之地。英國雖已佔有
"英國皇冠上一顆最璀璨明珠"——印度，但仍不能滿足
國內工廠主、商人、銀行家和官僚金融寡頭對新的殖民地
市場和原料產地的貪婪慾望。印度便成爲英國新的殖民擴
張的震源，震波首先擴散到印度的鄰國伊朗。

俄國從十八世紀以來就對伊朗懷有領土野心。進入十
九世紀後，俄國即開始加緊實施印度計劃，以便將它的影
響伸向波斯灣暖水海域，並通往印度和中國，實現幾代人
的夙願。這個計劃的關鍵是控制伊朗和奪取裏海。俄國從
高加索南下侵略伊朗，必然引起英國的干涉，因爲英國一
直把伊朗作爲保護印度的緩衝國之一。英國的死敵法國則
想利用伊朗作爲反對英俄的一個籌碼，時而聯合俄國反對
英國，時而又利用伊朗以反對俄國。於是，英、俄、法在
這裏展開了激烈的角逐，伊朗成了列强殖民擴張棋局中的
走卒。

1800年，東印度公司爲了粉碎俄法軍隊假道伊朗進攻
印度的計劃，派馬爾科爾姆大尉去德黑蘭活動，勸誘伊朗
王倒向英國，並於1801年同伊朗締結了政治、貿易條約。
條約規定，一旦阿富汗進犯印度，英伊即締結反阿富汗的
同盟，而且伊朗王有義務不讓任何歐洲國家的軍隊經過自
己的領土開赴印度邊界。東印度公司則以武器和現金援助
作爲條件，英國還獲得了伊朗的貿易特權。東印度公司還
故意誇大法國或俄國入侵印度的現實可能性，並以這種遠
景來嚇唬伊朗國王。

俄國針對英方的行動，開始向伊朗擴張。1801年9月

俄國吞併了格魯吉亞。隨後，俄國爲了進一步吞併整個南高加索，從1803年開始，以東格魯吉亞爲基地，迅速向南推進。1804年俄軍佔領甘札，挑起了第一次俄伊戰爭（1804－1813年）。

俄軍的大舉侵入，引起了伊朗王極大的不安，便急忙向英國求援。英俄正聯合抗法，因此，英國不願支持伊朗抗俄，故意對伊提出無法接受的苛刻條件，英伊關係惡化。伊朗王不得已而轉向法國。1807年5月，法、伊簽訂了同盟條約（即《芬肯斯坦因條約》）。根據條約，拿破侖負有義務迫使俄國退出格魯吉亞，而伊朗王則應讓法國軍隊開往印度邊界，並通過阿富汗進攻東印度公司的領地。接着，法國的軍官代表團來到德黑蘭，幫助伊朗編練新軍。1808年12月，法、伊簽訂了通商條約，法國的領事、商人和臣民享有領事裁判權。

隨着土耳其內亂的發生，拿破侖從抗英立場出發，決定拋棄原來的盟國伊朗，與俄國結盟。1807年7月，法、俄簽署了"提爾西特條約"。1809年，伊朗從後門趕走了法國人，卻從前門迎來了英國人。英國政府的公使瓊斯洋洋得意地進入伊朗首都，並給伊朗王帶來了貴重的金剛鑽。1810年，東印度公司的馬爾科爾姆代表團也攜帶着武器和豐盛的禮品抵達伊朗。1812年3月英伊同盟條約正式簽訂。條約規定，英國有義務每年付給伊朗20萬土曼的補助金，伊朗一旦與其他國家發生戰爭，英國有義務進行調停並訓練伊朗軍隊；伊朗王則應許不准歐洲國家軍隊在自己境內通過。

伊朗以抗俄爲中心的外交活動，並未能扭轉戰場上的敗局。伊朗在城池連失的情況下，於1813年10月24日同俄國簽訂了《古利斯坦和約》。俄國一下子奪去伊朗高加索以南的十二個省，並攫得諸如干預伊朗王位繼承，控制裏海交通和俄商在伊免稅等特權。

《古利斯坦和約》使得英俄在伊朗的矛盾更趨尖銳。1814年，英伊簽訂了旨在防止俄國繼續向伊擴張的同盟條約。俄國在試圖破壞英伊同盟的嘗試失敗後，決定蠶食東亞美尼亞。第二次俄伊戰爭爆發（1826－1828年）。

經過兩年的交戰，俄軍節節勝利並深入到伊朗境內，攻佔了大不里士，京畿爲之震動。1828年2月，伊朗被迫接受了《土庫曼徹條約》。條約規定，伊朗放棄亞美尼亞等地；賠款2,000萬盧布；伊朗不得在裏海擁有海軍；俄國臣民在伊朗享有領土裁判權，伊朗對俄商品的關稅率爲5％。

繼俄、英迫簽條約之後，法、美、澳等國援例同伊朗簽訂了類似條約。這一系列條約的簽訂，使伊朗喪失了主權和獨立地位，淪爲半殖民地國家。

2．英、俄在伊朗爭奪的加劇

第二次俄伊戰爭結束後，俄國完全控制了伊朗。伊朗王則力圖從英俄的陰影中走出來，並有所作爲，決定佔領赫拉特。赫拉特當時是阿富汗一個不大的封建割據汗國，它西面爲伊朗，東面是阿富汗，南面爲印度，北面是中亞的希瓦、布哈拉和浩汗三汗國，戰略地位十分重要，是英俄兩國的敏感地區，因爲，對赫拉特的爭奪直接關係到爭奪中亞、西亞和印度次大陸。伊朗王認爲，如果佔有赫拉特，既可以補償外高加索領土的損失，又能阻止阿富汗政治上的統一。俄國則希望，這一行動不但可將伊朗的視線和精力離開外高加索，同時可獲得向阿富汗推進的突破口。這樣，在俄國的唆使和支持下，1837年11月伊朗的四萬大軍包圍了赫拉特。俄國駐伊大使西莫維奇直接指揮伊軍向赫拉特展開圍攻戰。而保衛赫拉特的戰役則是由已經改了裝而悄悄潛入那裏的英國軍官波廷格爾指揮的。

赫拉特危機，使英國政府、印度總督和阿富汗異密都感到不安。1838年6月，印度總督的一支武裝部隊到達波斯灣，佔領了哈爾格島，在戰略上對伊朗的後方構成威脅。俄國處於對英國緩和的需要，同意伊朗於1838年8月解除對赫拉特的包圍。

進入四十年代，英國加強了對伊朗的擴張。1841年，英國強迫伊朗簽訂了通商條約，條約規定，英國臣民在伊享有治外法權；對英國商品的關稅降到商品價值的5％，而英國商人完全免繳伊朗國內的關卡稅。

克里米亞戰爭期間，英俄兩國爭相與伊朗交好。伊朗在這次戰爭中保持立場，但卻乘英俄交戰無暇東顧之機，由1856年10月佔領了赫拉特。對此，英國以保衛"通往印度的大門"赫拉特爲藉口，挑起英伊戰爭。戰爭是英國在對伊朗進一步侵略遇到困難的條件下結束的。1857年3月，英伊簽署了《巴黎和約》。按照條約，伊朗放棄對赫拉特的一切要求，並不再干涉它的內政；保證伊軍撤出該城，並保證一旦與赫拉特或阿富汗發生衝突，即請求英國調停。《巴黎和約》不但嚴重削弱了伊朗，也使阿富汗脫離伊朗而落入英國的勢力範圍。1863年赫拉特正式併入阿富汗。

六十年代以後，英國加緊了在伊朗傾銷產品和掠奪資源的活動。1862、1865和1867年，英國先後三次強迫伊朗簽訂英伊電報租讓條約，取得了在伊朗架設電線和建立電報局的特權。1872年，英國電報通訊社創辦人、倫敦金融寡頭最大的代表人物——銀行家路透男爵從伊朗王納斯雷丁沙那裏獲得了一系列重要的特許權。如在七十年代開採包括石油在內的全部礦藏優先權；開採全部森林，建築新的灌溉工程的優先權；開設銀行，開闢公路，開辦工廠的優先權；還獲得爲期25年的管理海關，徵收關稅的特權。這項條約在所有資本主義國家的殖民政策史上和外交史上都是沒有先例的。連英國人也承認，如果這個一攬子“買賣”做成，英國將壟斷伊朗的經濟命脈。由於俄國的強烈反對和伊朗人民的憤慨，這一協定於次年被廢除了。爲了補償英國的“損失”，1889年，伊朗王給予英國爲期60年的銀行特許權。英帝國的波斯銀行（後改稱沙王銀行）擁有發行貨幣的特權，行使國家銀行的職能，還獲得在伊朗開辦工商業，開發礦業的特許權。1890年，伊朗王又給予英國爲期50年的烟草專賣權（後被廢除）。然而爲時不久，英國殖民者又獲得在六分之五的伊朗國土上開採石油的權力。

這樣，到第一次世界大戰前，英國在伊朗的投資總額已達到960萬英鎊。

　　同一時期，俄國對侵略也加快了節奏，與英國相比，更側重於政治、軍事方面。1879年俄國多門托維茨上校一行10人被派到德黑蘭，幫助伊朗王訓練了一支"哥薩克旅"，負責保衞沙赫免受他的人民的侵擾，並爲培訓伊朗軍官骨幹而服務。它成了伊朗軍隊中唯一有戰鬥力的，受過現代化訓練和擁有現代化裝備的旅。同時，它又成了俄國在伊朗擴大影響的一個補充工具。這樣，俄國有力控制了伊朗國內政治，伊朗王位繼承問題須彼得堡的意見方能決定，北方各省省長、各州州長均由俄國政府中意的人擔任。俄國大使和領事無疑成爲伊朗的太上皇。

　　自然，俄國對伊朗的入侵不僅僅限於政治和軍事方面。從十九世紀八十年代開始，它也攫取了在伊朗的許多經濟特權。可在伊朗北部架設電線，條築公路；可在裏海南岸捕魚。1890年，俄國在伊朗創建了波斯投資貼現銀行與英國的波斯帝國銀行相抗衡，俄國的皇后和財政大臣都是該銀行的股東。俄國於1900年和1902年兩次貸款給伊朗，以償還1892年英國給伊朗的貸款。到第一次世界大戰前，俄國在伊投資已達1.64萬盧布。同時，俄國開始把它的勢力伸向伊朗的南部和波斯灣，在阿巴丹港設立了領事館，開闢了受政府補助的敖得薩和波斯灣各港口間的海運線。

　　俄國在伊朗的這些活動，引起英國的嚴重關注和不滿。自1903年開始，英國便於俄國談判在伊朗勢力範圍劃分問題，英國願以承認俄國在北部勢力來換取俄國對英國在東部和南部的控制。俄國並不想把自己的勢力局限在伊朗北部,而是企圖佔領整個伊朗,從而進入波斯灣與英國爭奪印度洋。因此,俄國並不重視英國的建議。1905年俄國對日戰爭的失敗和伊朗革命的爆發,最終迫使俄國同英國於1907年達成協議,規定了在伊朗北部和南部各自的勢力範圍,中間留下一個緩衝地帶。歷時一個世紀的英俄在伊角逐,以伊朗迅速淪爲英俄兩國的半殖民地而告終。

三 英國在阿富汗地位的確立

1. 第一次英阿戰爭

阿富汗位於印度西北部,是一個河流蜿蜒、高山縱橫的內陸國家。面積雖僅有65萬平方公里,但它處於地中海和裏海到印度洋之間的樞紐地區,有"印度的鑰匙"之稱。阿富汗的地理位置更使它在軍事上具有重要的戰略意義,爲歷來兵家必爭之地。

1747年阿富汗立國之後,曾一度相當強盛,成爲僅次於奧斯曼帝國的穆斯林帝國。進入十九世紀以後,國力日漸衰微,逐步淪爲英、俄兩國的爭奪對象。英國侵佔印度以後,便力圖把它的勢力範圍從印度擴展到北非,使之連成一片,因而侵略矛頭直指阿富汗。它的北方強鄰俄國則念念不忘南下阿富汗,獲得一個暖洋出海口。於是英俄擴張觸角,便在阿富汗碰撞起來。他們在這裏的矛盾衝突時隱時現,貫穿於整個十九世紀,致使這個山地王國一直動蕩不安。

　　1838年赫拉特危機期間，俄國施展外交手腕，答應給阿富汗200萬盧布和同樣金額的商品援助，騙取了阿富汗國王多斯特‧穆罕默德的信任。當英國使節亞歷山大‧白恩士要求英阿結盟對付俄國和伊朗時，遭到拒絕。東印度公司和英國對此極爲不滿，決定推翻親俄的多斯特‧穆罕默德的統治，建立一個英國人控制的傀儡政權。這樣，在保衛赫拉特和阿富汗前國王舒賈的"邀請"的幌子下，發動了第一次英、阿戰爭（1839－1842年）。

　　1839年4月，三萬英印僱傭軍佔領了阿富汗南部重鎮坎大哈，7月又攻克了中部要城加茲尼，8月初兵臨阿首都喀布爾城下。多斯特國王被迫向俄國求援，但俄國使節表示：路途遙遠，愛莫能助。當他發現阿富汗已被俄國賣掉時，便拿起古蘭經，向衞戍部隊穆斯林兄弟呼籲，請求他們的幫助。誰知士兵們早已丟下營地紛紛逃去，而營地也被他的家臣搶佔了。他無可奈何，攜妻挈幼棄城逃到了北方。英軍隨即佔領了喀布爾，並用軍隊和金錢建立了舒賈傀儡政權。

　　英國對阿富汗的軍事佔領，引起了阿富汗人民的極端憤恨，各地都爆發了反英起義。但多斯特國王對打敗英軍信心不足，更害怕起義軍領袖不守信義，以及人民運動的高漲，在英方假意應允和誘惑下，甘願當了英軍的俘虜，被押往加爾各答，靠英國的補助金生活。但是對佔領者的抗爭仍在繼續着。他的兒子，被稱爲"阿富汗的幸福與光榮之星"的阿克巴汗脫穎而出，繼續領導阿富汗人民反抗英國。

1841年11月2日，首都喀布爾爆發了對殖民壓迫和苛捐雜稅的總起義，英國警備隊被迫投降。阿富汗逐步形成了以首都爲中心，以"聖戰"爲形式的大規模武裝抗英活動。英國使節麥克納田迫於形勢，同起義軍領袖簽訂了關於從阿富汗撤軍以及不再支持舒買王的條約。實際上麥克納田只希望贏得時間，等待援軍到來。麥還書面建議阿克巴汗爲阿富汗宰相，甚至做阿富汗的國王，答應給他120萬盧比的現金，以後每年給20萬盧比，並送一支手槍和一輛精美的四輪馬車作爲私人禮物。阿克巴汗將計就計，接受了這些許諾和禮品。當雙方在靠近英國兵營的地方，鋪上地毯舉行談判時，阿克巴汗當即揭露了麥克納田的奸詐陰謀，並一槍打死了麥克納田。

1841年12月，英軍終於同阿克巴汗簽訂了全部撤軍的條約。1842年1月6日，英軍開始撤退。這支由4,500名官兵和12,000名隨軍人員組織的部隊，扔下了大炮、現金和已經開好的14萬英鎊的支票。而且，沿途遭到了游擊隊多次襲擊和風雪飢寒的煎熬。英軍中只有布萊頓醫生穿着襤褸不堪的軍服，騎着一匹疲憊不堪的瘦馬，好不容易才到達印度，在那裏訴説着所遇到的一切。

英軍從阿富汗不光彩地撤退，極大地降低了他們在印度的威信。爲了挽回這種損失，1842年秋，英軍又出征喀布爾，把首都搶劫一空。但是他們即使在這一次也未能强迫阿富汗接受資助條約和剝奪它的獨立，英國遭到了殖民史上第一次慘重失敗。

2．第二次英阿戰爭

　　第一次英阿戰爭結束後，阿富汗邊境相對平靜了三十多年。在這段時間裏，俄國加快了南下步伐。1865年俄國攻佔了塔什干，浩罕汗國成爲俄國的附庸。1868年俄國攻克了中亞宗教中心撒馬爾汗，布哈拉汗國臣服俄國。1873年俄國軍征服了希瓦汗國，並於1876年將其併入俄國版圖。這樣，俄軍在很短時間内就已到達阿姆河上游，逼近阿富汗的北部邊界。

　　同一時間，英國在阿富汗方面取得了巨大成功。1855年3月30日，英、阿在江魯德（白沙瓦附近）簽訂條約，英國承認坎大哈爲阿富汗領土，並相互尊重現存邊界。埃米爾則保證，他自己以及繼承人將“友英國之友”、“仇英國之敵”。這一條款實質上剝奪了阿富汗在對外政策事務上的獨立自主權。1859年英軍到達阿富汗南部接壤地區。1876年英軍佔領了阿富汗東南邊疆重鎮昆塔，完成了對阿富汗東部和南部新月形的戰略包圍。隨後，英國加緊部署侵阿戰爭。

　　1877年初，英印聯軍開始集結在同阿富汗接壤的各個山口地區。接着，印度總督利敦同阿富汗斷絕了關係，英印聯軍則佔領了邊境上一些部落的領土，並在那裏修築了便於入侵阿富汗的道路。

　　英國在爲侵阿戰爭作軍事和外交準備時，俄國也採取了相應的行動。1878年6月，俄國派遣以斯托列托夫少將爲首的代表團前往喀布爾，極力向阿富汗政府游説，並締結了共同反英的俄阿同盟條約。同時，俄國在中亞地區集結軍隊二萬人，準備取道阿富汗向印度開進。俄國集結軍隊和代表團出訪阿富汗之舉，實屬俄國的一種外交和軍事上的示威，目的在於迫使英國在土耳其問題上作出讓步。

英國人並沒有被嚇住。1878年8月，英國通知阿富汗政府，英國代表張伯倫將軍將去喀布爾，談判雙方關係中的重大問題。埃米爾聲稱正為王儲服喪，拒絕了這個代表團。英國政府以此為藉口，發動了策劃已久的第二次英阿戰爭（1878－1879年）。

1878年11月，3,500名英印聯軍從北、中、南三路向阿富汗大舉進攻。儘管阿富汗軍隊進行了英勇的抵抗，但終因裝備低劣，訓練不佳，指揮無方，很快被英軍擊敗。坎大哈、扎拉拉巴德先後淪陷，並迅速逼近喀布爾。埃米爾舍利、阿里汗向俄國求助，但嘗到的卻是"友誼果實"的苦味，憤恨成疾，1879年2月死於絕望中。新上台的阿古柏汗只持撐到春天，1879年5月26日，在甘達馬克小鎮與英印代表簽署了屈辱的和約，使阿富汗成為英國的附屬國。

條約規定，阿富汗除非得到英印政府同意，不得和外國有任何往來，並割讓一部分領土給英國；英國給予埃米爾金錢資助，並向首都派遣擁有武裝衛隊的駐紮官；英國軍隊撤離阿富汗。正如一位阿富汗歷史學家所言：這是阿富汗國王歷來簽訂過的一切條約中最屈辱和最苛刻的條約。

《甘達馬克條約》簽訂後不久，1879年8月，喀布爾發生了地方警備隊士兵的暴動，然後又爆發了人民起義。起義者殺死英國使館人員，使館警衞隊員以及首都的所有英國人，在阿富汗開始了反對侵略者的人民戰爭。但阿古柏背叛人民，向英國投降。北部地區的統治者和抗英領導阿卜杜爾・拉曼也同英國妥協，在1880年締結的條約中，英國承認他爲新埃米爾，而他則同意接受修改後的《甘達馬克條約》，阿富汗作爲英國的附屬國被確定下來。

　　第二次英阿戰爭的烽火平息，1885年3月，俄軍强佔了彭迪綠洲，俄阿軍隊發生了衝突，阿軍大敗，英國立即向俄國發出戰爭警報，英國準備從黑海方向以主力對俄國進行打擊，英俄戰爭一觸即發。隨後，在列强的干涉下，俄英通過直接談判於1885年9月簽訂了俄阿邊界最後議定書，規定在俄國目前擴張勢力所達到的地方劃定俄阿邊界，俄國則承認英國在阿富汗的支配地位。然而這只不過是一個臨時的解決辦法，英俄之間在阿富汗新的爭奪又悄然揭幕。"小國阿富汗像是處在兩頭獅子中間的小綿羊，處在兩處大石磨中的穀粒，它如何才能安然無恙地存在下去呢？"

第七章

第一次世界大戰與中東

一　土耳其參加大戰

1．大戰前夕中東各國概況

在世界進入帝國主義時代後，中東絕大部分國家和地區都成了西方列強的殖民地或半殖民地。中東最大的國家奧斯曼土耳其的地位每況愈下，英、法、俄、奧、比、意、德、美等國的資本紛至沓來，控制了土耳其的經濟命脈，並對土耳其的政治產生很大的影響。爭奪"奧斯曼遺產"越來越激烈，土耳其在歐洲、非洲和地中海的許多屬地紛紛丟失。在非洲，英國人佔領了埃及，控制了蘇丹，摩洛哥、突尼斯和利比亞則分別置於法國和意大利的保護之下。在歐洲，巴爾幹戰爭一再發生，諸小國一直爭取獨立，有的已經脫離了土耳其。在亞洲，阿拉伯各部族也有離心的傾向。正如一位英國外交官所說的："土耳其的存在，並非依靠它的生存能力，而是由於列強的同意。因爲列強認爲，維持奧斯曼帝國的存在是避免由於瓜分它的遺產而發生糾紛的一種手段。"爲了防止帝國分崩離析，土耳其的最高統治者阿卜杜勒·哈米德二世奉行"奧斯曼主義"政策，對其管轄範圍内的各族臣民横徵暴斂，如有不服，則進行殘酷鎮壓，因而被人稱爲"血腥蘇丹"。由於外國資本的壓榨和本國封建主的剝削，土耳其的民族工業始終處於萌芽狀態，全國絕大多數人口從事農業。農民用這樣的語句來形容自己的收成："一份給風，一份給鳥，一份給冬天，而如果老天爺造福，那麼最後一份給我。"1908年7月3日，青年土耳其黨領導人民在列斯特要塞舉行起義，推翻了蘇丹的專制統治。但這場革命既沒有解決國家民主化的任務，也沒有擺脱對外國的依賴。由於地理位置的關係——土耳其處在從歐洲到東方最重要的水陸交通樞紐上，領土遍及三大洲，因而在"東方問題"日益尖銳的時候，這個古老的日趨衰落的帝國更成爲列強激烈爭奪的對象。

　　中東另一個主要國家伊朗（當時仍稱波斯）處境和土耳其相似。早在十六世紀，葡萄牙人就滲入了這塊東方寶地。十七世紀初，英國人接踵而至，從此在伊朗站穩了腳跟。隨後，荷蘭人也不甘落後，一度在與伊朗的貿易中超過了英國。其他歐洲國家的使節、商人、傳教士也絡繹不絕地前往伊朗。俄國雖然不如英國那樣強盛，卻是"近水樓台"，多次派兵進出伊朗，取得許多實惠。但這時伊朗還是個獨立國家，雖然政治、經濟十分落後。到十九世紀初，正是資本主義鼎盛時期，伊朗境況卻急轉直下，深深地捲入了歐洲列強的政治漩渦而不能自拔。伊朗人不敷出，背上了沉重的外債，從而在政治上也不得不聽憑外國勢力的擺佈。在這種形勢下，伊朗國王的統治地位發生了動搖，地方勢力割據一方，人民日益不滿。1905－1911年，伊朗社會各個階層不堪忍受國内外的雙重壓迫，在僧侶的鼓動下自發地舉起了革命的旗幟。英俄兩國唯恐革命運動威脅到他們的利益，於是進行軍事干涉，幫助伊朗朝廷鎮壓了騷動的羣衆。在平定暴動之後，俄國支配了伊朗北部，誰可以繼承伊朗王位，一般由彼得堡決定。英國則佔據了伊朗南部，並不斷向所謂的"中立區"滲透。俄英兩國在伊朗既爭奪又勾結，直到德國人企圖插足伊朗，兩國的矛盾才有所緩和。

　　同伊朗一樣，阿富汗也是個紛爭不已的封建帝國，自近代以來一直是英國和俄國角逐的場所。阿富汗地處中東的邊緣，北鄰俄國，西接伊朗，東北靠中國，東面和南方則是不列顛最大的海外殖民地印度（當時印度包括巴基斯坦）。處在强鄰與外國殖民勢力的夾縫之中，阿富汗内亂與外侮頻仍。英俄軍隊都曾與阿富汗軍隊直接交戰過，而英俄之間爲了把阿富汗變成自己的原料產地與商品市場也互相充滿敵意。在德國成爲英國的勁敵之後，英國着手緩和與俄國在帕米爾高原的對立。

２．"三 B"與"三 C"

　　中東的國際糾紛，是引起1914年第一次世界大戰的重要原因之一，幾乎所有的各個大國的利益都在中東發生了衝突：俄國企圖控制土耳其海峽的野心及其與英國的矛盾，英法之間在阿拉伯地區的爭奪，奧地利和俄國在巴爾幹的競爭等，都在中東國際關係中佔有一定的地位。但唯有英國和德國之間的摩擦才具有決定性的意義。正是圍繞着英國和德國結成了兩個不同的軍事集團，在中東的廣闊地域展開了史無前例的厮殺，給中東和世界都帶來了深遠的影響。

　　德國是個後起的帝國主義大國，對物產富饒的中東地區虎視眈眈，它不甘心讓英、法等將中東榨盡而自己一無所獲。還在十九世紀四十年代，有位德國官員就説過：“但願我壽命延長，好親眼看到土耳其落入德國人手裏，看到德國士兵屹立在博斯普魯斯海岸上。”德國向土耳其派出了軍事使團，這個使團的任務就是把土耳其拉入德國的懷抱，以便同英國和俄國爭奪在中東的軍事基地。十九世紀末期，德國執行了“衝向東方”的政策，加快在中東活動的步伐，氣勢咄咄逼人。德國皇帝威廉二世第一次到東方旅行，他宣稱自己是“一切伊斯蘭教徒的保護者”，和土耳其蘇丹建立了緊密的政治和經濟關係。隨後，德國軍事顧問前往土耳其，負責土耳其軍隊的訓練。爲了鞏固自己在中東的陣地，與英、法、俄等列强對峙，德國苦心經營了一個長遠戰略，決定鋪設一條從本土到波斯灣的州際鐵路，在文件中稱作“三 B”計劃。第一個 B 是柏林(Berlin)，第二個 B 是拜占庭 (Byxantium)，是古代東羅馬帝國的首都，今天稱作伊斯坦布爾，當時是土耳其的首都。第三個 B 是巴格達 (Bagdad)，今伊拉克首都。“三

B"鐵路本身，就標明了德國人的政治和軍事戰略的方向。從歐洲的腹地到遙遠的東方，"三B"鐵路就像一支長矛似的，直指大不列顛殖民地的心臟——印度。同時，這條鐵路又為日耳曼人向外高加索和北伊朗推進鋪平了道路，而這兩個地方一直被看作是沙皇俄國的勢力範圍。因而"三B"鐵路的開始修建引起了大英帝國和沙皇俄國的極度不安。

英國為了把自己的海外殖民地連成一片，與德國一決雌雄，也制訂了一個更為宏大的"三C"計劃，即開羅 (Cairo)——開普敦 (Capetown)——加爾各答 (Calcutta)。開羅是埃及的首都，它在1882年被英國人佔領，而南非和印度早就是英國的屬地了。為了加強反對德國的陣容，英國還極力把法國和俄國拉到自己一邊。法國是德國的世仇，自然願意跟隨英國，1904年雙方即簽訂了同盟互助條約。英國本來與俄國在爭奪土耳其、伊朗、阿富汗的問題上有很大矛盾，現在由於主要的威脅來自德國，因而在口頭上對俄國作了一些讓步。而俄國在1905年與日本在爭奪中國東北的戰爭中失敗後，也被迫把眼光轉向中東。1907年，英國和俄國在關於伊朗、阿富汗和中國西藏等問題上達成了一攬子協議，這樣，俄國就與英國和法國結成了共同對付德國的同盟。

當英國和德國的矛盾越來越尖銳的時候，在歐洲進行一場直接的軍事對抗已不可避免。這時，雙方都考慮到中東在其戰略中的作用。毫無疑問，誰佔據了中東，誰就有了可靠的大後方，利用中東的盟友既可以對敵人發起進攻，也可以阻撓敵人對自己的直接侵犯。正是基於這種事實，英國和德國都加緊在中東進行活動。土耳其這個東方帝國雖已老態龍鍾，但畢竟還有點餘威，因而英德雙方都特別重視這個最大的伊斯蘭國家。所以，當薩拉熱窩[*]的槍聲剛剛響起，關於土耳其在即將來臨的世界大搏鬥中站在誰一邊的問題，立即引起了敵對雙方的密切關注。德國的目標十分明確，就是不惜任何代價把土耳其爭取到自己一邊，並千方百計地把土耳其拖進對英國的戰爭。爲此目的，1913年底，德國派出了以馮‧散德斯爲首的軍事代表團來到土耳其，並很快控制了土耳其的軍隊。 ＊即塞拉耶佛

此時，土耳其尚未從以前的幾次戰爭中喘過氣來，特別是剛剛發生的巴爾幹戰爭，使土耳其在歐洲的領土幾乎喪失殆盡，所以土耳其軍隊無論進攻或防守的能力都非常弱小。但在執政的青年土耳其黨“三雄”——恩維爾、泰拉特和詹馬爾的領導下，還是十分歡迎德國人的到來，雖然他們明知德國人的險惡用心。恩維爾是個利慾薰心的冒險家和投機分子，爲了升官發財，他同國王的一個公主結了婚，當時身兼陸軍大臣和總參謀長雙重職務，時人稱之爲“小拿破侖”。在這之前，他是土耳其駐柏林的武官，因而同德國人的關係非常密切。當他在土耳其處於一人之下、萬人之上的地位時，德國人覺得在同英、法、俄協約國的競爭中或許已經佔了上風。泰拉特是內務大臣，同時也是青年土耳其黨的著名領袖，在上層人士中很有影響力。詹馬爾是海軍大臣，同時也是伊斯坦布爾的督軍，掌管首都的警察和特務機關。正是這三個權傾天下的人物決

定了土耳其的內外政策，從而也決定了土耳其的命運。

1914年7月，恩維爾到柏林與德國總參謀長馮·毛奇進行了初步的談判。7月23日，在伊斯坦布爾舉行的慶祝青年土耳其黨人革命節的大會上，德國駐土耳其大使萬根海姆同詹馬爾談到了德土結盟的問題。7月31日，雙方擬定了條約的文本。8月2日，萬根海姆與土耳其宰相賽義德·哈里姆秘密簽訂了德土同盟條約。但這並不意味着土耳其已經介入了戰爭，因爲當時英德尚未開戰。同一天，土耳其政府宣佈自己"嚴守中立"，暗地裏卻開始實行總動員，在奧斯曼帝國全境實行戒嚴。土耳其的意圖是一方面爭取時間做好戰爭準備，同時看風使舵，決定自己在未來衝突中的對策：是把自己牢牢地綁在德國的戰車上，還是從協約國那裏謀取某種好處。所以在與德國人進行談判的過程中，土耳其也在試探協約國的口氣，甚至打算與協約國結成伙伴。但英國和法國自認爲在土耳其的勢力比德國強大，土耳其不會、也不敢倒向德國人一方，因而對土耳其的親德傾向漫不經心。俄國這時也不想與土耳其開戰，雖然取得對黑海海峽的支配權是俄國多少個世紀以來夢寐以求的事情——因爲這時德國和奧地利軍隊已經大兵壓境。這種局面實際上給了土耳其人選擇的機會。

8月3日，德國對法宣戰，4日，英國對德宣戰。土耳其站在烽火四起的十字路口上，不知如何是好。許多青年土耳其黨人認爲，得罪德國並沒有太大的危險，因爲德國離土耳其很遠，而俄國和英國的艦隊卻是現實的威脅，它們隨時可以對土耳其發動進攻。因而他們主張暫時與俄國結盟，以觀事態發展。但俄國由於受到英法的制約，不敢輕易答應土耳其的建議，致使談判不歡而散。而在這關鍵時刻，德國卻在竭盡全力加強對土耳其的影響。同時，協約國本身的行爲也促使土耳其倒向德國。原來土耳其曾向英國訂購兩艘戰艦，並把700萬英鎊的現款如數交給了英國，這些錢是用全民募捐的方式好不容易湊齊的。而英國卻扣留了這兩艘戰艦以供自己使用。土耳其政府向英國提出了強烈抗議，報紙發表了尖銳的反英文章。德國人趁機煽風點火，挑起土耳其與協約國的對立情緒。緊接着，德國兩艘戰艦闖入馬爾馬拉海，使土耳其幾乎失去了選擇的餘地。

3．土耳其走向深淵

1914年8月10日，兩艘德國軍艦"戈本"號和"布勒魯斯"號因逃避英國艦隊的追擊而駛入達達尼爾海峽。從這時起，德土關係的性質發生了重大變化。德國獲得了影響土耳其的重要手段，因爲整個伊斯坦布爾都處在德國艦炮的威脅之下。而土耳其卻爲虎作倀，甚至還做着不勞而獲的美夢：正好以兩艘德國軍艦來增強土耳其的海軍實力，補償因英國扣留兩艘土耳其軍艦而遭到的損失。土耳其政府立刻發表聲明，它以8,000萬馬克從德國人手中購買了這兩艘軍艦。爲了遮人耳目，土耳其將這兩艘軍艦"土耳其化"，"戈本"號被更名爲"雅烏斯·蘇丹·棲林"號，"布勒魯斯"號改爲"米吉利"號，艦上的德國水兵和軍官則戴上了伊斯蘭教徒的禮拜帽。其實，中立國向交戰國購買軍艦，也是違反中立和國際法的。隨後，土耳其艦隊和海岸炮兵的指揮權都落到了德國人手裏。

直到這時，協約國才意識到事態的嚴重性。1914年8月29日，英、法、俄向土耳其提出了一個"三國宣言"，許諾協約國將保證土耳其的領土完整和主權不可侵犯，要求土耳其在歐洲大國衝突中保持中立。但爲時已晚，德國人——穿便服的軍官、士兵、技術人員、工人蜂擁而進土耳其，大批軍事物資源源不斷地經羅馬尼亞和保加利亞運往土耳其。在博斯普魯斯海峽，德國間諜船晝夜不停地播發攻擊英國的言論，慫恿土耳其爲了伊斯蘭教徒的利益加入反英的行列。英國對此向土耳其提出了抗議，但毫無效果。爲了給參戰製造輿論，土耳其向阿拉伯地區派去了大批說客，進行泛伊斯蘭主義的宣傳。協約國心灰意冷，漸漸放棄了讓土耳其中立的希望，私下裏已將土耳其當作敵國看待。

事實上，土耳其已經不是自己家裏的主人了，而完全成了德國人的工具。在馬恩河戰役之後不久，德軍由進攻轉爲防禦，讓土耳其參戰已迫在眉睫。1914年9月23日，一艘土耳其魚雷艇滿載着德國軍人企圖由達達尼爾海峽進入愛琴海，遭到了英國巡洋艦的堵截。土耳其以此爲藉口，封鎖了達達尼爾海峽，因而與英國的直接對抗已在所難免。鑒於土耳其國庫空虛，德國向土耳其提供了一億法郎的貸款。10月11日，萬根海姆拜會恩維爾，要求土耳其立即行動起來。10月29日，德土聯合艦隊突然襲擊了在黑海中的俄國艦隊，炮擊塞瓦斯托波爾和其他俄國港口。從這一天起，土耳其事實上就加入世界大戰了。

協約國作了最後一次努力，實際上也是向土耳其發出了最後通牒：立即從陸軍和海軍中辭退所有的德國人，否則，土耳其將冒與協約國作戰的風險。土耳其毫無反應，如同一個決定自殺的人聽不進任何人的勸告一樣。11月2日，土耳其大使法赫列丁貝伊在彼得堡、俄國大使格爾斯在伊斯坦布爾都領到了各自的護照。同一天，英國和法國也同土耳其斷絕了外交關係。第二天，英國艦隊對達達尼爾海峽進行了示威性的轟擊。到11月12日，協約國各成員國都已正式同土耳其處於戰爭狀態了。

二　逐鹿中東　攻守頻繁

1．土耳其的"聖戰"

1914年11月，作爲土耳其軍隊的最高司令官，七十多歲的蘇丹和哈里法穆罕默德第五宣佈對協約國進行"聖戰"，但雷聲大雨點小，土耳其軍隊尚未做好充分準備。恩維爾等人忙於和德國顧問一起制訂了龐大的作戰計劃。按照這個異想天開的計劃，土耳其軍隊將在多條戰線上同時展開攻勢：在美索不達米亞和蘇彝士運河對付英國，在高加索對付俄國。英聯邦的軍隊不是土耳其軍隊的對手，"聖戰"將會把軍事行動擴展到幅員遼闊的整個伊斯蘭世界，其中主要一點是必須把中東另外兩個國家——伊朗和阿富汗吸引到土耳其這邊來，雖然土耳其與這兩個國家並不十分和睦，特別是與伊朗，但現在爲了伊斯蘭的共同利益，應協力同心一致對敵，這樣，三個伊斯蘭國家的聯軍便可滙集伊朗，然後通過阿富汗狹窄的山道攻入印度西北部，把印度的伊斯蘭教徒，即今巴基斯坦的穆斯林也歸併到土耳其帝國的名下。在另一個方向，土耳其軍隊在突破蘇彝士地峽後，便可輕而易舉地征服埃及，並囊括整個北非，那兒的穆斯林兄弟會成員會配合他們的行動，通過蘇丹人又可將"聖戰"的種子撒播到協約國在非洲的其他殖民地中去。至於高加索方向，問題應十分簡單：所向披靡的土耳其軍隊在那兒打敗俄國人將易如反掌，然後迅速地轉向伊朗的阿塞拜疆，將裏海團團圍住，最後征服韃靼人居住的伏爾加—烏拉爾地區和中亞細亞。制訂這個計劃的土耳其軍隊首領和德國參謀人員洋洋得意，他們甚至把一切細節，如軍隊的佈置和出擊日期都安排妥當了。而頭腦清醒的土耳其軍官則認爲，這個計劃在參謀學校的考試中只能得零分。

果然，蘇丹發出的"聖戰"號召在伊斯蘭世界並未得到積極的響應，派往伊朗和阿富汗的德國和土耳其代表竭盡全力想把這兩個國家拉下水，但沒有成功，只好狼狽地逃回伊斯坦布爾。在奧斯曼帝國境內，那些溫順的臣民也不願爲德土兩國的私利而賣命，敍利亞、巴勒斯坦、塞蒲路斯和北非的穆斯林對"聖戰"置若罔聞。1916年夏天，漢志的阿拉伯人在英國支持下舉行起義，麥加的統治者侯賽因·伊本·阿里領導了起義，宣告自己爲阿拉伯人的國王，並對土耳其蘇丹實行"聖戰"。他向正統的伊斯蘭教徒解釋説，德國人和青年土耳其黨人都是異教徒，而英國則是伊斯蘭教徒的靠山和保護者。内志的部落酋長伊本‧沙特宣佈嚴守中立。阿拉伯半島上的其他封建首領幾乎都公開地參加到英國方面。

在失去人心的情況下，土耳其大軍傾巢出動了。爲了從英國人手裏奪回埃及，詹馬爾以軍長資格被派往敍利亞，德國上校馮‧克里斯坦任他的參謀長。1915年2月，土軍企圖強渡蘇彝士運河，被英國守軍擊退。以後土耳其軍隊又發動了幾次襲擊，同樣以失敗而告終。此後，英國人轉入反攻。1917年，英軍開進巴勒斯坦，戰場轉到土耳其帝國境内。

在高加索地區，恩維爾親自掛帥，指揮對俄國的戰役，德國人馮‧雷倫道夫作他的參謀。1914年末，土耳其軍隊推進到亞達漢——薩雷卡麥什——烏爾米亞一線，打算突破俄軍防線，以迅雷不及掩耳之勢佔領南高加索和伊朗。但俄軍並不如他們想像的那麼不堪一擊，潮水般的攻勢很快被擋了回去。土耳其軍隊丟盔棄甲，九萬士兵中有七萬人臥屍沙場，其中三萬人因經不住俄羅斯的冰天雪地而被凍餓而死。恩維爾率領殘兵敗卒落荒而逃，最後不得不將他的前線司令部撤回伊斯坦布爾。俄軍乘勝追擊，很快進入安納托利亞高原，1916年初即拿下了土耳其東部軍事重鎮埃爾祖魯姆，以後又佔領了黑海南岸的特拉布松和西部的埃津堅。

在美索不達米亞，即兩河流域，土耳其軍隊與英軍展開了激烈的交鋒。英軍從巴士拉登陸，自波斯灣向北推進。土耳其軍隊一度取得了暫時的優勢，將陶斯亨特將軍指揮的英國部隊包圍在庫特——阿馬拉一帶。1916年，陶斯亨特堅持不住，率部向土耳其軍隊投降。但這一勝利並沒有改變整個中東戰場的態勢，1917年春天，英國人捲土重來，一鼓作氣拿下了巴格達。

在土耳其的家門口——達達尼爾海峽，土耳其軍隊面臨着協約國的強大壓力。在穆斯塔法·凱末爾將軍的指揮下，土耳其人頑強地頂住了協約國海軍陸戰隊的進攻達一年之久。

2. 波斯戰場的角逐

大戰開始後，1914年11月2日，伊朗正式宣佈中立。但戰火還是燒到了這方土地，伊朗成了英俄和德土軍隊角逐的重要戰場。按照預定的作戰計劃，德土軍隊首先侵入伊朗的阿塞拜疆，以威脅俄國的南高加索。俄軍立即進行反攻，雙方展開了拉鋸戰。1915年1月，俄軍佔領大不里士，11月14日，土耳其又從俄國人手裏奪取了這座城市。後來雙方又在哈馬丹、克爾曼沙赫和哈涅根發生戰事。英國人則從南方與俄國人夾擊土耳其。外國軍隊在伊朗的領土上縱橫馳騁，就像是在殖民地上一樣，絲毫不把伊朗政權放在眼裏。伊朗人只能聽之任之，因爲伊朗最有戰鬥力的軍隊只有15,000人，在北部爲俄國軍官指揮的哥薩克旅，約有8,000人，在南部爲瑞典軍官指揮的憲兵部隊，共約7,000人。

在伊朗人心目中，俄國一直是個具有虎狼之心的侵略國家，而英國人貪婪地掠奪伊朗的石油資源、粗暴地踐踏伊朗的主權也令伊朗人非常反感。1915年，由上層人物組成的伊朗政府採取了強烈的反英立場，這爲德國和土耳其進入伊朗開了方便之門。德國使館人員及土耳其代表在伊朗廣泛展開了反對英國的宣傳。德國人故意作出慷慨助人的姿態，讓伊朗人覺得自己是可以依靠來抵抗英國和沙俄的唯一國家，許多伊朗政治家信以爲真，倒向了德國人一邊。在伊朗當局的默許下，德國間諜到處活動，如組織各部落進行反對英、俄統治的暴動，針對英、俄代表進行恐怖活動等。爲了贏得伊朗普通人的信任，德國間諜哄騙他們説，德國人幾乎百分之百地加入了伊斯蘭教。土耳其人則繼續用大伊斯蘭主義來喚起伊朗人的排外情緒。經過一段時間的努力，伊朗議會採取了親德態度，主張與德國結盟。1915年11月，瑞典軍官統率的憲兵隊公然倒向德國，佔領了設拉子，捕獲了英國領事和一些英國公民。鄰近的英國和俄國代表驚慌失措，拋棄了伊斯法罕、克爾曼等地，逃往英國人佔領下的阿瓦士和阿拔斯。德國人趁機向伊朗東南方的各個城鎮逼近，企圖佔領通往印度的咽喉要地，伺機在英國的後方進行破壞搗亂。與此同時，德國又派出和奧地利、土耳其一起組成的同盟國三方代表團前往喀布爾，希望阿富汗能在反對英俄的戰爭中助一臂之力。雖然阿富汗有一部分部落酋領和高級軍官蠢蠢欲動，但英國用大量的金錢堵住了愛彌兒（阿富汗國王的稱號）的口，使他未敢輕易答應德奧土代表團的要求。

英國和俄國眼看伊朗有滑向德國陣營的危險，便採取一切措施把伊朗拉回到協約國的軌道上。它們先是建議同伊朗談判共同對德作戰問題，但爲親德的伊朗內閣拒絕。英、俄遂增派軍隊到伊朗以圖報復。在英俄公使的壓力下，在沙皇軍隊的刺刀面前，伊朗國王被迫解散了議會，將內閣免職。親德分子離開德黑蘭，隨同德、土公使前往聖城庫姆，在那裏建立了"臨時民族政府"，與中央政權分庭抗禮。一部分伊朗軍隊中具有民族主義思想的官兵也投奔到了庫姆。沙皇軍隊尾追不捨，"臨時民族政府"的成員逃往哈馬丹和克爾曼沙赫，那兒是土耳其軍隊的營地。1916年初，土軍被哥薩克部隊逐出哈馬丹，2月，沙俄軍隊收復克爾曼沙赫，伊朗民族主義分子紛紛逃入土耳其境內，留在國內的只好作鳥獸散。1916年年中，土耳其軍隊再次攻佔哈馬丹，伊朗西部實際上脫離了中央政府。

在南伊朗，德國和土耳其間諜的活動也十分猖獗，許多部落首領成了德國人的盟友。1916年初，英國派出一支以賽克斯將軍爲首的遠征軍到達南伊朗，用了一年的功夫才驅走了德國間諜，並佔領了設拉子等城市。11月，英國遠征軍又消滅了瑞典軍官指揮的憲兵隊，另組一支"南波斯步兵團"，由英國軍官指揮。

至此，德國和土耳其在伊朗的勢力基本上被肅清，伊朗再度成爲英俄的天下。漏網的德國間諜轉而利用"森林人"爲自己服務。"森林人"是伊朗北部吉朗地區的民族獨立分子，強烈反對俄國和英國在伊朗的存在，他們以森林爲基地，與殖民者進行游擊戰。德國人爲他們提供武器和戰術，以騷擾協約國，配合德土的軍事行動。

1917年俄國十月革命後，蘇維埃政府從1918年初開始從伊朗撤軍。英國隨即填補了留下來的真空，準備佔領伊朗全境，進而可以覘覦南高加索，奪取巴庫油田和裏海東岸各州，把伊朗變爲武裝干涉蘇俄的後方基地。1918年初，英國遠征軍開進伊朗北部，這引起了伊朗羣情激憤，德黑蘭報紙發出了"打倒南波斯的洋槍兵"、"伊朗的中立不許受到侵擾"等口號，市民舉行了示威遊行。武裝拙劣的森林人則在德國教官的指揮下同英國的裝甲車、飛機、大炮相對峙，結果寡不敵衆，森林人的首領被迫同英國遠征軍談判，答應趕走德國教官，允許英國人取道前往巴庫。8月，英國遠征軍藉口防禦德土進攻侵入巴庫，直到後來才被蘇俄紅軍趕走。蘇俄政府曾派代表團到伊朗謀求改善關係，但伊朗拒不承認蘇俄，因爲伊朗內閣全班人馬都已換成了親英派。1918年秋，英國提議同伊朗談判簽訂英伊協定，以確立自己在伊朗唯我獨尊的地位。

3. 協約國暗地分贓

到1917年初，土耳其的軍事形勢實際上已不可救藥了，只是由於德國還在拼命掙扎，土耳其才得以苟延殘喘。協約國暗地裏已將土耳其作爲一個判了死刑的犯人，在戰前和戰爭進行的過程中，一直在進行關於瓜分"奧斯曼遺產"的談判。

土耳其在歷史上第一次面臨着對它來說是生死攸關的局面。自從"東方問題"產生的時候起，還從來沒有過英、法、俄三大國同時站在一個反對它的軍事陣營中的情況。在這之前，當某一個強國要從土耳其獲得特殊的權益時，總會有其他強國插手其中，以設置障礙，或爲自己謀取更大的好處，誰也不得把土耳其獨吞或肢解。因而，土耳其帝國雖然多災多難，倒能九死一生，維持着泱泱大國的框架。如今，土耳其死心塌地跟着德國人走，與所有列強直接抗衡，實在是不自量力，大難臨頭了。幾個大國毫無顧忌地坐到了一起，討論如何宰割土耳其的問題，首先是比較敏感的伊斯坦布爾和海峽的地位問題。還在1914年10月，英國就暗示俄國人，他們自彼得大帝經葉卡特琳娜女皇以來對伊斯坦布爾和海峽的渴望就要如願以償了，因爲土耳其目前的表現是令人難以容忍的，因而列強沒有必要再憐憫它了。英國的意圖是以此爲誘餌來吸引俄國，把它束縛在協約國一邊。法國在伊斯坦布爾有很大的金融利益，不願讓俄國在海峽佔有絕對優勢，但爲了防止俄國退出戰爭，只好按英國的意圖辦事。當然，英法也不是沒有條件的。經過多次談判，1915年3、4月間，三國簽訂了秘密協定，主要有如下內容：一、俄國有權兼併海峽及其附近的一些島嶼，可以擁有海峽沿岸一定的區域，但要維護英國和法國在這一地區的特殊利益，允許其他國家貨物自由過境和商船自由通航。二、俄國同意伊朗中部併入英國勢力範圍之內，重新調整英俄在伊朗的分界。三、俄國必須把戰爭進行到底，不得干涉英法在東方其他地區謀取利益。1915年4月26日，意大利和協約國在倫敦也簽訂了秘密協定，意大利保證和英、法、俄一起反對德國和土耳其，作爲補償，意大利將在協約國瓜分土耳其時分得一份，主要是地中海沿岸的土耳其領土。但意大利小心謹慎,沒有公開參加對土耳其的軍事行動,拖延對德國宣戰,這使它在瓜分戰利品時只能仰人鼻息。

英國雖然在秘密協定中對俄國作出了慷慨的讓步,但實際上它是有自己的意圖的。當時法國主張把軍事行動的重心放在歐洲,即在和德國、奧地利的陣地戰上,而英國首相勞合·喬治和海軍大臣溫斯敦·丘吉爾等人則主張將重心轉移到中東,認爲中東是德奧土同盟國中最薄弱的一環,擊敗了土耳其,佔據了巴爾幹,就等於打開了通往德國"後門"的道路。而摧毀土耳其不僅是必要的,而且是輕而易舉的事情,因而英國迫不及待地發動了達達尼爾海峽戰役。實際上,勞合·喬治和丘吉爾的真正動機是想造成這樣一種既成事實:通過達達尼爾海峽戰役,自然會確立英國在海峽地區的統治地位,屆時,對俄國的許諾只不過是一紙空文。同時,英國經過土耳其通往印度的陸上交通線將暢通無阻,這對保證英國的補給是非常重要的。然後,英國就可以幫助法國給德奧聯軍以最後一擊,歐洲還是英國人的天下。

法國和俄國多少看出了英國的如意算盤,因而對達達尼爾海峽戰役沒有一點熱心,實際上法國只派了很少一部分兵力參加,而俄國和意大利則袖手旁觀。結果達達尼爾海峽戰役沒有達到預期的目的。但這只是使土耳其帝國的壽命稍稍延長而已。在土耳其帝國壽終正寢之後,如何宰割土耳其的亞洲部分,又很快提到了協約國秘密談判的日程表上。經過近一年時間的密謀策劃,英國專家馬克·薩依克斯和法國專家喬治·皮柯在徵得俄國同意後,達成了瓜分小亞細亞各阿拉伯國家的協議，後來人們就把與此有關的一些文件通稱爲"薩依克斯－皮柯協定"。根據這個秘密協定，俄國獲得了土耳其北部的一些地區，而英國和法國則獲得了土耳其本土南部及廣大的阿拉伯地區。1916年秋，意大利也加入了這個協定，協約國同意在小亞細亞劃給它一小塊地盤。

這樣，戰爭還未結束，土耳其就像一隻老羊被悄悄地宰割完畢，英、法、俄分別獲得了不少肥肉，而意大利只得到了一條尾巴。

4．奧斯曼帝國的敗陣

土耳其人做夢也不會想到，在地圖上協約國已預先將他們劃成了別國的臣民，但他們本能地感覺到，把自己的命運同德國人聯繫在一起是不會有什麼好結果的，甚至連有些資產階級分子也說："不管怎麼樣，貧窮的土耳其又要爲打碎了的罐子付錢。"但他們無能爲力，因爲德國已完全把土耳其變成了自己的附庸，恩維爾也是身不由己，馮·散德斯率領的德國軍事使團控制了土耳其的總參謀部，德國軍官被分配到土耳其的各軍和兵團裏擔任參謀長，不經德國人的允許，土耳其人無權調動他們。德國人還不滿足，於1917年秋決定建立一個特種集團軍，代號"閃電"，主要將領全由德國人充當。它的任務是奪回巴格達，並繼續向波斯灣推進。另有十二萬名精銳的土耳其士兵被派往遙遠的歐洲戰場，與英、法和俄軍浴血奮戰，許多人再也未能回到他們的家園。當土耳其士兵在前線流血犧牲的時候，由德國士兵組成的"亞細亞軍團"卻被派往土耳其後方，享受着專門組織的糧食供應及其他特權，這在土耳其官兵中引起了普遍的怨言。土耳其本身都感到非常缺乏的食品，被大量地運往德國和奧地利，這種情況甚至引起了伊斯坦布爾交易所裏馬克牌價的暴跌，而土耳其的有些地區卻餓殍遍地，瘟疫流行，甚至連伊斯坦布爾這樣的城市，每天餓死的人也數以十計。德國和奧地利人不僅無限制地利用土耳其的資源，還在文化上對土耳其進行滲透，僅在1916年，就有幾百名德奧傳教士和修女被派到土耳其執行特殊使命。

1917年11月，俄國發生了列寧領導的社會主義革命，新成立的蘇維埃政府宣佈的東方政策，使土耳其本可以在保持自己領土完整的條件下退出戰爭。1918年3月3日，俄國同德、奧、土締結了布列斯特－里托夫斯克條約，實現了暫時的和平。由於俄國不再同德、奧作戰，協約國擔心德國會把全部兵力從俄國戰線調到法國北部，因而也曾想盡快從土耳其抽身，便試圖與土耳其締結單獨和約。勞合·喬治於1918年初發表聲明説：土耳其有權承認它自己的民族生存條件，因爲俄國的崩潰根本地改變了形勢。於1917年才參戰的美國總統威爾遜也表達了同樣的意向。

德國人也開始意識到土耳其有可能脱離他們，於是盡力採取措施防止這種情況的發生。1917年10月，威廉二世再次訪問了伊斯坦布爾，是年年底，蘇丹太子瓦希德丁回訪了柏林。隨同蘇丹前往德國的侍從武官穆斯塔法·凱末爾將軍根據所見所聞卻得出了自己的結論：對於德國來

說，戰爭也失敗了，土耳其無論如何應擺脫對德國的依
附。然而，恩維爾及其黨羽卻一意孤行，把土耳其引向窮
途末路。他們企圖以攻爲首，用搶劫他人領土的辦法來鞏
固自己搖搖欲墜的地位。1918年3月底，土耳其軍侵入了
南高加索，4月間佔領了巴統和卡斯。6月，土耳其軍隊
推進到基洛夫巴德，建立了傀儡的阿塞拜疆政府。隨後，
由恩維爾的弟弟努里指揮的"伊斯蘭教軍"氣勢洶洶地衝
向巴庫，並於9月15日佔領了這座港城，"伊斯蘭教軍"
對城市大加破壞，居民慘遭屠戮。9月20日，蘇俄政府向
土耳其發出照會，抗議土耳其在南高加索的侵略行徑，並
宣佈廢除與土耳其締結的布列斯特－里托夫斯克和約。

對於土耳其來說，這最後的進攻無異於帝國心臟的臨
終一搏。軍隊普遍厭戰，逃兵已超過了前線士兵的人數，
有些地區完全控制在逃兵們的手裏。1918年9月，一批逃
兵佔領了班兌馬城，痛打德國軍官，要求立即締結和約。

眼看着一場革命即將來臨，在内外交困的情況下，青
年土耳其黨人再也支撐不下去了，急如星火地要求停戰。
爲了使談判容易進行，對内閣進行了改組。恩維爾、泰拉
特和詹瑪爾都辭去了自己的職務，無黨派的阿赫美特·伊
塞特擔任了首相，他公開宣稱，"反對英國的戰爭是一種
罪惡行爲"，並請求被俘的英國將軍陶斯亨特居中調停。
1918年10月30日，在停泊於愛琴海上瑪德洛斯港的英國巡
洋艦"阿茄姆農"號的甲板上，土耳其與協約國簽訂了停
戰協定。恩維爾等人見大勢已去，立即逃之夭夭。

停戰協定規定：土耳其在阿拉伯、敍利亞、美索不達

米亞等地的駐軍全部向協約國投降；土耳其政府必須交出全部戰艦；協約國軍官負責監督土耳其的鐵路、電台和電報等交通和通訊設施；完全開放達達尼爾和博斯普魯斯海峽，由協約國軍隊佔領沿岸炮台；土耳其軍隊撤出伊朗和南高加索地區。另外，如有危及協約國安全的情況發生，協約國可以隨時佔領土耳其的任何一個戰略據點。

瑪德洛斯停戰協定簽字後，協約國的聯合艦隊駛入海峽，繼而英國、法國、意大利和希臘的軍隊佔領了土耳其的各大城市。

第八章

土耳其共和國的
對外關係

一 凱末爾領導的獨立戰爭

1. 戰勝國在中東的爭奪

《摩德洛斯協定》的簽訂，雖迫使土耳其退出了大
戰，卻未給中東地區帶來和平與安寧。戰勝國列強立即開
始瓜分奧斯曼帝國遺產和爭奪中間地帶。戰爭期間協約國
領導人所作的種種關於中東民族解放和民族自決的許諾曾
一度使許多中東人滿懷希望。他們派往巴黎和會的代表帶
去了形形色色的方案和要求。然而在巴黎等待他們的卻是
冷酷的大國強權政治的現實。巴黎和會上一切重大事務都
是英國首相勞合·喬治、法國總理克萊蒙梭和美國總統威
爾遜作出的。由於戰勝國和戰敗國都宣稱同意威爾遜的
"十四條"，他在動身前往歐洲前得意的宣稱，美國將負
責建立起一個公正和諧的世界新秩序。在橫渡大西洋的航
船中，威爾遜同顧問們討論時的一個重要話題就是如何制

訂中東的和平計劃，他滿以爲在巴黎將成立一個處理一切
重大國際爭端的國際聯盟，而美國將領導這個超越國界的
世界性機構。英法的首腦卻另有想法。以老練圓滑著稱的
勞合·喬治，宣稱自己對中東人民懷有友好和善意，希望
他們幸福和滿足他們的期望。但他真實的目的是爲了維護
和增加大英帝國的利益。勞合·喬治把埃及、美索不達美
亞、阿拉比亞、巴勒斯坦、伊朗、塞浦路斯和高加索地區
視爲英國的戰利品，而中東其他地區除了敍利亞和安納托
利亞的部分地區外，都是大英國帝國的經濟附屬物。法國
的克雷孟梭堅持法國要在敍利亞和安納托利亞南部地區享
有控制權，並希望控制海峽地區和在蘇丹政府中有一個法
國"顧問"。

問題在於，中東各國各地區派來的代表大多懷有個人
或民族自利的目的。他們往往提出相互衝突的要求，這也
使英法得以利用矛盾並易於找到賴在中東不走的藉口。作
爲次等戰勝國的意大利和希臘也各有野心。意大利想接收
多德卡尼斯羣島、安塔利亞周圍的小亞細亞西南部和伊兹
密爾及其附屬地區；希臘則妄圖恢復包括小亞細亞西南
部、君士坦丁堡海峽區域在内的希臘帝國。混亂的要求和
反要求，使任何解決中東問題的方案都變得極其複雜，任
何關於解決中東問題的決議都無法在巴黎和會上作出。最
後還是實力的原則在國際事務中再次發揮了作用。由於英
法兩國的軍隊在第一次世界大戰中佔領了中東許多戰略要
地，而美國在那裏沒有一兵一卒，而意大利和希臘國力虛
弱，有關中東問題還是要由英法兩大帝國來決定。

2．烈火中再生的土耳其

持續四年之久的第一次世界大戰結束了，作爲主要戰場之一的中東也發生天翻地覆的變化。土耳其這個中東"病夫"不再作爲一個整體而存在，西方列强在中東的支配地位更加鞏固，只是德國作爲戰敗國而退出中東舞台，俄國的羅曼諾夫王朝也已滅亡，中東落到了英法的手裏。由於在戰爭中打敗土耳其的主要是英國海陸部隊，在戰後也只有英國在中東保持着大量的軍事力量，因而實際上是英國獨霸中東。法國雖不甘心，但它在解決德國賠償、薩爾區和萊茵問題時要依靠英國的支持，作爲回報，只好聽任英國在中東爲所欲爲。在與土耳其簽訂停戰協定時，雖然是以整個協約國的名義，但英國人乾脆不讓法國人到"阿茄姆農"號軍艦上參加簽字儀式，法國多次抗議也沒有用處。最後，法國在中東只佔領了敍利亞和黎巴嫩，而英國除了早已佔據埃及和伊朗南部之外，還佔有了伊拉克、科威特、約旦、巴勒斯坦、巴林羣島、卡塔爾*、阿曼、也門**、塞浦路斯等地區。英國軍隊進駐了土耳其帝國京城伊斯坦布爾，其軍艦控制了黑海海峽，封住了俄國的黑海出海口。 ＊即卡達 ＊＊即葉門

1919年6日，協約國在巴黎凡爾賽宮召開和會，土耳其也派了代表團出席。土耳其首相達馬德·費里特向和會陳述了土耳其的立場：土耳其的全部政策都是由恩維爾和他的青年土耳其黨決定的，無論是蘇丹或土耳其都不能對這種政策負責。因此，協約國不應使土耳其承擔苛刻的條

件，否則，協約國就會同世界上三億伊斯蘭教徒發生衝突。但協約國非常強硬，對土耳其的立場充耳不聞，並建議土耳其代表團離開巴黎。7月中旬，費里特等人兩手空空地回到了伊斯坦布爾。

　　土耳其人民長期壓抑的怒火終於爆發了。他們看到蘇丹並不能保護他們，而協約國則把土耳其四分五裂。1919年5月15日，在協約國的授意下，與土耳其素有爭端的希臘軍隊在伊茲密爾登陸。土耳其人知道，打擊他們的是希臘的手套，而裏面卻是以英國爲首的協約國的拳頭。伊茲密爾是土耳其第二大城市和港口，希臘軍隊在這裏對當地居民任意蹂躪和屠殺。土耳其人義憤填膺，在5月底打響了民族解放運動的第一槍。當時游擊隊只有六百餘人，但抗爭烽火很快遍及整個安納托利亞高原。各種各樣的"護權協會"紛紛組織起來。土耳其軍隊也掉轉槍口，轉向人民一邊。在這神聖的時刻，土耳其傑出的軍事將領穆斯塔法·凱末爾毅然地脫離蘇丹政府，擔負起統一各個民族組織的任務。1919年年中，土耳其代表團在巴黎和會上外交失敗的消息傳回國內，人民更加相信只有依靠自己的力量才能贏得尊嚴。7月23日，土耳其東部各省護權協會的代表在凱末爾的主持下在埃爾祖魯姆召開大會，選出了以凱末爾爲首的"代表委員會"，表明了捍衛領土完整的決心。同年9月4日至12日，來自全國各地的抵抗組織匯集在西發斯，選舉出新的代表委員會，作爲全國統一的領導機構，並將游擊隊聯合起來，成立了新的軍隊——國民軍。

在人民的壓力下，蘇丹被迫撤換了首相，並同意召開
國會，英國以爲國會處在英國的炮口下，肯定能達成有利
於佔領者的協議。但凱末爾和他的支持者在國會選舉中佔
了絕大多數，會議通過的《國民公約》實際上成了土耳其
的“獨立宣言”。英國和蘇丹老羞成怒，強行解散了國
會，逮捕了一些議員，並缺席判處凱末爾等人死刑。1920
年4月，凱末爾宣佈在安卡拉召開新的國會，取名爲土耳
其大國民議會，並成立了以凱末爾爲首的新政府，與英國
人控制下的蘇丹隔海相對。

　　1920年8月，協約國在法國的色佛爾專門召開處理土
耳其問題的和會，迫使土耳其蘇丹簽訂了色佛爾和約，以
法律形式鞏固了對土耳其的軍事佔領，恢復了歐洲列強在
土耳其的治外法權，將土耳其的財政和經濟置於協約國的
監督之下，土耳其的領土只剩下了原有的四分之一。色佛
爾和約遭到土耳其人民的唾棄，他們以武力阻止協約國的
陰謀得逞。蘇丹糾集了一批地痞流氓，組成“哈里法軍”
去討伐凱末爾，被國民軍擊潰。英國見一計不成，又假手
希臘人，指使他們進犯安納托利亞內地，企圖一舉剿滅國
民軍。在英國人看來，這是力量懸殊的軍事遊戲。但英國
的意圖受到許多方面的牽制。首先是法國在土耳其問題上
與英國有着深刻的矛盾。法國一直對英國獨佔中東表示不
滿，在與土耳其簽訂停止協定時，勞合·喬治和法國總理
克里孟梭就認真地吵了一場。法國人認爲，英國擬定的瓜
分土耳其的計劃和對凱末爾採取的軍事措施，將給法國帶
來直接的損失。因爲在所有帝國主義國家中，法國在土耳

其投資最多，它在土耳其外債份額中所佔的比重高達
63％。英國在安納利亞窮兵黷武，法國自然深受其害。
因而法國對色佛爾和約內心並不贊成，正如接任克里孟梭
的法國總理普恩加資所形容的：在色佛爾瓷器廠所在地簽
訂的條約本身就是很脆弱的，也許只是一隻破花瓶。法國
並不打算認真地遵守色佛爾和約，而打算給英國人製造點
麻煩。形形色色的法國官員訪問了安卡拉，並且都向凱末
爾保證，他們同情土耳其爭取民族獨立。意大利人也不滿
英國的政策。在原則上他們不反對瓜分安納托利亞，但他
們感到不公平，因爲根據戰時密約，協約國曾允諾將伊茲
密爾賞給意大利，而現在卻出爾反爾，把它讓給了希臘。
因而意大利積極向凱末爾出售武器，以對付英國支持的希
臘軍隊。美國也不支持英國的中東政策，拒絕在色佛爾和
約上簽字。因爲英法在商議瓜分石油資源時沒有美國人的
份，使美國的石油托拉斯大爲光火。除了協約國陣營內部
意見分歧外，英國人還遇到一個不好對付的局面——伊斯
蘭教徒對英國在土耳其的所作所爲十分不滿。土耳其的遭
遇引起了各國穆斯林的極大同情，從印度、埃及和北非捐
助的現款，不斷地匯到安納托利亞。有一次，在英、希軍
隊佔領下的一個小城，印度士兵向黑暗中的希臘軍隊猛烈
開火，天亮以後向英國人解釋說不知道希臘人是盟友。在
伊斯蘭教徒的心目中，安卡拉彷彿成了第二個麥加，各個
伊斯蘭國家都派代表前往安納托利亞，聲援土耳其人民。
阿富汗國王阿馬努拉致信凱末爾，表示理解土耳其人的戰
鬥行動，並請求大國民議會派一個軍事使團到阿富汗來改

組他的軍隊。利比亞伊斯蘭大教長塞努西親臨安卡拉，表示願以自己的生命和他在宗教上的威信來爲土耳其的事業服務。敍利亞、伊拉克、阿拉伯等地的伊斯蘭領袖們，都紛紛表示站在土耳其一邊。內志的伊本‧沙特在戰時曾站在英國的立場上，痛恨土耳其的侵略，但現在他也寫信給土耳其駐也門代表說，凱末爾應是所有阿拉伯人的保護者。

大國民議會的第一個外交文件是致蘇維埃政府的呼籲書。1920年4月26日，凱末爾寫信給莫斯科，建議俄土立即建立外交關係，並請求蘇俄給土耳其人民提供援助。6月2日，蘇俄政府作出回音，表示願意給土耳其以物質和道義上的援助。其實，土耳其反對協約國對新生的蘇維埃政權也是個強有力的支援，它牽制了協約國的兵力，保障了蘇俄西南部邊境的安全，粉碎了列強的圍堵，因而蘇俄理所當然地成爲土耳其的同盟軍。1921年3月16日，蘇土兩國代表在莫斯科簽訂了友好條約。但亞美尼亞問題一直是兩國長期爭論不休的問題。不過這在當時並未影響蘇俄對土耳其的支持。蘇俄先後向凱末爾政府提供了1,000萬金盧布的無償援助，以及大量的武器彈藥。當時土耳其非常缺乏武器，僅有的一點還是世界大戰時剩下的。

英國人認爲時間對土耳其人有利，因而更加急迫地用武力來解決土耳其問題。希臘軍隊在初期進攻失敗後，國王君士坦丁堡御駕親征，下令“向安卡拉進軍！”希臘軍隊一路順利，一直攻到薩卡里亞河畔。從1921年8月23日到9月13日，土耳其國民軍在凱末爾的親自指揮下，與希臘軍隊激戰二十天，結果給敵人以重創，擋住了希軍向安卡拉的進攻。薩卡里亞河上的勝利，大大地鞏固了凱末爾政府在國際上的地位。法國和意大利政府確信，必須同安卡拉政權進行談判。英國自己也動搖起來，它不願承認自己的失敗，但也不敢全力進攻，只好消極等待，這給了土耳其人集中力量對付希臘人的機會。10月20日，法國政府派代表前往安卡拉，與土耳其簽訂了條約。法國聲明在色佛爾和約上的簽字無效，並承認土耳其大國民議會，停止對土耳其的戰爭。根據雙方私下達成的協議，法國還把撤軍後剩餘的大量武器和軍需品賣給了土耳其人。爲此，英國向法國提出抗議，譴責法國破壞了協約國早在1914年承擔的義務：不與敵方單獨簽訂條約。法國人反唇相譏，説英國在中東執行了損害法國利益的單獨政策。英法之間的關係緊張起來，給了土耳其人可乘之機。在法國的影響下，意大利人也在小亞細亞停止了軍事干涉。1921年秋天，意大利撤出了它佔領的地區，宣佈同安卡拉保持友好關係。

形勢的變化爲土耳其人準備了反攻的條件，而希臘軍隊卻進退兩難。英國宣佈它在希土戰爭中保持"中立"，建議土耳其人同希臘人簽訂停戰協定，試圖使凱末爾政府承認土耳其的現狀。凱末爾拒絕了。經過充分的準備，1922年8月，土耳其國民軍發動了一連串的反攻，希臘士兵無心戀戰，他們在一處車站建築物上寫道："把我們送到這兒來的那些人真該死！"8月底，土軍掃蕩了希軍的殘部，希軍總司令向土耳其人投降。9月9日，國民軍解放了伊茲密爾。9月18日，國民軍進駐伊斯坦布爾。

　　土耳其民族解放運動的勝利徹底打破了英國人支配土耳其事務的局面，現在英國政府極力爭取的唯一東西，就是如何挽回面子，不讓土耳其軍隊衝入盟國佔領的海峽地區。英國政府在希臘軍隊潰敗後，立即建議凱末爾命令軍隊停止前進，以免破壞"中立區"。法國和意大利也知道，海峽問題涉及整個西方的利益，因而他們一反常態，贊同了英國的要求。1922年10月3日，在馬爾馬拉海岸的木達尼亞城召開了締結停戰協定的會議，英、法、意和土耳其代表出席了會議。希臘代表遲到了，實際上並未參加談判。10月11日，雙方簽訂了停戰協定，土耳其軍隊進入了希臘佔領下的東色雷斯，土耳其同意在締結和約前仍由協約國佔領海峽地帶。

　　1922年11月20日，協約國和土耳其在瑞士洛桑召開和會，廢除了使土耳其喪權辱國的色佛爾和約，於1923年7月23日簽訂了重新處理土耳其問題的洛桑條約。條約規定雖然使土耳其放棄了原來的屬地阿拉伯半島、埃及、蘇丹、利比亞、敍利亞、伊拉克、巴勒斯坦等地，以及位於土耳其亞洲部分離海岸三公里以外的一切島嶼，但列强被迫承認了土耳其本土的完整和民族獨立。經過大戰洗禮的土耳其終於在烈火中獲得了新生。

3．土蘇爭端

　　蘇維埃政府與土耳其凱末爾政府之間爭議最大的是亞美尼亞問題。根據蘇維埃政府與同盟國簽訂的布列斯特和約的規定，外高加索的一部分土地應割讓給奧斯曼。外高加索在歷史上曾經歸屬於奧斯曼帝國，後來爲俄國所奪取。在同盟國戰敗後，根據色佛爾和約的規定，在這塊土地上建立一個獨立的"亞美尼亞共和國"，其疆界除了以前歸屬俄國的阿爾達漢、比特利斯、卡爾斯諸州外，還包括土屬的約爾查頓、特拉布格、比特利斯、溫尼四州的大部分土地。這也是土耳其拒絕在色佛爾和約上簽字的原因之一。協約國此舉的目的是企圖利用受他們控制的亞美尼亞共和國削弱凱末爾的力量，並從側翼包圍他；同時又可以威脅蘇維埃政權，防止共產主義傳播。

十月革命後，蘇維埃政府曾就亞美尼亞問題發表聲明，宣稱沙皇俄國時期瓜分奧斯曼和從奧斯曼手中奪取亞美尼亞的條約已被廢除，一旦軍事行動停止，由亞美尼亞人自己決定自己的政治命運的權利將得到保證。

亞美尼亞獨立後不久就與土耳其發生了衝突。1920年秋，凱末爾的土耳其國民軍向亞美尼亞共和國發起進攻，亞美尼亞軍隊戰敗。12月3日，亞美尼亞與土耳其在亞歷山大羅波爾締結了和約，使亞美尼亞處於土耳其的保護之下。但是，當亞美尼亞共和國政府與土耳其簽訂投降條約時，就被親蘇維埃政權的"革命委員會"推翻，並在蘇維埃軍隊支持下於1920年11月25日宣佈建立蘇維埃政權，這樣蘇土軍隊直接發生了對峙和衝突，土軍戰敗退出亞美尼亞。英法乘機挑撥蘇土關係，希望蘇土因領土爭端而發生戰爭。但當時凱末爾面臨的最重要的問題是拯救已淪爲半殖民地的土耳其，擊退外國侵略軍，無力再與蘇維埃作戰。蘇維埃政府需要與土耳其結成反帝統一戰線，在亞美尼亞問題上也作了一些讓步，即把卡爾斯等三州讓給土耳其，亞美尼亞則歸入了蘇維埃聯盟。但亞美尼亞始終成爲蘇土長期爭執不休的問題。

4．蒙特勒公約

三十年代，由於意大利在靠近土耳其海岸的羅得島上建立軍事基地，法國極力向中東、特別向土耳其的滲透，加劇了地中海的緊張局勢。意大利對埃塞俄比亞[*]的侵略，和英法等西方國家對侵略者的綏靖，使土耳其對黑海海峽的安全深爲焦慮，希望恢復它對海峽的主權。1936年，土耳其政府提出舉行國際會議，討論修改洛桑條約中規定的黑海海峽問題。土耳其的建議得到蘇聯的支持，因爲它一直反對非黑海國的軍艦有權通過海峽。經過一系列準備後，洛桑會議的簽字國在瑞士蒙特勒召開了會議。

會議於1936年 6 月召開。會上就黑海沿岸國家軍艦通過海峽問題和是否允許非黑海沿岸國軍艦通過海峽問題展開了爭論。蘇聯堅持認爲黑海沿岸國家應享有特殊待遇，非黑海沿岸國家的軍艦不准自由出入。以英國爲首的西方國家則強調黑海是公海，各國有航行自由，不應對非黑海沿岸國家的軍艦進出海峽有任何限制。土耳其代表團開始時傾向於蘇聯的主張。但後來轉而支持英國的主張，希望在不得罪英法等海上強國的同時，作出必要的妥協，以換取實質性的好處。　　　　　　　　　　　　*即衣索比亞

1936年 7 月20日，蒙特勒公約簽字。根據條約，解散

海峽管理委員會，將海峽管理權移交給土耳其政府，允許
土耳其在海峽設立軍事基地。條約還規定，各國商船可以
自由通過海峽，但戰時土耳其有權禁止與它作戰的國家的
商船通過；在平時非黑海國家的軍艦駛越黑海海峽的總噸
位不得超過三萬噸；在戰時，如土耳其中立，交戰國軍艦
不得通過，如土耳其參戰，是否允許通行由土耳其決定。
蒙特勒公約生效以後，洛桑條約中有關海峽的條款即廢
止。土耳其通過蒙特勒條約，恢復了對海峽地區的主權，
增強了自身的安全，這無疑是一次重大的外交勝利。但是
蘇聯認爲公約對它不利，因而在蘇土關係上蒙上了一層陰
影。

二 二次大戰時期的中立

1. 周旋於大國之間

　　第二次世界大戰爆發後，土耳其即宣佈中立。這是因
爲土耳其地處要衝，而國力虛弱。它害怕戰火蔓延會影響
來之不易的獨立，還害怕戰爭毀壞它那不景氣的經濟。第
一次世界大戰給土耳其帶來的深重災難，人們記憶猶新，
所以在處理國際事務上，土耳其的領導人如履薄冰，小心
翼翼地周旋於敵對的大國之間。戰爭風雲是那樣的變幻莫
測，勝負無常，中立的土耳其經常隨機應變，見風使舵，
這種多方討好的外交不能不帶有投機的色彩，並使敵對各
方都不滿意，這種種看起來是相互矛盾的行爲，構成了土
耳其對外政策的基調。然而從土耳其人看來，他們畢竟倖

免於慘烈的戰火。

土德在第二次大戰前關係相當密切。德國向土耳其具有重要意義的礦業曾大量投資，兩國貿易不斷擴大，到1938年已佔土耳其外貿總額的一半。在土耳其政府領導層中出現了親德的傾向。但希特勒的瘋狂擴張引起了土耳其的警惕，並且意大利早有吞併安納托利南部的野心，也使土耳其感到威脅。因此，當1939年4月意大利佔領阿爾巴尼亞，德國威脅羅馬尼亞的時候，土耳其接受了英法的保證。

同年8月21日，蘇德互不侵犯條約的簽訂，十天後，德國進攻波蘭，大戰爆發。擁有黑海海峽的土耳其成爲各方爭取的焦點。土耳其對蘇德的和解和蘇聯支持德國侵略戰爭的立場，深懷疑慮。取得蘇聯的保證，成了頭等大事。9月22日，土耳其外長薩拉若盧赴莫斯科進行談判。土耳其代表團建議締結適用於巴爾幹、地中海和黑海地區各國的互助條約。而蘇聯外長莫洛托夫提出的建議則要求土耳其對英法軍艦封閉海峽，並且表示蘇聯在任何情況下，決不捲入對德國的敵對行動。當時英法是控制中東的最強大的力量，英法有着強大的陸海軍，戰爭前途未卜。因而，土耳其不願與英法爲敵，何況蘇聯關於決不對德作戰的聲明，也使土耳其在一旦遭到法西斯侵犯時沒有保障。所以土耳其拒絕了蘇聯的要求，而轉向英法。1939年10月19日，英法土三國簽訂了爲期十五年的三邊互助條約。根據條約，英法將提供4350萬英鎊的貸款，並加速向土耳其提供武器。條約規定，如土耳其遭到侵犯，盟國將援助土耳其，但戰爭蔓延到地中海時，土耳其應立即參戰。

在法國失敗、墨索里尼參戰以後，土耳其政府重新估計了它所處的國際地位。由於意大利宣戰和隨後出兵希臘，戰爭擴大到了地中海，接着希特勒征服了南斯拉夫和希臘，並進佔保加利亞。法西斯靠近了土耳其邊境。在這過程中，土耳其仍繼續採取中立的方針。當希臘危急的時候，英國力促土耳其參戰，但遭到拒絕。土耳其領導人指出，他們如輕舉妄動，定會遭到德國的報復，而英國將無力挽救他們。如果土耳其繼續保持中立，就可以充當敍利亞、蘇彝士和波斯灣的屏障，使在中東的英軍無後顧之憂。實際上，土耳其不願履行三國條約與德意爲敵。

希特勒在歐洲的勝利，使土耳其感到畏懼，詭計多端的德國駐安卡拉大使馮巴本乘機威逼利誘，使土耳其同意與德國簽訂了一項爲期十年的土德友好與互不侵犯條約。土耳其聲明：這一條約並不同土耳其過去承擔的任何義務有所抵觸。這一條約是在1941年6月18日，即在德國突然襲擊蘇聯之前幾天簽訂的。這就保證了德國軍在巴爾幹的側翼安全，使德國完成了作爲進攻蘇聯準備工作的最後一環。10月份，土德又締結了一項貿易協定，規定將各種原料運往德國，其中包括德國軍火工業所急需的銅礦沙和鉻礦沙，以換取德國軍事裝備。

在這期間，蘇土關係經歷了波折。雖然蘇土於1925年簽訂的中立和互不侵犯條約於1935年期滿後又延長十年。但蘇聯在建立東方戰線的過程中，發動芬蘭戰爭，併吞波羅的海三國，奪取羅馬尼亞的比薩拉比亞與北布科維納的行徑，令與蘇聯有着共同邊境和領土糾紛的土耳其擔驚受怕。而蘇聯對黑海海峽的强硬立場也使土蘇幾次談不攏，還增加了土耳其對蘇德間是否有着瓜分土耳其的諒解的懷疑。這也是土耳其靠攏德國的又一個因素。土德協定的簽訂，對蘇聯來説無疑是一個打擊，使土蘇本來就不融洽的關係惡化。

2．緊張的土蘇關係

還在1940年1月，西線戰爭爆發前，法政府爲了切斷蘇聯對德國的石油供應，曾打算襲擊蘇聯的高加索産油區。英國空軍也曾準備對巴庫進行轟炸，要求土耳其給予英軍偵察機着陸權。但顧慮重重的土耳其政府不願捲進去。德軍佔領巴黎後於7月3日公佈了英法進攻蘇聯油田的計劃，這在蘇聯激起了强烈的反應。蘇聯譴責土耳其"把自己綁在帝國主義的戰車上"，並於7月7日暫時撤回駐土大使以示抗議。1941年春，德國入侵巴爾幹，使蘇土兩國都感到德國的威脅。於是在3月24日，兩國發表公報，重申一旦土、蘇任何一方遭到侵犯而進行自衛戰爭，1925年的互不侵犯條約仍然有效。1941年6月22日，土耳其政府得到德國進攻蘇聯的消息後，當即宣佈嚴守中立。但希特勒在演説中揭露了蘇聯曾有過奪取海峽的企圖，使土耳其又產生了反蘇情緒。10月份土德貿易協定簽字後，土蘇隔閡加深。蘇聯爲南部邊境的安全不得不在蘇德前線吃緊的時候，增加蘇土邊境的兵力。而土耳其擔心英、蘇共同出兵伊朗的故事重演，也在邊境增兵以加強對蘇聯的防禦。土耳其政府中的一些人在德軍最初勝利的影響下，幻想蘇軍潰退。土耳其軍方還制定向蘇聯"收復失地"的計劃。蘇聯為防止土耳其倒向德國，在邊境集結重兵，對土耳其形成强大的威懾力量，並多次警告土耳其要"三思而行"。儘管如此，蘇聯仍然希望土耳其擺脫德國影響，參加反法西斯戰爭行列，以保證蘇聯南境的安全，並打通黑海交通線。

1942年底，德軍在斯大林格勒遭到慘敗，美國的租借物資源源流入土耳其，使土耳其改善了同英美的關係。丘吉爾致函斯大林希望調和蘇土關係。斯大林在覆信中表明了蘇聯態度："土耳其一方面同蘇聯訂有友好條約，同英國訂有抵抗侵略互助條約，但另一方面它同德國也訂有友好條約，這個條約是在德國進犯蘇聯前三天締結的。我不知道土耳其在目前的情況下對同時履行對蘇聯和英國的義務以及對德國的義務是怎麼想的？但是如果土耳其人想使蘇土關係更加美好密切，那麼請他們表示一下態度吧。蘇聯在這種情況下不是不準備對土耳其忍讓的。"然而土耳其並未作出使蘇聯感到滿意的表態。

盟國在1943年舉行的多次重大會議上都討論了土耳其合作和公開參戰的可能性。這年冬天在莫斯科舉行的英、美、蘇三國外長會上決定，應强迫土耳其宣戰，但是土耳其拒絕放棄中立。理由是從保加利亞起飛的德國轟炸機離伊斯坦布爾只有二十分鐘的航程，幾乎可以隨時摧毀土耳其這個極為重要的城市。

1944年5月，蘇聯和土耳其兩國代表就兩國關係和土耳其參戰等問題舉行了會談，但未獲得任何結果。其核心問題是土耳其政府不願與德國斷絕關係，更談不上參加反法西斯陣線。土耳其的藉口仍是害怕德國人的報復。唯恐它的大城市遭到毀滅性的轟炸和德軍從保加利亞出發襲擊海峽。對於土耳其在第二次世界大戰中的種種表現，蘇聯懷恨在心，伺機報復。1945年2月10日，在雅爾塔最後一次會議上，斯大林提出了海峽問題。他說，這次戰爭已使1936年蒙特勒公約失效，應予修訂，以便除去土耳其"卡住俄國脖子的那支手"。

在德國失敗已成定局時，土耳其才於1944年8月2日宣佈與德國斷絕外交關係。一直到得悉雅爾塔會議決定只有在1945年3月1日以前向軸心國宣戰的國家才能參加舊金山會議之後，土耳其才於2月23日匆忙對德國和日本宣戰。可是為時已晚，已不能改變蘇聯對土耳其的態度了。蘇聯政府認為，以伊努諾為首的土耳其領導集團，"是與德國法西斯勾結一幫"，因此，蘇聯政府準備在戰後對土耳其採取懲罰政策。實際上，蘇聯的懲罰比預料的還要來得早，即土耳其對德、日宣戰後不到一個月就開始了。這在一定程度抵消了土耳其宣戰的影響。

原在1925年簽訂而於1935年延長十年的土蘇中立互不侵犯條約，應於1945年11月7日滿期，但在滿期前六個月如未經宣佈無效，即作為自動延長。3月19日，莫洛托夫向土耳其大使遞交的一份照會中宣佈提前廢除1925年的蘇土條約。照會稱，"由於發生了變化，特別是第二次世界大戰期間的深刻變化，這項條約已不再適應新的形勢，需作重大修改"。蘇聯的廢約聲明震撼了土耳其。土耳其駐蘇大使被召回緊急議商。4 月 4 日，土耳其政府覆照答稱，他們"準備鄭重和善意地研究蘇聯政府提出簽訂一項更符合兩國目前利益的條約的任何建議"。但在了解到蘇聯的條件後，土耳其政府放棄了締結新條約的希望。蘇聯的要求有四：（一）把卡爾斯、阿爾達漢和阿爾特溫三州歸還蘇聯；（二）允許蘇聯對海峽的管理，並允許蘇聯在海峽建立軍事基地；（三）修改蒙特勒公約；（四）土耳其調整與保加利亞的邊界。

土耳其雖在第二次大戰中免遭戰火之害，卻在戰爭行將結束之際，面臨着極其嚴重的有待解決的外交問題。它不得不爲"中立"付出代價。

第九章

英美在沙特阿拉伯*的爭奪

*即沙烏地阿拉伯

一 沙特與英美

1. 沙特王國的統一與對英關係

奧斯曼帝國的瓦解和1918年穆德洛斯協定後，土耳其部隊從阿拉伯各地的撤離，使阿拉伯半島產生了某種程度的權力真空。這有利於沙特完成半島主要部分的統一。

伊本·沙特生於1880年，屬於內志的利雅得沙特家族。當時內志是一個政治上四分五裂的國家，境內封建部落各自爲政，不相統屬。1902－1904年，伊本·沙特征服了內志全境，成爲內志的埃米爾。內志四周全是土耳其屬下的埃米爾國。對內志威脅最大的是漢志的統治者侯賽因。他曾企圖強迫伊本·沙特向奧斯曼帝國稱臣，此後兩國關係一直緊張。伊本·沙特在完成內志的統一後，着手對付封建割據勢力。他認識到遷徙無定、經常靠搶掠發財的遊牧部落是割據勢力的基礎。因此開始試辦遊牧民的農

業墾殖區，這種農業墾殖區取名希吉拉。到二十年代大批
遊牧民向定居過渡，從而成爲伊本・沙特統一大業的一個
重要支柱。

　　内志的統一和壯大，使英國深感不安。第一次世界大
戰爆發後，陷於奧斯曼帝國勢力包圍中的内志處境孤立。
英國乘機派遣軍官訪問伊本・沙特。1915年英國和伊本・
沙特簽訂了"友好同盟"條約，根據條約，英國承認伊
本・沙特爲内志、蓋西姆、哈薩的埃米爾，並保證協助伊
本・沙特防禦外患；埃米爾則接受一系列義務的約束，這
些義務實際上將内志的内政外交置於英國的控制之下，條
約規定，埃米爾不得與土耳其聯合起來反對英國，英國政
府將每年付給伊本・沙特六萬英鎊的補助金。

2．兼併漢志

　　1916年，"漢志的謝里夫"侯賽因自立爲"阿拉伯
王"，使内志與漢志兩國的關係更加惡化。伊本・沙特認
爲侯賽因自稱爲阿拉伯人之王是狂妄自大。1918年兩國發
生了流血的邊境衝突，結果侯賽因的軍隊被打得大敗。二
十年代伊拉克、巴勒斯坦、敍利亞掀起的民族解放運動高
潮，使英法殖民者窮於應付，這種形勢給伊本・沙特帶來
了統一阿拉伯北部的機會。1921年召開的埃米爾、歐革瑪
（伊斯蘭教士）、部落酋長大會通過了授予伊本・沙特以
素丹的稱號。同年，伊本・沙特不顧英國的反對，將傑貝
勒沙馬爾併入了内志，内志的版圖擴大了。爲了避免和英
法發生衝突，1922年内志同英國簽訂了一項協定，在伊

本·沙特王國的邊境上劃分出兩個中立區——一個是與伊拉克接壤，另一個與科威特接壤。

1924年土耳其廢除了哈里發的稱號，漢志的侯賽因爲了提高自己的身價，於3月自稱哈里發。伊本·沙特大爲震怒，同時也意識到這給他一個奪取聖城麥加的好機會。伊本·沙特利用穆斯林對侯賽因的不滿情緒，起草了由他兒子費薩爾署名的告阿拉伯穆斯林書譴責侯賽因狂妄自大，違反宗教傳統，治理不善，不能保護朝聖者。印度哈里發委員會致函内志素丹，向他建議從漢志趕走侯賽因。伊本·沙特在得到穆斯林世界的支持後，開始進軍漢志。由於侯賽因腐朽無能，軍隊很快潰敗，到10月份，伊本·沙特就佔領了麥加。1925年12月，漢志的最後一個據點陷落，漢志被併入内志。1926年阿西爾也併入内志。經過二十多年的征戰，伊本·沙特建立起一個“漢志、内志與歸併地區王國”。英國於1927年5月，在吉達同伊本·沙特簽訂“友好親善條約”，正式確認了沙特在其疆域的獨立自主。阿拉伯輿論界認爲這是大國和阿拉伯國之間基於平等原則而簽訂的第一個條約。其後的幾年中，伊本·沙特的王國得到蘇、意、法、土、伊等許多國家的承認。1932年，伊本·沙特將他的王國改名爲沙特阿拉伯王國。

3．美國石油資本的入侵

沙特阿拉伯王國的獨立雖然獲得了大國的承認，其經濟情況卻遇到了嚴重的困難。阿拉伯半島原是一個落後的農牧業地區，連年的戰爭又造成很大的破壞。世界各地穆斯林朝拜聖地是沙特阿拉伯的一項重要收入。1929
年開始的經濟危機使朝聖的人數驟減，從1926年的十萬
人減少到1932年的四萬人。這一年，沙特阿拉伯的債務
達21萬多英鎊。而英國、法國、意大利都拒絕向沙特阿拉
伯提供貸款。美國的石油壟斷資本利用沙特阿拉伯的困境
謀取石油開採權。1930年沙特國王聘請美國工程師尋找水
源和石油。1933年５月29日加利福尼亞美孚石油公司同沙
特政府簽訂了一項協議，取得了在沙特阿拉伯東部一片約
318,000平方英里地區爲期六十六年的開採特許權。石油
公司預付給沙特三萬英鎊，採油的地產使用費是每噸四個
先令。爲了開採沙特阿拉伯的石油，美孚石油公司和德士
古石油公司組成了"加利福尼亞阿拉伯美孚石油公司"。
當時在哈薩省對面的巴林島上，加利福尼亞美孚石油公司
試鑽的油井已鑽出了石油。但在沙特試鑽的油井，鑽到與
巴林油井同一深度時未找到可供開採的石油。直到1938
年，在達蘭半島上有一口油井鑽得比巴林油井更深一些的
時候，才發現大量的油層。到年底，沙特阿拉伯的石油開
始出口。據規定，沙特政府得到了五萬英鎊的土地使用
費。到1939年，沙特阿拉伯的石油工業已初具規模，油
管、專用碼頭都已建立起來，石油產量穩步上升。這一年
沙特阿拉伯的石油產量爲390萬桶，在油田工作的美國技
術人員有數百名。石油公司付給沙特阿拉伯的土地使用費
也增至數十萬英鎊。1939年５月31日，美國的石油公司又
取得新的特許權，使總面積達44萬平方公里。此外，該公
司還取得沙特阿拉伯同伊拉克和科威特共有的兩個中立區

的特許權。

二　二次大戰中的沙特阿拉伯

1．大戰加重了財政危機

第二次世界大戰爆發後，沙特阿拉伯宣佈中立。但是，伊本·沙特害怕英國實行軍事佔領，進行了軍事動員，並沿邊境加强了兵力的部署。

沙特阿拉伯農業落後，每年需要從英屬印度進口數萬噸糧食供養城市居民。其他商品也大半要從英帝國各屬地進口。沙特阿拉伯最大的財源是來自信徒的朝覲聖地，而大批朝聖者則來自受英國控制的穆斯林國家和地區。沙特阿拉伯的貨幣是和英鎊掛鈎的，它國土的四面八方受到英國保護領和英國海、空軍基地的包圍。英國的艦隊控制着沙特阿拉伯周圍的海域，基於以上原因，伊本·沙特儘管中立，但不得不採取親英的立場。

伊本·沙特自建立王國以來，一直苦於没有足夠的財源，以應付日益增長的行政支出。他那個龐大的家族，各項開支也與日俱增，處於原始狀態的經濟也没有資金進行改造，朝聖的收入又因戰爭而銳減。戰場雖在遠離沙特阿拉伯的國土，但戰爭還是給這個國家帶來了災難。青壯年被動員入伍使農牧業勞動力減少，農業產量也隨之下降；食品與日用品價格急驟上漲。石油開採因戰爭而進展緩慢，因爲從其他已大量開採的油田增加產量，比新開發油層較深的沙特阿拉伯油區更爲方便。原來期望很大的石油收入，也因之增加無幾。石油公司不願冒風險投資，甚至一度考慮放棄特許權。沙特阿拉伯面臨着嚴重的財政危機，每年的財政赤字達一千多萬美元。伊本‧沙特只好向加利福尼亞阿拉伯美孚石油公司求援。

1940年，石油公司預付了石油地產使用費300萬美元。1941年，伊本‧沙特請求石油公司再預付600萬美元，並聲稱如果得不到這筆款項，他的政府將會垮台。石油公司考慮到，幾年來他所預付地產使用費總額已達680萬美元。因此，石油公司轉而求助於美國政府。美國政府討論後認爲，直接援助似無根據，決定向英國政府建議由它們提供援助。英國政府在1942年和1643年，每年向沙特阿拉伯提供約1200萬美元現金和食品的援助，由於當時英國也正在接受美國的援助，所以對沙特阿拉伯的援助實際上是美國的間接援助。到1944年春天，沙特阿拉伯欠英國的款項已達到5,000萬美元以上。

2. 英美對沙特石油的爭奪

英國不甘心美國石油公司獨佔沙特阿拉伯的石油資源，想方設法排擠美國的努力。它利用向沙特阿拉伯提供援助的機會，力求使它的財政處於依附英國的地位。

英國還利用它所操縱的“中東供應中心”和美國石油公司進行爭奪。在1942年以前，“中東供應中心”負責向中近東國家供應石油產品和分配糧食。英國保證伊朗和伊拉克的石油得到銷路，同時限制沙特阿拉伯的石油向盟國軍隊的供應量。在1940至1941年間，英國處於有利地位，因而多方面限制美國石油公司在沙特阿拉伯的活動。這種情況引起了美國石油公司的大亨們的强烈不滿。

早在1941年，加利福尼亞美孚石油公司就曾聲明它不願意看到在援助沙特阿拉伯的問題讓英國獨享名利，到1942年底，該公司認爲情況"已發展到大不列顛似乎要在沙特阿拉伯政府牢固地樹立其財政顧問和後台的地位"。因此，1943年初，石油公司的代表在華盛頓展開一系列的游說活動，表示對英國在沙特阿拉伯的活動深爲不安，建議美國向沙特阿拉伯直接按租借法提供援助，而由石油公司撥出同樣價值的石油儲備作爲對美國政府的報償，其價格大大低於世界市場價格。

這年2月18日，美國政府聲明，沙特阿拉伯是一個對於保衞美國安全極爲重要的國家，因此，雖然它在形式上和實際上並不是參戰國，但是，租借法案同樣對它適用。美國石油公司在美國政府的大力支持下，在同英國勢力競爭中逐漸佔了上風，開始放手開採石油，尋找新的油田。

1943年以前，中近東的石油產量由於西歐市場被封閉而大幅度下降。1943年，隨着太平洋戰場和地中海戰場上盟國軍隊大規模的展開，對石油的需要量激增，加之，日軍侵佔印尼和緬甸後石油出口也停止了，中東石油產量開始重新增長。阿拉伯美孚石油公司的產量也成倍增加：1943年爲645,000噸，1944年爲1,034,000噸，1945年爲2,825,000噸，1946年爲7,899,000噸。

繼美國經濟援助而來的，是對沙特阿拉伯的政治和軍事的滲透。1943年7月美國將駐吉達的臨時代辦升格爲公

使，並在使團中增加了一名石油問題的專員。同年12月，
美國近東武裝力量總司令羅伊斯將軍訪問了沙特阿拉伯。
他就有關在達蘭和達烏克修建軍用機場的問題進行了順利
的談判。其後，美國軍事代表團取得與英國相等的地位，
共同負責訓練沙特的軍隊。此外，在大戰期間，美國根據
租借法案向沙特阿拉伯提供了武器和軍事裝備。

　　由於英美在沙特阿拉伯的關係出現了明顯的摩擦，英
國政府於1943年10月曾表示希望同美國協調在中東的政
策。1944年，這兩個戰時的盟國在爭奪沙特阿拉伯石油的
問題上更加緊張。從年初開始，美國國務院不斷接到報告
說：英國正在沙特阿拉伯加緊活動，對美國具有"潛在的
歧視性"，英國公使喬丹正在充分利用英國的援助，以貶
低美國的聲望來抬高英國的威信。美國國務卿建議美英兩
個平均分擔對沙特阿拉伯的補助。英國同意了這一建議，
並保證英國決無暗中破壞和歧視美國在沙特阿拉伯的石油
權利的意圖。7月，英美政府分別指示兩國駐吉達公使密
切合作，協助解決沙特阿拉伯的嚴重財政危機。但美國公
使仍不斷報告說，英國公使喬丹不願合作。於是美國國務
院以強硬的語氣正式通知英國駐美大使館："喬丹先生在
沙特阿拉伯繼續任職，對美國來說是不能接受的。"英國
政府在美國的壓力下，於1945年1月將喬丹撤換。

　　美國總統羅斯福和英國首相丘吉爾與伊本·沙特會
晤，是美英爭奪沙特阿拉伯的重要階段。

　　羅斯福在雅爾塔會議後返美途中於1945年2月14日在
美國巡洋艦"昆西"號上會見了伊本·沙特。兩人就石油

問題和軍事基地等問題舉行了會談。

關於石油問題，美國總統得到了伊本·沙特對美國石油租讓權的保證，並就鋪設一條橫貫阿拉伯半島到達地中海沿岸的一條大型輸油管達成一致意見。

丘吉爾和伊本·沙特的會晤卻沒有取得明顯的成果。丘吉爾親自出馬也未能防止沙特阿拉伯最終脫離英帝國影響的趨勢。當英國在大戰中元氣大傷，連自己也要靠美國施捨度日的時候，已沒有力量與財大氣粗的美國在沙特競爭了。從1943年到1945年英美在沙特阿拉伯的爭奪中，英國人是在打一場後衛戰，然而無情的經濟規律終於使它不得不敗下陣來。

第十章

伊朗的兩難外交

一　巴列維王朝的建立

1. 戰後的殘局

　　第一次世界大戰期間，儘管伊朗宣佈獨立，也沒能免遭戰火的破壞，伊朗大片領土淪爲戰場或被外國軍隊佔領。事實上，伊朗已淪爲帝國主義奴役下的半殖民地。1917年的大旱使農業歉收，再加傳染病流行，使國內一些地區的居民死亡相繼。物價飛漲，食品價格上漲10至15倍。原本落後的經濟更加惡化了。

　　俄國十月革命的勝利對伊朗產生了巨大的影響。1917年12月 3 日，蘇維埃社會主義共和國在《告俄國和東方全體伊斯蘭勞動人民書》中宣佈："反對侵佔別的領土""廢除瓜分波斯的條約，只要軍事行動一停止，軍隊立即從波斯撤軍，保證波斯人民自己決定自己命運的權利。"不久，蘇維埃政府下令駐紮在伊朗北部的俄軍撤退回國。

1918年1月29日，蘇維埃政府發表聲明正式廢除了1907年瓜分伊朗的俄、英協定，同時廢除了沙俄政府強加給伊朗的一切不平等條約和協定。月底，俄國軍隊已大部分撤出伊朗。蘇維埃政府的友好睦鄰政策受到伊朗各界人士的歡迎。

同盟國的軍隊已於戰後撤出伊朗，如今蘇俄軍隊又已撤離，為英國獨佔伊朗提供了大好時機。1919年伊朗派遣代表團前往巴黎，準備參加和會，但由於英國認為這個代表團有反英傾向而將它拒於和會大門之外。伊朗被迫又派出一個親英的代表團與英國談判。同年8月9日，英、伊簽訂了英伊條約。雖然條約聲稱英國和伊朗是友好的，但根據這個條約，伊朗的一切重要部門、軍隊和經濟都處於英國殖民主義者的監督之下，該條約實際上確定了英國對伊朗的保護關係，並將最終把伊朗變成英國的殖民地。英伊條約引起了伊朗各階層人民的強烈不滿，各地掀起了反英怒潮，伊朗議會拒絕批准這個條約。

另一方面，蘇伊關係並未因蘇俄撤軍而根本好轉。蘇俄雖然聲明廢除了一切不平等條約，但卻不願意放棄沙俄時期侵佔的大片伊朗領土。1919年3月，伊朗政府在英國支持下，向巴黎和會遞交了一份要求蘇維埃政府歸還整個沙俄奪去"波斯帝國"領土的清單，其中包括整個阿塞拜疆、巴庫、亞美尼亞，以及裏海東岸地區等大片領土。蘇俄拒絕了這些要求，這和蘇俄政府對待蘇土、蘇中領土糾紛的立場是一致的。1920年4月28日，蘇俄紅軍進佔巴庫，在繼續追擊白俄的軍隊時，在裏海港口登陸，佔領了厄爾布爾士山脈以北的伊朗領土，而原來駐紮此地的英國軍隊被迫撤退，接着，蘇軍繼續進攻佔領了伊朗北部的其他城市。當伊朗政府提出抗議時，蘇俄政府答覆説：由於駐紮伊朗南部的英國軍隊直接威脅俄國邊境的安全，因此，在英軍未撤出伊朗以前，蘇軍決不從伊朗撤走。在蘇軍壓力之下，伊朗政府被迫向蘇政府提交了承認阿塞拜疆蘇維埃社會主義共和國的照會。

當英軍從伊朗北部撤退的時候，伊朗的游擊隊由庫切克汗領導的"森林人"乘機佔領了該省的許多地區。在蘇軍的支持下，6月5日，"森林人"游擊隊在臘什特建立了吉朗蘇維埃共和國。蘇俄隨即與吉朗蘇維埃共和國簽訂了條約。1920年7月，吉朗蘇維埃共和國的軍隊向德黑蘭進軍，由於力量弱小，沒有取得什麼進展。此外，1920年4月，在蘇俄的支持下，伊朗阿塞拜疆省民主黨人在大不里士舉行了反對中央政府的起義，宣佈阿塞拜疆省爲"阿札吉斯坦"，即"自由之邦國"的意思。當年秋天，在伊朗政府軍鎮壓下失敗。

2．蘇伊友好條約

阿塞拜疆民主黨人起義的失敗，吉朗蘇維埃共和國困難重重，國際局勢的變化，使蘇俄政府逐步放棄了支持吉朗蘇維埃共和國奪取中央政權的計劃。1920年10月，蘇俄政府向伊朗政府提出了締結友好條約的建議。處境困難的伊朗政府也想改善對蘇關係，希望蘇軍撤離伊朗國境，恢復對伊朗北部地區的統治，11月初，伊朗代表團到達莫斯科開始就締結蘇伊友好條約進行談判。

　　1921年初，伊朗精銳的哥薩克旅旅長禮薩汗發動政變，率軍進入德黑蘭，任命了主張改革的新聞記者賽義德·齊亞丁·塔巴塔巴伊爲首相。新政府上台後不久即批准了蘇伊友好條約。1921年2月26日，蘇伊友好條約在莫斯科簽定。根據條約，蘇俄政府廢除一切有損於伊朗主權和獨立的協定，特別是放棄俄國人在伊朗所享有的領事裁判權和治外法權；蘇俄政府宣佈放棄沙皇政府的所有貸款，並把俄國在伊朗所擁有的一切產業，其中包括鐵路、公路、銀行以及其他產業都交給伊朗政府。條約規定互不干涉內政和各族有權選擇自己道路的原則。但在該約第六條中又規定："締約雙方同意如果波斯領土成爲任何第三國意圖在波斯領土內推行一項侵略政策，或者使波斯領土成爲在軍事上攻擊俄國的根據地，從而對蘇維埃俄國或與其結成聯盟的國家的邊界有威脅的危險時，則蘇維埃政府有權派軍隊進入波斯，以便採取必要的軍事步驟。蘇維埃政府同意一俟此種危險消除後，立即將軍隊撤出波斯。"這一條款對蘇俄來說是爲了保證邊境安全，然而對於伊朗人來說則顯然有損於國家主權，它給蘇俄留下了今後對伊朗施加壓力，干涉伊朗內政的藉口。從條約的總體來看，蘇俄放棄了許多特權和經濟利益，較之過去沙俄強迫伊朗簽訂的種種不平等條約無疑是一個很大的進步，然而由於該條約的第六條的不平等性質，伊朗頭上始終懸着一把利劍，從而給蘇伊關係投下了巨大的陰影。從三十年代開始，伊朗一直爲廢除這一條款而作出不懈的努力。當伊朗的要求一再遭到拒絕後，禮薩·汗把他的目光轉向了德國。

蘇伊友好條約簽訂後，蘇伊關係一度好轉，蘇英兩國軍隊陸續撤離伊朗。伊朗的獨立得到確認。1921年11月，禮薩·汗的政府軍攻佔了吉朗蘇維埃共和國的勒什特。禮薩·汗又鎮壓了其他地區的叛亂，終於完成了伊朗的統一。1925年，禮薩·汗即位爲伊朗國王，開創了巴列維王朝。

禮薩國王以土耳其的凱末爾爲榜樣對內進行了改革和建立現代工業，對外執行睦鄰政策。1937年，伊朗同土耳其、伊拉克和阿富汗在德黑蘭附近花園宮簽訂了薩達巴德條約。公約規定簽約國要互相合作、互助協商和互不侵犯。

二、三十年代，蘇伊之間貿易來往有較大的發展，直到第二次世界大戰期間蘇聯仍是伊朗最大的貿易伙伴。在政治方面兩國關係卻不怎麼融洽。當伊朗將石油特許權出讓給西方國家時，引起了蘇俄的强烈抗議。

禮薩國王與英國的關係，主要是圍繞石油特許開採權而展開。早在1909年英伊石油公司取得了在伊朗開採石油的特許權，而伊朗政府可得到公司利潤16％。第一次世界大戰後關於如何計算伊朗政府所應得到利潤份額時引起了爭執。1932年伊朗取消了英伊石油公司的特許權，英國反應强烈，並派出軍艦到波斯灣示威，雙方經過討價還價於1933年4月簽訂了新的合同。新合同規定特許開採權的面積將逐步減少，石油公司保證每年付給伊朗的款項不得少於75萬英鎊。到1993年，所有在伊朗境內的公司財產將歸伊朗政府所有。禮薩國王在這次石油外交上取得了一定的勝利。

處於英蘇兩大勢力之間的禮薩國王，企圖靠攏德國以求平衡。希特勒上台後更加緊了對伊朗的滲透。德國各種技術人員大量被邀請進來，在各個部門擔任顧問，德伊之間貿易額飛速增長。1939年伊朗的對外貿易額中德國佔40％，大批伊朗學生被派到德國求學，伊朗軍隊裏從司令部到基層都由德國軍官擔任顧問和教官。禮薩國王的親德政策引起了英蘇的不安。

二　英蘇佔領伊朗

1．英蘇共同出兵

第二次世界大戰爆發後，伊朗雖宣佈了中立，但是由於其重要的戰略地位和豐富的石油資源再次成爲交戰大國爭奪的一個焦點，加之禮薩國王奉行親德政策使伊朗的處境更加艱難。在納粹德國的大戰略中把伊朗當作它控制中東的一個基地。德國的特工人員和各類官員遍及伊朗各地區和各部門，駐德黑蘭的公使館成了德國在中東地區進行特務活動的總部。1941年伊拉克暴動就是在德黑蘭德國使館裏策劃的，而暴動失敗後的亡命之徒也逃到德黑蘭尋找庇護。

英國在戰爭開始的時候，封鎖了伊朗通往德國的海上航線，不讓伊朗的物資運往德國。蘇聯依據1939年與納粹德國簽訂互不侵犯條約時達成的秘密諒解開放了它的港口，准許伊朗的貨物通過蘇聯出口，這樣伊朗就有了一條與德國進行貿易的新通道。

1941年6月希特勒發動侵蘇戰爭後，伊朗的局勢發生了急劇的變化，其戰略地位的重要性更爲突出。當時蘇聯在德國的突然襲擊之下處境極爲困難，急需英、美軍用物資的支持。英美援蘇船隻如經過北方航線易於遭到潛伏在挪威海灣德國潛艇的襲擊，如經過太平洋到達蘇聯遠東港口則在日本海軍監視之下，且路途遙遠，而經過地中海、黑海最近的一條航線又因土耳其宣佈中立而將達達尼爾海峽封鎖。盟國發現，通過橫貫伊朗的鐵路和公路是向蘇聯運送軍用物資最爲安全的途徑。

蘇聯擔心伊朗投入希特勒的懷抱，從而威脅其主要產油區巴庫和產糧區高加索。假如一旦高加索落入納粹之手，蘇聯處境則最爲不利。英國不但需要伊朗的石油支持英國的遠東艦隊，而且因法國駐敍利亞和黎巴嫩的高級官員聽任德國勢力的滲透而深感不安。如果親德的伊朗與法屬中東地區連成一片，將使中東的英軍腹背受敵。1941年7月19日，英蘇兩國政府要求伊朗將德國人驅逐出境。7月29日，伊朗政府聲稱如驅逐德國人將影響德伊關係，並且違反伊朗的中立政策。英蘇兩國政府於8月16日，再次要求伊朗驅逐德國人，措辭更爲強硬。然而親德的禮薩國王看到德軍戰場上節節勝利，希望德軍不久可以打到高加索抵達伊朗邊境，到那時，伊朗將有機會重佔高加索地區，德國人告訴伊朗說，如果蘇軍入侵伊朗北部，他們的飛機將出現在巴統上空，切斷蘇軍的交通線。於是，伊朗在德國的支持下採取拖延政策，以應付英蘇的壓力。

英蘇政府鑒於情況緊急，決定共同出兵佔領伊朗。早在英蘇發出致伊朗的第一次照會後，英國就下令駐伊拉克的司令官做好進軍伊朗的準備。8月24日，英、蘇兩國又分別照會伊朗，這次措辭更爲嚴厲的照會實際上是最後通牒。蘇聯警告說，它將根據1921年蘇伊條約第六條的規定，"以其軍隊開入伊朗境内，以資自衛……。"

1941年8月25日，蘇聯軍隊越過邊境向伊朗北部挺進，同時英軍也從伊拉克開進伊朗南部。國王表示順從英蘇的要求，但爲時已晚，伊朗軍隊只進行了微弱的抵抗。8月27日，親德的伊朗内閣辭職，組成以穆罕默德‧阿里‧福魯吉爲首相的新内閣。新内閣下令伊軍投降，英蘇軍隊在德黑蘭西北會師。

當英蘇進軍的時候，伊朗各地的德國人向德黑蘭集中，英蘇要求伊朗除德國外交人員和某些技術人員外，其餘的人必須交給英國和蘇聯軍隊，伊朗政府9月1日反而要求賠償伊朗人因英蘇進軍而遭的損失。德國使館則繼續拖延交出其僑民。英蘇政府決定進軍德黑蘭強迫國王就範。9月16日，伊朗政府宣佈國王禮薩由於"健康理由"業已退位，由21歲的王儲穆罕默德‧禮薩‧巴列維繼位。

從9月下旬開始英、蘇、伊三國代表開始就盟軍佔領伊朗和同盟條約進行談判。但因伊朗政府中親德分子的阻撓而進展緩慢。經過一再拖延英蘇伊三國同盟條約於1942年1月底簽訂。條約主要内容爲：英蘇兩國保證伊朗領土完整、主權和政治獨立，並保護它不受外來侵犯；伊朗同意盟國使用它的交通工具，使援蘇物資順利通過；伊朗軍隊撤出南部和北部若干地區由英蘇軍隊佔領；伊朗政府保留佔領區的行政管轄權；英蘇佔領軍在對軸心國戰爭結束後六個月內撤退；立即驅逐德國及其附庸國的外交使節、顧問、專家等人員。在此以前德國大批顧問已被英蘇軍拘留。英蘇軍隊佔領伊朗的行動打亂了納粹德國的中東計劃，穩定了蘇聯的側翼並保證了蘇聯和英蘇美等盟軍途經伊朗的聯繫。不過對伊朗來說，這是一個強制性的條約，它要求伊朗爲了保證反法西斯戰爭的勝利，必須暫時犧牲它的獨立自主的權利，這無疑傷害了伊朗的民族尊嚴，並對戰後伊朗的發展產生嚴重的消極影響。

1943年9月9日，伊朗政府正式向德國宣戰。1943年10月，英、美、蘇三國外長在莫斯科會議上討論了《關於伊朗問題的聯合聲明》。1943年11月23日到12月1日，英、美、蘇三國首腦在德黑蘭會晤，這是第二次世界大戰間第一次三大國首腦會議，會議討論了對德作戰問題和戰後和平問題，並發表了《伊朗宣言》，宣言讚揚了伊朗在反法西斯戰爭中的貢獻，並重申尊重伊朗的主權和獨立。

2．美國的介入

英蘇佔領伊朗後，大批援蘇物資運抵伊朗在波斯灣口沙赫普爾港、布什爾港和新開闢的霍拉姆沙赫爾港，然後經過公路或鐵路運往蘇聯。盟國很快就發現伊朗的港口、鐵路和公路的設施陳舊、車輛不足、管理落後、運量太小，尤其缺乏各種熟練的工人和技術人員。儘管英國派出了數千名工作人員，發動了皇家工兵，蘇聯人接管了德黑蘭以北鐵路，仍然無法將蜂擁而來的援助物資及時運往蘇聯。伊朗的波斯灣諸港口，貨物堆積如山，船舶壓港嚴重，英國深感人力不足，急於應付。1942年8月在莫斯科舉行的會議上決定，每天由鐵路經伊朗運往蘇聯的援助物資須由2,400噸提高到6,000噸，每天的公路運輸要增加6,000噸。因此，決定由美國陸軍在伊朗接管港口和鐵路的運輸業務以及大部分公路運輸業務。英國則負責內河運輸和伊朗西線公路的運輸業務。美國很快組成了波斯灣後勤司令部，其先遣隊於10月到達伊朗，隨後大批以運輸工兵為主的美軍陸續在波斯灣登陸。至1942年末進駐伊朗的美軍已達三萬多人。美國駐波斯灣後勤司令部接管伊朗大部分運輸業務後，運往蘇聯的物資成倍地增加。到戰爭結束時，西方盟國通過伊朗運往蘇聯的物資總算達到550多萬噸，有力地支持蘇聯的反法西斯戰爭。

美國十分重視伊朗的戰略地位和石油資源。戰時曾任美國國務卿的赫爾回憶說：“當時，任何一個中東國家都沒有受到美國政府領導人對伊朗那樣的重視。”美國充分利用戰時租借法案向伊朗提供援助和運送援蘇物資的機會，擴大它在伊朗的影響。同時伊朗人對英蘇兩國的憎恨，也便於美國的滲透。新國王巴列維一改他父親的親德色彩，轉而加強與美國的聯繫，以牽制英、蘇。從1942年底開始，美國向伊朗的軍隊派出顧問，協助伊朗改組警察機構。1943年1月，曾任伊朗經濟顧問的美國人阿瑟·米

爾斯又被請來擔任伊朗的財政總監。這些都爲戰後美國勢
力進入波斯灣進而與蘇聯在中東爭衡打下了基礎。

3. 蘇伊磨擦

在蘇聯看來，新國王巴列維是親西方的，他所代表的
是反動的封建勢力，並且從蘇俄的大國利己主義立場出
發，支持蘇聯軍事佔領區反政府力量。在蘇聯支持下，親
蘇的人民黨獲得迅速的發展，它在伊朗北部各省建立了的
委員會，積極參與各級地區政權，把忠於伊朗政府的官員
排擠出去，使伊朗中央政府在實際上失去管理北部地區的
權力。蘇聯還支持伊朗北部少數民族阿塞拜疆人和庫爾德
人的自治運動。蘇聯軍隊直接監視或干預伊朗政府派駐在
北部各地的武裝部隊，大多數伊軍被困在軍營裏，警察也
不能充分行使職權。伊朗南北方的經濟往來也受到阻撓，
北部的餘糧在運往缺糧的南部地區時，往往被蘇軍支持的
地方當局扣壓。

石油資源是引起蘇伊磨擦的另一個因素。1943年末，
美國壟斷石油資本開始進入伊朗。美國和英國的石油公司
與伊朗政府就採油區的租讓權進行談判。伊朗政府聘請了
一批美國人擔任顧問，責成他們調查伊朗的石油蘊藏量並
就租讓權等問題提出報告。1944年8月伊朗公佈了一份與
英美石油公司草擬的總協定。對英美壟斷資本控制伊朗石
油資源，蘇聯十分不安，決定重新提出沙俄時對伊朗北部
石油特許權的要求。蘇聯政府認爲，雖然1921年蘇維埃政
府宣佈放棄沙俄在伊朗的一切特權，但蘇伊友好條約中規

定不得將上述權利轉讓給任何其他國家。如果伊朗政府給予英美新的特許權，就是違背了條約，蘇聯也就不能再遵守1921年的許諾。

　　1944年９月，蘇聯代表團抵達德黑蘭，就石油特權問題進行談判。９月29日，伊朗政府收到蘇聯索取北部五省石油開採的特許權的要求。伊朗政府面臨來自英美和蘇聯兩方面的壓力，決定在戰爭結束前不談判石油開採權的租讓問題。伊朗議會為此也通過一項法案，禁止與外國公司談判油田的租讓權問題。蘇聯對此十分不滿，代表團不辭而別；回到了國內，兩國關係更加緊張。在北方蘇佔領區，人民黨組織大規模示威，反對伊朗當局的決定。駐紮在德黑蘭的蘇軍則保護人民黨的反政府示威。在英國佔領的南方，右翼分子的打手搗毀了許多人民黨的黨部。左、右翼衝突的加劇已使伊朗整個國家事實上一分為二了。

第十一章

埃及的"獨立"與
二次大戰

一 埃及的"獨立"

1. 華夫脫黨領導的反英鬥爭

1882年，英軍佔領埃及，把它變爲英國的殖民地，只是在名義上仍屬於奧斯曼帝國的版圖。第一次世界大戰爆發後，埃及成爲英軍在西亞、北非的作戰基地和後勤補給中心。英國藉口土耳其爲交戰國，於1914年12月宣佈取消土耳其對埃及的宗主權，將埃及置於英國軍事當局的管制之下，成爲英國的保護國。英國同時許諾，一旦戰爭結束，埃及可以獲得獨立自主的權利。

戰爭期間，埃及有一百多萬人被強徵入伍或被徵去做苦工。大批埃及人死於戰爭和疾病災難之中。英國殖民者在埃及大量掠奪糧食、牲畜、棉花和各種戰略物資，徵收各種名目繁多的苛捐雜稅。

爲戰爭付出沉重代價的埃及人，滿以爲協約國的勝利會使他們的民族獲得解放，卻不料英國殖民當局背棄諾言仍然維持戰時戒嚴法令，拒絕結束對埃及的"保護"。英國的倒行逆施激起了埃及各階層人民的普遍不滿，全國各地立即掀起了反對英國"保護權"的抗爭。札魯格爾成了這一運動的領導人物。1918年11月13日，即第一次世界大戰結束後的第三天，札魯格爾等民族解放運動的領導人就向英國殖民當局正式提出撤回"保護權"的要求，表示了以自由人身份願與英國交朋友，不願以奴隸身份與英國交朋友的民族獨立願望。然而，這種溫和的要求也立即遭到拒絕，於是札魯格爾等人組成了一個七人代表團，稱爲"華夫脫"（阿拉伯文代表團結的意思），並以此爲核心建立了華夫脫黨。華夫脫黨爲獲得全民族的代表資格，在國內發起了一個簽名運動，要求各界人士在他們擬定的"委託書"上簽名。委託書要求：英國取消對埃及的保護，承認埃及獨立；撤退駐埃及的軍隊；承認札魯格爾等人爲正式代表團，並允許他到倫敦談判和參加巴黎和會。華夫脫黨的主張得到埃及人民的支持，全國各地召開了羣衆大會，有二百多萬人在委託書上簽名。

英國殖民當局不但拒絕了華夫脫黨的要求，反而於1919年3月8日悍然下令逮捕了札魯格爾等四人，並把他們流放到馬耳他島。

札魯格爾等人的被捕和流放，成了1919年埃及人民反英起義的導火線。3月9日，開羅學生首先舉行了示威遊行。第二天起，示威遊行的規模更加擴大，已發展爲學生罷課、工人罷工、商人罷市的全民運動。英方出動軍警鎮壓,開羅革命羣衆同英軍展開了巷戰,襲擊英國軍營和警察總署。消息傳出後,起義迅速蔓延到全國。15日,全國鐵路、碼頭和郵電工人宣佈總罷工,並發表聲明:不釋放札魯格爾等人,總罷工決不停止。起義羣衆在城鄉築起街壘工事,同英國殖民主義者展開搏鬥。到3月下旬,抗爭遍及上、下埃及,許多省份爲起義者所控制,有的農民沒收了地主和英國公司的土地,起義中連一向不參加政治活動的婦女也走出家門,在街頭與殖民主義者的軍警進行頑強戰鬥。

英國調集六萬大軍前往鎮壓。英軍對埃及人民進行了血腥的屠殺,約有三千多人被打死,許多村莊被燒毀。起義雖暫時被鎮壓下去,但埃及人民的反英抗爭並未停止,成千成萬的羣衆爲死難者送葬,他們宣佈:埃及不獨立,革命不終止;札魯格爾等不釋放,抗爭不罷休!迫於形勢,英國當局於4月8日釋放了札魯格爾。

札魯格爾等人被釋放後,由馬耳他直接去巴黎,要求巴黎和會根據美國總統威爾遜十四條中所謂"扶植弱小民族"的原則,支持埃及獨立的要求。然而巴黎和會沒有接納埃及代表團,威爾遜對埃及的呼籲不僅不予理睬,相反於4月22日宣佈美國承認埃及爲英國的保護國。而作爲帝國主義分贓的巴黎和會,明確了英國作爲埃及保護國的地位。札魯格爾代表團在巴黎和會上的呼籲毫無結果,再次激起反英的浪潮。

面對埃及人民的民族覺醒,英國殖民主義者意識到單靠武力鎮壓難以奏效,又採取欺騙的"和解"手法,企圖軟化埃及的民族解放運動。1919年12月，英國派出以殖民大臣米爾納爲首的代表團到埃及，調查“埃及最近騷動的原因”，以便制定一個建立“自治建度”的“憲政方案”。埃及人民識破了英國殖民主義者的伎倆，普遍抵制“調查”，並組織示威遊行抗議代表團的活動。1920年3月米爾納回到倫敦，但拿不出可行的方案。7月，札魯格爾代表團到達倫敦，開始與英國進行談判。英國提出的條約草案是：取消對埃及的保護制度，承認埃及獨立和英軍在尼羅河的特權——保留英軍駐紮蘇彝士運河的權利和繼續享受它戰時在埃及享受的一切特權，英國官員繼續在埃及政府中任職。這種表面宣佈埃及獨立，而實際保留英國在埃及統治的方案，遭到華夫脫黨的拒絕。10月，重新開始的談判也因英國方面提出的苛刻條件而失敗。

英國與華夫脫黨談判破裂後，轉而企圖利用埃及蘇丹政府達到它的目的，1921年秋，英國與埃及首相阿德里談判。談判中因英國條件苛刻，連親英的阿德里也不敢簽約，並因此辭職。1921年12月，英國殖民當局向埃及蘇丹發出通牒，重申英國對埃及的佔領，聲稱不僅蘇彝士運河區，整個尼羅河流域都對大不列顛有重要意義。

札魯格爾以埃及人民的名義發表宣言，反對英國政府通牒及其一切措施。英國當局於12月23日又逮捕了札魯格爾等三人，並將他們流放到塞舌爾羣島。英國的暴行激怒了埃及人民，開羅、亞歷山大等城市爆發了大規模的反英示威遊行，全國人民掀起抵制英貨和拒絕爲英國機關服務的運動。殖民當局進行了殘酷的鎮壓。

2．英國保護下的"獨立"

在埃及人民不屈不撓的反英抗爭的壓力下，英國政府於1922年2月28日發表聲明，宣佈承認"埃及獨立"，廢除保護制度。但附有重要的保留條件：即英國保持在蘇彝士運河和埃及其他地區駐軍的權利和對埃及國防的控制權；以及管理蘇丹，保持外國人在埃及的特權。這實際上是在埃及獨立後通過保留條件以維護英國在埃及的殖民利益，所以說，英國片面宣佈埃及獨立，僅徒具形式而已。

1922年3月1日，埃及前統治者福阿德在英國扶植下登上埃及王位。1923年4月，埃及政府在英國控制下頒佈了憲法，宣佈埃及爲君主立憲國家。憲法規定：埃及實行兩院制，但賦予國王相當大的權力。他可以解散或召集議會，可以否決議會的決議。國王是武裝部隊總司令。由國王任免各大臣。

憲法公佈後，英國取消了自1914年以來一直保持的戒嚴法令。1923年釋放了札魯格爾等人。1924年初，埃及舉行第一次國會選舉，華夫脫黨人獲得多數議席，札魯格爾出任立憲政府的第一任首相。當時英國正值標榜進步的工黨執政，札魯格爾前往倫敦要求麥克唐納政府取消在埃及獨立聲明中的保留條件，但是工黨政府斷然拒絕了埃及的要求。

1924年底，英國藉口其駐埃及軍隊總司令李斯退克被暗殺，向埃及政府發出最後通牒，要求嚴懲兇手，並鎮壓埃及人民的反英活動。札魯格爾被迫辭職。此後，在英國

殖民者的操縱下，埃及不斷解散議會，改組內閣。然而埃
及的反英抗爭時起時伏，民族意識大爲提高，英國的殖民
統治基本上動搖了。

墨索里尼吞併埃塞俄比亞後，英國爲了加强戒備，在
埃及增加了它的軍事編制。1935年10月，英國又暗示：它
在地中海的海軍司令部將從馬耳他島遷到亞歷山大。12天
後，英國外交大臣又稱1923年憲法爲不適當的文件，從而
再次引發了反英暴動。1935年11月21日，被宣佈爲埃及的
國恥日。在英國，安東尼·艾登接管外交部後，注意緩和
英埃關係。1936年4月，埃及國王去世，由他的獨子法魯
克登上了王位。議會提前大選，華夫脫黨獲得多數議席，
接着組成以納哈斯爲首的華夫脫黨內閣。1936年8月26
日，締結了英埃條約。英埃條約中英國作出一定的讓步：
英軍的佔領改爲英埃共管蘇丹，埃及移民可以無限制地進
入蘇丹；治外法權將逐步廢止，結束期是1949年。這項條
約在埃及議會以202票對11票通過。通過條約後埃及的地
位得到一定的改善。

二　第二次世界大戰與埃及

1．戰爭帶來的困惑

第二次世界大戰的爆發使地處戰略要衝的埃及成爲交
戰大國爭奪的又一焦點。由於埃及有大英帝國在中東地區
最重要的軍事基地和指揮中心，以及通往遠東的捷徑——
蘇彝士運河，因此成爲英國生死攸關的地區。對軸心國來

説，埃及是通往中東的大門，拿下了埃及就掐住了大英帝國的咽喉。當時埃及雖然實際上是英國的附庸，但在名義上是獨立的國家。長久以來的反英情緒，使埃及在戰爭中懷有一種複雜的心情，既怕戰爭給自己帶來災難，又希望戰爭能促進獨立。英埃聯盟條約使它有義務在戰時支援英國，又怕英國一旦失利自己沒有退路，埃及還有相當一部分人對軸心國關於"解放"埃及的許諾抱有幻想，所以認爲執行一種雙重保險的政策似乎是更爲明智。

1939年4月，英國對德宣戰之後，埃及政府立即斷絕了同德國的關係，接管了德國財產，並把所有的德國人集中監督起來。政府宣佈全國處於"戒嚴狀態"，由首相兼任軍事長官，全國港口歸英國海軍控制；對郵電和報刊實行檢查。國王在11月召開的議會中發表演説，申明埃及政府自願同英國進行積極的合作，以保衛埃及，但埃及又不願向德國宣戰。

1940年6月10日，意大利宣佈參戰。墨索里尼在演説中聲稱，意大利沒有侵略埃及的意圖。埃及政府6月12日同意大利斷絕外交關係，同時通知意大利政府：埃及將遵守與英國聯盟的義務，但埃及將不參加戰爭，除非是它遭到意大利的侵略。隨後不久，意大利自利比亞空襲了埃及的邊界哨所，埃及首相阿里·馬希爾宣稱這是邊界事件可以通過外交手段予以解決，並下令埃及部隊從邊界後撤數英里，以避免衝突擴大。英國對埃及政府的態度大爲惱火，指責説，"與上一年九月對待德國人相比，埃及政府在拘留意大利僑民和接管銀行和商號的房產時採取了迥然不同的態度。"英國還指責埃及政府縱容意大利的特務活動。在英國強大的壓力下，首相阿里·馬希爾於 6 月23日辭職。意大利公使也於同日撤離埃及。五天以後，組成哈桑·薩士里爲首相的新內閣，其中一些親英派擔任了重要職位。

1940年 6 月參戰的時候，意大利在北非擁有的兵力從數量上看，對英國佔有壓倒優勢。在利比亞意軍達25萬人，在意屬東非也有20餘萬人。而英國能用來抗衡意軍的只有85,000人。意大利打算從利比亞和東非發動鉗形攻勢一舉擊潰英軍，攻佔埃及，奪取英法在中東的全部屬地。1940年 7 月意大利外長齊亞諾向希特勒通報了墨索里尼治理中東的方案，該方案規定意大利將取代英法在中東的統治地位。然而在非洲前線的意大利司令卻不像墨索里尼那樣樂觀。在意大利軍隊中土著部隊佔了很大比例，這些人大多數是靠不住的。意軍的給養很差，士氣低落，將軍們往往爲了保存實力，消極避戰。加之，意軍情報不靈，英軍實力被大大誇大了，因之駐利比亞的意軍統帥格拉齊亞尼不願在盛夏酷暑時越過沙漠進攻埃及，只是在墨索里尼一再督促之下，意軍才於 9 月13日從利比亞以十萬之衆發動攻勢。駐守利埃邊境的英軍一路後撤，意軍跟蹤推進到深入埃及境内約90公里的西迪巴臘尼。這時英軍海陸空軍對從意大利到利比亞的海上交通線進行了封鎖。意軍由於補給困難，被迫在佔領西迪巴臘尼後停止了前進。英軍則撤退到馬特魯附近的有利陣地掘壕固守。這樣，敵對雙方之間形成了一個一百多公里的真空地帶。

　　當戰火燒到邊境的時候，埃及的處境是相當微妙的。
長期以來，英國人出於對埃及民族主義的擔心，一直將埃
及軍隊限制在很小的規模以內，僅夠維持國內治安之用。
戰爭開始後，英國曾運去一些新裝備打算擴大埃及軍隊。
然而不久又改變主意，要求埃及將這批裝備轉賣給英軍。
埃及出於自尊心拒絕了這一要求，並宣稱它將保留其全部
裝備，並增強軍隊的力量。由於亞歷山大多次遭到空襲，
8月21日埃及眾議院一致決定，如其領土遭到進攻，埃及
應立即自衛。然而當9月意軍越過埃及邊界以後，埃及政
府卻按兵不動。它的藉口是，相信英國定能阻擋住入侵。
9月19日，即意軍進佔西迪巴臘尼後的第三天，眾議院議
長發表演説主張捍衛獨立，將敵驅逐出境。但是，9月21
日的内閣會議上，卻拒絕了向意大利宣戰的建議，僅宣佈
全國實行戒嚴。

　　英國政府對於意軍大舉入侵埃及深感不安，於是急忙
向埃及派遣增援部隊。由韋維爾將軍指揮的英國"尼羅
河"（第八）集團軍，經過補充之後，於12月9日轉入反
攻。由於意大利軍隊在寬約70公里的防區内，分散配置在
相距很遠的幾個大兵營裏，很快被英軍分割包圍。10日，
英軍攻佔了西迪巴臘尼，11日佔領西迪巴臘尼西邊的布克
鎮，意軍殘餘部隊慌忙退回到利比亞境内的巴爾迪亞要
塞。埃及境内的意軍被肅清。1941年1月3日，英軍越過
邊境對巴爾迪亞發起進攻。1月6日，該城四萬餘名意軍
投降。22日，英攻下另一重鎮托卜魯克，又俘虜意軍三萬
餘人。2月6日，英軍攻佔班加西，兩天後攻佔阿拉蓋，

至此由格拉齊亞尼指揮的意軍被徹底擊潰，殘軍撤退到黎波里塔尼亞。是役意軍僅被俘者達十三萬人以上。

意大利人被驅逐出埃及領土，埃及舉國上下一片歡騰。輿論充滿了對英軍頌揚。不過這時候埃及人有些高興過早了。

德國法西斯對墨索里尼在非洲發動進攻是不滿意的。希特勒不願過早捲入非洲戰爭以免分散他準備進攻蘇聯的兵力和破壞他在歐洲的佈置。意大利冒險失敗，在非洲、地中海造成對軸心國不利的形勢。這就迫使德國不得不提前捲入北非戰爭。1941年2月，由隆美爾率領的德軍"非洲兵團"開赴北非。意大利也向非洲派出了援軍。德國第十航空軍將提供空中掩護。

英軍在佔領阿拉蓋之後，沒有乘勝前進。因爲這時英國已決定將北非一部分主力部隊調往希臘，第八集團軍的力量已經削弱。這爲德意軍隊的反攻提供了機會。

2．阿拉曼戰役

1941年3月31日，隆美爾不等德國非洲軍團主力到達，就展開了攻勢。英軍由於準備不足，防線很快被突破，德軍乘勝追擊，英軍下令後撤，以致潰不成軍。到4月11日，除被圍困在托卜魯克的一支英軍，英軍已被逐回埃及。戰火再次燒到埃及的大門，而這一次是一個更爲兇惡的敵人。埃及國內一片沮喪，人心惶惶。6月7、8兩日，亞歷山大遭到空襲，死六百多人，大量居民倉皇外逃。埃及首相表示希望德意兩國能夠理解埃及非交戰國家，一些政界領袖要求宣佈開羅和亞歷山大爲不設防城市，同時，由於運輸困難，埃及進口的糧食大爲減小，加上商人屯積居奇，造成糧價飛漲，埃及主要的出口商品棉花，也因此運不出去，大量積壓。埃及政府雖徵購大量食品，實行價格管制，危機卻趨於嚴重。這一切都加深了政治分裂，並使腳踏兩隻船的國王法魯克採取親德反英立場。在大敵當前的情況下，使英國十分不快。1942年2月3日，英國大使謁見埃及國王，抱怨説，埃及政局已危機四伏，對軸心國的宣傳未加充分禁止，親軸心國分子逍遙法外，同英國的合作受到阻撓。因此他要求組成能夠控制國内形勢的政府，並建議由深孚衆望的華夫脱黨人納哈斯負責組閣。然而國王拖延答覆。4日，英國大使在美國支持下發出警告，如國王不任命納哈斯組閣，將承擔一切後果。國王聽從宮廷集團的建議，拒絕英國大使的要求。當晚9時，英國大使蘭普森在英軍駐埃司令斯通陪同下，率領一支英國輕型坦克部隊進入埃及皇宮。大使告訴法魯克國王，要他作出選擇：或者任命納哈斯組閣，或者登上一艘英國戰艦到塞舌耳羣島去度餘年。國王屈服了，下令納哈斯組閣。英國干預的結果壓制了埃及宮廷的敵對勢力，建立了一個能同英國合作的政府，以對付德國入侵的威脅。

1941年12月，德國對英國在地中海上的要塞馬耳他島發動猛烈的空襲，軸心國乘機對北非進行了大量的補給，隆美爾的非洲軍團得到了加強。5月26日，隆美爾指揮德意軍向英國第八集團軍發動了進攻。12日和13日的兩次坦克大戰中，英軍損失慘重。21日，托卜魯克失守。隆美爾深入埃及國境陳兵阿拉曼。托卜魯克陷落後，埃及大震，謠言四起，第八集團軍經過浴血奮戰勉強建立起一條薄弱的防線。英軍中東總司令奧金萊克打算形勢進一步惡化時，將英軍搬到尼羅河三角洲，甚至退守蘇彝士運河。猶幸這時英國的增援部隊抵達前線。到七月下旬，德軍在阿拉曼的攻勢受挫。8月8日，亞歷山大接任英軍中東總司令，12日，蒙哥馬里出任第八集團軍總指揮官。

北非戰場接連失敗，促使英美採取應急措施，美國大規模的軍事裝備源源運往埃及，使英軍在坦克等重型武器裝備方面超過了敵軍。軸心國則由於英國的封鎖增援部隊和裝備補給十分困難，尤其是缺少燃料。

8月31日，隆美爾向英軍阿拉曼防線發動攻勢，企圖進逼亞歷山大港。英軍沉着應戰，使德軍未能前進一步。這時，德軍正攻打斯大林格勒，無力顧及北非。雙方兵力對比逐步變得對英軍有利。到10月中旬，英國第八集團軍經過充分準備後，在阿拉曼開始了大規模反攻。戰鬥打響時，英軍擁有23萬人，1,400多輛坦克，1,500架飛機。而隆美爾的非洲兵團的兵力不足10萬人，只有500多輛坦克，350架飛機。英軍的兵力和裝備有絕對優勢。10月28日，英軍突破德軍北部防線。11月2日，英軍裝甲部隊突破意軍防守的南部防線。由於德意軍的補給線被破壞，非洲兵團得不到援助，隆美爾下令撤退。意軍四個師因缺乏運輸工具，很快投降。英軍乘勝追擊，於11月13日，重新佔領托卜魯克。侵略軍再次被逐出埃及。11月26日，英軍到達卜雷加港。1943年2月中旬，英軍追抵利比亞和突尼斯邊境。

阿拉曼戰役沉重打擊了德意法西斯在北非的軍事力量，消除了它們對中東國家的威脅，大大鼓舞了反法西斯人們的信心。阿拉曼戰役是北非戰場的轉折點，從此埃及解除了戰爭的威脅。

雅爾塔會議後，羅斯福和丘吉爾在歸國途中，於1945年2月16日至18日同埃及國王等中東領導人舉行了會議。英美首腦向國王通報了雅爾塔會議的情況。埃及人開始了解到根據蘇聯的要求，會議已決定，只允許向德國宣戰的國家參加和平會議。2月16日，英國通知埃及政府，只有在3月1日以前向軸心國參戰的國家才有資格參加將於4月25日舉行的舊金山會議，並成爲聯合國組織的發起國。2月26日，埃及議會通過政府關於對德、日宣戰的提案，當天晚上，國王宣佈埃及對德日進行"防禦性戰爭"，但此後埃及對德、日的"戰爭"也僅此而已。

第十二章

英法委任統治地

一 敍利亞

　　土耳其對敍利亞的統治是在1918年開始崩潰的。這一年十月初，英軍及其阿拉伯盟友進入大馬士革，在中東的土軍遭到慘敗。10月底停戰協定簽訂的時候，協約國軍已幾乎佔領了全部敍利亞。1919年，英軍控制了敍利亞沿海地區，而阿拉伯人則佔領內地。當時在敍利亞率領阿拉伯軍隊的是麥加謝里夫侯賽因的兒子費薩爾親王。他原以爲戰勝了的大國會履行戰時支持阿拉伯民族獨立的許諾。他滿懷希望地想建立起一個大敍利亞國家。於是費薩爾動身前往倫敦和巴黎尋求支持，但他卻發現列強並不支持阿拉伯人的獨立計劃。1919年9月簽訂的英法協定對敍利亞是一個嚴重打擊，協定規定敍利亞由法國實行軍事佔領，並把巴勒斯坦分割出去交給了英國。根據協定，古羅將軍率領的法軍於12月開入貝魯特和敍利亞沿海地區，以接替原來駐紮在那裏的英軍。費薩爾領導的阿拉伯軍隊則繼續控制着内地。

　　1919年7月，在大馬士革召開了敍利亞代表大會。這些代表是由原來的敍利亞地區（包括巴勒斯坦在内）選出的。大會作出的決議是：要求敍利亞獨立，領土應包括巴勒斯坦在内，以費薩爾爲國王；要求伊拉克獨立，以費薩爾的兄弟阿卜杜拉爲國王；否認英法關於敍利亞的協定和貝爾福宣言；並且拒絕接受委任統治的主張。1920年3月8日，敍利亞代表大會宣佈敍利亞爲獨立的君主立憲國，立費薩爾爲國王。法國拒不承認這個宣言。4月份在意大利聖雷莫召開的協約國最高會議上，確認敍利亞和黎巴嫩是法國的委任統治地。

　　7月14日，法國古羅將軍向費薩爾發出最後通牒，限四天之内無條件承認法國的委任統治，終止在阿拉伯人中徵兵，減少阿拉伯軍隊，在敍利亞採用法國發行的新貨幣，並逮捕對法國犯有敵對行爲的人。費薩爾面對正向大馬士革前進的法軍時動搖了，他表示接受通牒的要求。但法國繼續進軍，費薩爾下令解散阿拉伯軍隊。7月25日，古羅率領法軍進佔大馬士革，費薩爾被迫出逃，法軍迅速佔領了敍利亞全境。古羅隨即發佈了一項法令，把敍利亞劃分爲四個區：大黎巴嫩、阿勒頗、拉塔基亞和大馬士革。大黎巴嫩地區後來分離出來，成爲一個單獨的國家，法國殖民者的目的顯然是爲了分而治之。此後敍利亞人民爲了民族的獨立和國家的統一與法國殖民者進行了長期的抗爭。

在法國殖民者的把持下，1922年6月，德魯茲山區宣佈獨立，其餘地區結成聯邦。1924年，法國高級專員魏剛，結束了聯邦制，將阿勒頗併入大馬士革，後來成為敘利亞。阿拉維斯（原拉塔基亞）單獨成立政府。然而法國帝國主義分而治之的政策，並沒有能使它在敘利亞的殖民統治長治久安。1925年至1926年的民族起義遍及整個委任統治地。法國被迫作出一定的讓步。在敘利亞進行了議會選舉，新選出的議會起草了敘利亞憲法。由於憲法中宣稱敘利亞包括黎巴嫩和巴勒斯坦，又未提及法國的委任統治地位，法國拒絕接受。1930年，法國高級專員為敘利亞制定了憲法。1930年春天舉行了議會選舉。6月議會選出敘利亞的總統並組成了政府。

1936年1月11日到3月1日，大馬士革和敘利亞各城市爆發了大規模的反對法國統治的大罷工。法國被迫與敘利亞民族運動的領導人進行談判。在巴黎，經過長期的討價還價，才簽訂了一項條約。條約規定，德魯茲山區和塔拉亞基併入敘利亞，敘利亞議會批准了這個條約。1936年條約的簽訂，是敘利亞民族主義者一項重大勝利，儘管法國始終沒有批准它，但並沒有能阻止條約的實施。

1939年，隨着歐洲局勢的緊張，法國對敘利亞的態度變得強硬起來。1939年7月，法國高級專員皮奧宣佈停止執行敘利亞憲法，成立一個五人理事會接管政權。撤銷外交部和國防部，外交和國防事務由法國直接掌管。7月末，一些著名的民族主義者被逮捕。

第二次世界大戰爆發後，法國任命魏剛將軍為近東地

區法軍總司令，由於他在1923年任高級專員時得到好評，
這次任命頗孚衆望。然而令敍利亞人失望的是，法國殖民
者加緊了對民族主義者進行鎮壓。許多人被逮捕判刑。
1940年法國淪陷，貝當政府下令近東法軍遵守停戰協定。
8月，意大利的軍官到達貝魯特，監督停戰，但受到法國
高級專員皮奧等人的阻撓。許多法國軍官和士兵溜出去參
加了自由法國軍隊。一些被認爲不穩的軍官被逮捕。11
月，維希政府任命當茨接任皮奧的高級專員職務。德國的
特務人員開始湧入敍利亞和黎巴嫩。1941年1月，德國派
駐法屬近東的公使享蒂希在貝魯特開設了特務總部，爲接
管這兩個國家作準備。

　　當伊拉克發生反英動亂時，德國加緊了對敍利亞的滲
透，並通過敍利亞向伊拉克運去飛機和軍火。從5月中旬
到6月6日，約有一百餘架德國飛機在飛往伊拉克的途中
經過敍利亞上空，並在敍利亞機場着陸加油。5月21日簽
訂的法德草約，規定了近東的法國當局應協助德國人補給
伊拉克軍隊，並將有關英國的軍事情報送給德軍司令部。
這些活動嚴重地威脅了英國在中東的地位。英國宣佈，任
何敵對國家把敍利亞或黎巴嫩用作基地的行動都是不能容
忍的。6月8日，英軍在自由法國軍隊的配合下，向敍利
亞和黎巴嫩的法軍發動了全面進攻。當茨下令法軍抵抗，
並企圖請求德國海空的支援。盟軍在克服反抗以後，於21
日佔領大馬士革。7月8日，維希政府授權當茨與盟軍談
判停戰。7月14日，英國與維希法國的停戰協定簽字。協
定規定，在敍利亞的法國官兵，有參加同盟國軍隊的自

由，願意回國的法國人也允許離境；軍需物資必須交出；在近東的德國人和意大利人必須一律拘留。

盟軍對敍黎兩國的佔領，引起了英國和自由法國之間的摩擦。自由法國對英國插手法蘭西帝國勢力範圍的事務十分敏感。戴高樂在任命賈德魯為駐近東的總代表和總司令的指示時說，賈德魯的行動要"不受英國的任何控制"。英國出於戰略和本身利益的考慮，同情敍黎兩國的民族主義者。經過一段時間的明爭暗鬥，賈德魯於9月27日正式宣佈敍利亞的獨立和主權完整。但這種獨立和主權，在當前戰爭中受到限制。敍利亞政府有權任命駐外使節，有權建立軍事力量，但在戰爭時期，軍事力量以及一切公用事業都應受到盟軍司令官的支配。英國立即承認了敍利亞的獨立。敍利亞人民並不滿意這種"獨立"，自由法國當局也沒有取得民族主義者的好感。在敍利亞人看來，作為統治者的法國人都是一丘之貉，不滿情緒日益增長。在這種壓力下，1943年自由法國的總代表決定恢復被停止施行的憲法，並舉行了選舉。敍利亞民族集團的庫阿特利當選為總統。當年12月，在民族運動的壓力下，法國撤消了對敍利亞的管制。1944年，蘇聯和美國正式承認敍利亞為獨立國家。1945年2月27日，敍利亞對軸心國宣戰，從而成為聯合國的創始國。大戰中削弱了的法國在舊金山會議上不得不宣佈尊重敍利亞的主權和獨立。

二 黎巴嫩

　　1920年4月在意大利聖雷莫召開的協約國最高會議上，承認黎巴嫩和敍利亞爲法國委任統治地。兩年後委任統治條例在倫敦簽字，正式確定在國際聯盟的名義下法國對黎巴嫩的統治。

　　1920年9月1日，法國駐黎巴嫩高級專員古羅將軍發表宣言，將歷史上曾經屬於黎巴嫩的地區重新組合起來。新國家由於增加了沿海地區，使它擁有經濟發達的城市、港口和肥沃的平原。國家的經濟狀況改善了。但是由於全國的領土面積幾乎增加一倍，人口增加了百分之五十，而帶來了新問題。新增加的人口大部分是十葉派及其他教派的穆斯林，使國內的宗教問題突出了。1913年黎巴嫩全國人口約410,000多人，其中329,000人是基督教徒（242,000人屬馬龍派）。到1923年全國人口達628,000人，其中穆斯林佔40％以上。

　　1926年5月23日，黎巴嫩宣告成立共和國，並制訂了憲法。憲法規定設置一個民選的總統和議會。憲法沒有規定國教及國家元首所信奉的宗教，但指明議會議員應按各教派人數的比例分配。憲法規定，總統由馬龍派基督徒擔任，總理由遜尼派穆斯林擔任，議長由十葉派穆斯林擔任。這個傳統，至今未變。按教派分權的辦法雖在一定程度上緩和了矛盾和糾紛，然而教派問題始終困擾着黎巴嫩。議會選出的第一任總統是埃迪。此後法國對黎巴嫩的統治是通過所謂“顧問”控制的方式進行的。

1930年10月，黎巴嫩總統和法國高級專員在貝魯特開始舉行條約談判。同年11月13日，法國和黎巴嫩簽訂了一項爲期二十五年的友好同盟條約。法國承認黎巴嫩獨立，並支持黎巴嫩參加國際聯盟。黎巴嫩則保證尊重法國利益。法國的軍隊可以不受限制地駐在黎巴嫩。外交和軍事大權仍由法國人掌握。但是這個條約沒有得到法國政府的批准。因爲人民陣線的勃魯姆政權垮台，緊張的歐洲國際形勢使法國保守派害怕這個條約會進一步削弱法蘭西帝國的威望。黎巴嫩人對此大失所望，加深了對法國殖民者的不滿，同時也使國內的政爭更加複雜。以信仰基督教的總統埃迪爲首的一派主張要爭取黎巴嫩的獨立。而以穆斯林教徒爲基礎的立憲主義者，則傾向於同敘利亞合併或至少保持某種聯繫。

第二次世界大戰爆發後，法國高級專員皮奧宣佈中止實施黎巴嫩憲法，解散議會，限制總統權力，並在黎巴嫩和敘利亞宣佈戒嚴。1940年夏，法國戰敗投降，近東法軍總司令和高級專員皮奧宣佈效忠維希政府，遵守停戰協定。1941年，當伊拉克出現動亂時，維希政府勾結軸心國，讓德國飛機假道法屬中東飛往伊拉克，並以法軍軍火支援伊拉克的叛亂，從而對盟軍構成了威脅。1941年6月8日，英軍在自由法國軍隊的支持下，進入敘利亞和黎巴嫩。7月中旬，英國與維希簽訂停戰協定。黎巴嫩爲自由法國所佔領。1941年11月26日，自由法國駐委任統治地的特派員賈德魯宣告委任統治結束，黎巴嫩獲得獨立。他在

聲明中强調"自由法國認爲，黎巴嫩在政治上和領土上是
一個不可分割的整體，其完整性不容任何侵犯"。賈德魯
之所以要作如此的聲明，是因爲黎巴嫩的國內外局勢極爲
複雜。國內教派對立情緒造成了離心的壓力。在外部，外
約旦國王阿卜杜拉曾宣佈要成立一個以他爲首的大敍利
亞，並要求黎巴嫩在"聯合與孤立"之間作出選擇。伊拉
克的政治領袖們一直未放棄在古巴比倫帝國的版圖上重建
大伊拉克的夢想。敍利亞則策劃收復1920年併入黎巴嫩的
那片領土。

　　英國立即承認了黎巴嫩的獨立。美國於11月19日發表
聲明表示對黎巴嫩的同情，並向貝魯特派出了外交代表和
總領事。

三　外約旦

　　約旦河以東地區稱爲外約旦。第一次世界大戰以前，
與巴勒斯坦同屬奧斯曼帝國耶路撒冷省。第一次世界大戰
期間外約旦淪爲戰場，阿拉伯起義者和英軍於1918年8月
完全佔領了外約旦。但是，主要由阿拉伯民族力量從土耳
其壓迫下解放出來的外約旦，卻成了英法帝國主義者之間
爭奪的目標。法國提出有關瓜分的談判，英國則不願法國
分享。在土耳其與協約國簽訂停戰協定之後，由英軍和漢
志王國軍隊佔領的外約旦拒絕法軍的進入。英國也反對漢
志國王侯賽因兼併外約旦的要求。當時在敍利亞的費薩爾
政府曾宣佈外約旦是大敍利亞的一部分。1920年初，英法

之間締結了劃分殖民統治地帶的協定，外約旦劃歸英國管轄。1921年3月召開的開羅會議上，英國殖民當局確定了外約旦與巴勒斯坦分離，單獨實行委任統治，並承認漢志國王侯賽因的兒子阿卜杜拉爲外約旦的埃米爾。會議剛剛結束，阿卜杜拉被召到耶路撒冷與英國會談。英國答應每年給這位埃米爾津貼，而阿卜杜拉承認英國的權力。

1923年5月25日，英國駐巴勒斯坦高級專員赫伯特·塞繆爾正式聲明：英國與外約旦簽訂協定後，英國將承認外約旦獨立。塞繆爾聲明後，阿卜杜拉立即宣佈外約旦埃米爾國"獨立"。外約旦埃米爾國是個極小的國家，成立的時候人口才20萬。然而外約旦是英國在地中海和波斯灣的殖民地和附屬國之間走廊，對大英帝國在中東地區的戰略利益有着重要地位。

雖然外約旦宣佈了獨立，但與英國簽訂條約一事卻延期了。這是因爲外約旦的内外局勢還相當緊張。關於猶太復國主義的宣傳，和敘利亞起義者利用外約旦作爲基地，使國内動亂不已。1923年秋天，自發的起義和部落暴動席捲了中部地區。埃米爾的統治搖搖欲墜。英國決定充實由英國武裝起來並由英國軍官指揮的阿拉伯軍團。阿卜杜拉借助英國的力量軟硬兼施，鎮壓了起義。1924年8月，英國向阿卜杜拉發出了最後通牒。在通牒中要求將外約旦的財政置於英國的控制之下，軍隊正式置於英國軍隊司令的領導之下，交出與敘利亞反法起義有關的全部人員，將反英的阿拉伯民族的活動家驅逐出境。阿卜杜拉完全接受了英國的要求，隨後在政府和軍隊中進行了清洗。

　　在阿卜杜拉宣佈爲埃米爾的時候，亞喀巴和馬安地區
爲漢志國王所佔領，外約旦與敍利亞的邊境也未劃定。
1925年6月，當漢志王國的軍隊在内志軍的進攻下，節節
敗退，大勢已去的時候，漢志王國同意把亞喀巴和馬安併
入外約旦。7月，阿拉伯軍團和英國空軍佔領了馬安。
1927年5月，英國和沙特阿拉伯締結了吉達條約，沙特阿
拉伯被迫承認了外約旦對亞喀巴和馬安的主權。

　　1928年2月28日，英國與外約旦在耶路撒冷簽訂了條
約，從而把兩國關係以法律形勢固定下來。據1928年條約
規定，外約旦的外交、財政、軍隊、經濟發展均由英國人
控制，全部法律和法令均應符合作爲委任統治國英國的利
益。在外約旦履行上述義務後，英國將對它提供財政補
貼。締約後不久，阿卜杜拉頒佈了外約旦憲法，規定設立
一個立法會議。1929年10月新選出的議會批准了1928年的
英國外約旦條約。這就使英國的殖民統治有了一件合法外
衣。

　　英國參加第二次世界大戰以後，阿卜杜拉就打電報給
英國政府，表示完全支持英國的軍事力量，並在國内宣佈
戒嚴，開始實施外約旦保衞法。根據保衞法，阿拉伯軍團
總司令建立起軍事管制。戰爭中，阿拉伯軍團大大擴充
了，它的人數從1350人增加到16,000人。當1941年伊拉克
政變期間，阿拉伯軍團積極配合英軍行動，穿過敍利亞沙
漠進入伊拉克。1941年夏天，阿拉伯軍團的部隊參加了在
敍利亞的戰鬥。此後，阿拉伯軍團成爲英國在中東維持秩
序保衞後方安全的一支極爲重要的力量。它的部隊被廣泛

用來保衛機場、交通要道、軍用倉庫、港口和火車站。阿拉伯兵團的部隊曾駐紮在巴勒斯坦、伊拉克、伊朗等許多中東國家。阿拉伯軍團受英國中東總司令部的指揮。軍團的統帥部和外約旦政府間形式上的關係，在戰爭中更加削弱。它的經費中有六分之五由英國支付的。外約旦埃米爾對阿拉伯軍團的統帥權只是徒有其名而已。

四　伊拉克

第一次世界大戰結束的時候，英國軍隊佔領着伊拉克的大片領土，其中包括巴格達、巴士拉、摩蘇爾等最重要的城市。當英國殖民者賴着不走的迹象日益明顯，並建立起一個傀儡政府以後，阿拉伯民族獨立的希望破滅了。1920年，協約國在意大利聖雷莫會議上，將伊拉克置於英國的委任統治之下的決定更使伊拉克人民憤怒萬分。1920年 5 月，伊拉克各地爆發了反英戰爭，民族起義遍及全國，佔領軍一度只能龜縮在巴格達、巴士拉、摩蘇爾等城市裏。英帝國主義只是在調來大軍，花費了四千萬英鎊的軍費後才把起義鎮壓下去。

珀西・考克斯被英國政府匆忙派到伊拉克就任高級專員以收拾殘局。珀西熟悉中東事務，曾在伊拉克任職多年，有豐富的殖民經驗。他很快組成了一個臨時國務委員會，以遜尼派領袖賽義德為首相，將大臣的職位分給有勢力的家族和各地教派的頭面人物。每個大臣都有英國顧問。一切重大事務都受高級專員的監督。珀西巧妙的加强了英國的統治。

關於王位問題，大馬士革的國民會議提名阿卜杜拉爲伊拉克國王，但英國人卻看中了被法軍從敍利亞趕跑的費薩爾，因爲他在阿拉伯軍官中有許多擁護者。費薩爾於1921年8月23日登上了伊拉克王位，阿卜杜拉被安置在外約旦。

1922年，費薩爾同英國簽訂一項條約。條約表面上承認伊拉克王國的某種程度的“獨立”，實際上，條約規定了英國控制着伊拉克的軍事、經濟大權。伊拉克各政府部門都有英國顧問。1924年伊拉克又制定了憲法，進行選舉，完成了君主立憲國的一切手續。

1930年，英國同伊拉克簽訂了一項爲期二十五年的同盟條約。條約規定，伊拉克在外交事務的一切問題上都要和英國“進行充分和坦率的協商”。伊拉克同意英國在摩蘇爾等地區駐軍五年，並允許英國租借幾個空軍基地。英國則在戰爭時保衛伊拉克。條約附件還規定要優先錄用英國顧問。條約簽訂後，英國的委任統治宣告結束，高級專員改任英國駐伊大使。1932年10月伊拉克參加了國際聯盟。

費薩爾於1933年死去，由王子加齊繼位。1939年加齊在一次車禍中喪生，他的四歲幼子繼承王位。在他未成年前由費薩爾的長兄阿里的兒子阿卜杜拉·伊拉親王攝政。在加齊國王時期，伊拉克的政爭加劇了，內閣不斷更換和改組。1936年秋天，巴爾克·西德基發動了軍事政變，建立了獨裁統治。但第二年他就遭暗殺身亡。以後，一個軍事政變接着一個軍事政變，伊拉克陷入政變不已的痛苦之中。

伊拉克的石油資源，引起了帝國主義的爭奪。第一次世界大戰前，在摩蘇爾發現了油田。1912年，由英、德、荷三國的石油資本組成了土耳其石油公司。聖雷莫會議決定把德國的股份轉交給法國人，而洛桑會議期間，英國把它股份的一半出售給美國的新澤西美孚石油公司。這家土耳其石油公司就爲美、英、法、荷的資本家所掌握。在摩蘇爾的歸屬問題上英國和土耳其曾發生爭執。1925年摩蘇爾歸伊拉克後，伊拉克政府授予土耳其石油公司（後改名爲伊拉克石油公司）七十五年的特許權。1927年，又在基爾庫克附近發現了大油田。1931年伊拉克石油公司取得了底格里斯河以東的巴格達和摩蘇爾兩省的全部石油開採權。

其他石油公司也對伊拉克的油田感興趣。1932年，英國石油開發公司獲得了底格里斯河以西的石油開採權。此後，伊拉克的石油產量不斷上升，石油產地使用費成爲伊拉克的一項重要收入。

第二次世界大戰爆發後，伊拉克於 9 月 7 日同德國斷絕了外交關係，沒收德國財產，拘留了德國僑民。伊拉克政府聲明，它將根據1930年英伊條約的規定向英國提供交通上的便利，但除非遭到侵略，它將不參戰。英法在戰爭中的失利，使伊拉克多數領導人暗中高興。他們輕信軸心國的僞善宣言，以爲法西斯會支持阿拉伯的解放事業。他們希望利用英法的困境爭取巴勒斯坦、敍利亞、黎巴嫩等國的獨立。在1940年7月，伊拉克政府向英國提議，如果允許巴勒斯坦獨立，伊拉克將向軸心國宣戰。然而丘吉爾顧慮對猶太人不利，並怕引起巴勒斯坦的局勢不穩，而拒絕了這個建議。丘吉爾拒絕這個建議，使伊拉克政府分裂。一些激進分子在失望之餘，轉而謀求德意的支持。德國和意大利趁機插手，在廣播中大肆鼓吹對阿拉伯獨立事業的同情和支持，意大利駐伊拉克公使館成爲軸心國進行特務活動的中心。伊拉克在意大利參戰後仍然拖延着不與意大利斷絕外交關係。伊拉克的政界人物利用中立的土耳其秘密同德國特務聯繫。首相拉希德也同軸心國的一些代表關係密切，接觸頻繁。這一切引起英國非常不安。

11月，英國大使建議伊拉克攝政王迫使拉希德辭職，換上一個對英國友好的首相。這時拉希德已得到軸心國援助的保證，拒絕了攝政王要他辭職的要求，並公開聲稱，伊拉克在與英國結盟的同時，正在加強與“其他友好國家”的關係。次年1月，拉希德加緊了與軸心國的勾結，國防部長及其三位大臣因不滿而辭職。在內閣危機中，議會準備提出不信任案，拉希德被迫辭職。塔哈·哈希姆繼任首相。

拉希德不甘心失敗和號稱“四大金剛”的四位掌實權有野心的軍官勾結起來，企圖東山再起。1941年4月1日夜間，“四大金剛”出動部隊迫使首相辭職，攝政王在美國公使掩護下逃到英國在哈巴尼亞的空軍基地。在軍人支持下，拉希德重掌大權。爲了保護英軍基地，英國從印度向伊拉克緊急調派了一個主力旅在巴士拉登陸。拉希德反對向伊拉克再次派遣英軍。當英軍的後續部隊開始登陸後，伊拉克陸軍佔據英國在哈巴尼亞空軍基地附近的制高點。隨後伊軍指揮官警告說，禁止英軍一切飛行和移動，否則炮擊。5月2日，英國空軍對伊軍發動空襲。由於伊軍對英軍實力估計過高，不敢對只有一千多名英軍防守的空軍基地進攻，而只滿足於炮擊。英軍飛機的轟炸又使缺乏防空武器和防空常識的伊拉克軍隊驚慌失措。在緊急關頭，英國空軍頻繁出擊，伊拉克空軍很快被粉碎。防守基地的英軍大膽靈活的反擊，很快打敗了駐守制高點的伊軍。5月7日，哈巴尼亞的一千餘名英軍全面出擊，將伊拉克軍隊逐退到幼發拉底河畔。已到達巴士拉的英軍因交通受阻，遠水解不了近火，英國只好抽調駐巴勒斯坦的部隊，並從外約旦派出了邊防軍和阿拉伯軍團的士兵。這支臨時拼湊的部隊5月10日才越過伊拉克邊境。與此同時，應拉希德的請求，約有120架德國飛機經敘利亞到達伊拉克。自6月中旬起，一些軍用物資也從敘利亞用火車運抵伊拉克。這時德國正準備進攻克里特島的戰鬥，抽不出更多的力量幫助伊拉克，所以這點援助對親德的伊拉克人來說是太少了。德國飛機對哈巴尼亞的空襲也效果不佳，而損失慘重，加上燃料和配件不足，在這場戰鬥中未發揮多少作用。

從哈巴尼亞出發的英軍在阿拉伯軍團的配合下，繼續向前推進，到5月30日進抵距巴格達不遠的地方。這是一場力量懸殊的戰鬥，英軍只有一千多人，而在巴格達的伊拉克軍隊有一師人馬。可是，伊拉克軍方過高估計了英軍的兵力，加上在英軍空襲和炮擊下伊軍傷亡慘重，士氣低落，不久就土崩瓦解。拉希德和他的追隨者倉皇出逃，巴格達市長向英軍投降。德國飛機急忙逃往敍利亞，不久就撤回歐洲。攝政王和他的一部分大臣於 6 月 1 日回到巴格達，隨後組成了以努里·賽義德爲首相的新政府。

　　1941年伊拉克的動亂，其原因是複雜的。伊拉克人民對英國的殖民者極爲反感，其青年軍官和學生反英情緒十分強烈。伊拉克政界人物均以民族主義相標榜。當希特勒橫掃西歐，英國孤軍奮戰，隆美爾進軍埃及之際，伊拉克一些激進的民族主義者，以爲是迫使英國讓步的好機會。但他們是一批目光短淺、昧於世界形勢的政客和懷有野心的軍人。他們寄希望於納粹德國，卻不了解希特勒的目標是在歐洲，無意於在中東下大賭注。軸心國對中東民族主義的支持，不過是爲了牽制英國而已。拉希德的失敗，也表明了伊拉克人民雖然有反英情緒，卻不相信在納粹德國支持下的軍人獨裁會生活得更好，因而人民持消極態度。

五　巴勒斯坦

　　猶太人由於堅持自己的宗教信仰和獨特文化傳統，使他們很難同其他民族融合。近代猶太復國主義的興起，是因爲受到歐洲民族主義運動的刺激。傳統的回鄉的渴望，因民族覺醒而加強了。猶太復國主義者主張世界各地的猶太人應組成一個單一的民族，並應設法在巴勒斯坦建立一個民族之家。十九世紀末葉以來，許多國家加緊了對猶太人的迫害。通過排外法令或限制猶太人移入的國家越來越多。在歐洲一些國家發生對猶太人的大屠殺以後，復國主義者得到了世界各國大多數猶太人的贊同和支持。1917年11月2日，英國外交大臣貝爾福在寫給猶太復國主義者的代表羅特希爾德的信中表示英國政府贊成在巴勒斯坦建立一個猶太人之家，即所謂貝爾福宣言。英國在這個時期發表宣言，並非對猶太人的偏好，而有着政治動機。協約國正準備在戰爭勝利後，分割土耳其的遺產，一些英國政治家認爲，如果在巴勒斯坦建立一個大規模的猶太人居留地，將對英國在中東的利益大有好處。當時英軍進攻巴勒斯坦的戰爭正在進行，貝爾福宣言這時發表將加强英國戰後在中東的支配地位。

戰爭結束時，巴勒斯坦的人口有55萬人，其中基督教徒7萬人，猶太教徒5萬人，穆斯林43萬人。猶太復國主義者對貝爾福宣言表示熱烈擁護，而巴勒斯坦的阿拉伯人認爲，他們的土地是敍利亞的一部分，希望建立一個以阿拉伯人爲主的國家，反對猶太人移民的進入。當戰爭結束後，隨着猶太移民大批湧入巴勒斯坦，阿拉伯人與猶太人之間衝突就開始了。1920年4月，發生了第一次流血事件，從此開始了巴勒斯坦動蕩不安的歷史時期。就在這個月，列强在聖雷莫會議上，決定了英國對巴勒斯坦的委任統治。英國希望將巴勒斯坦併入其帝國，因爲巴勒斯坦接近蘇彝士運河區，適合作爲摩蘇爾石油的出口地，又處於中東地區的關鍵位置。此外，英國佔領巴勒斯坦還可以阻止法國控制地中海東海岸。然而英國的統治一開始就困難重重。爲了治理這個複雜的地區，英國殖民者建立了四個單獨的、平行的機構。最重要的是英國高級專員領導下的執行政府，由高級專員任命各行政部的負責人，這些部門負責官員組成內閣。第二個機構是猶太民族議會和議會任命的猶太民族委員會，高級專員承認它是巴勒斯坦猶太人的代表機構。第三個是國際猶太復國組織，其總部設在倫敦，它有若干名執行委員住在巴勒斯坦，奉總部之命開展工作。這三個機構分別代表英帝國主義、猶太移民和全世界的猶太人。第四個是代表巴勒斯坦阿拉伯人的阿拉伯執行委員會。以上機構，都有行政權力，因而在巴勒斯坦同時並存着四個"政府"，每個"政府"又有幾個派別和集團，這就使政治舞台上變幻莫測。

對巴勒斯坦而言，最重要、最敏感的是移民問題和人口問題。猶太復國主義者希望猶太人盡快佔多數，以便建立一個獨立的猶太人國家，所以鼓勵大量移民。英國當局認爲移民要有一定的限額，以便使移民的數量不超過巴勒斯坦所能負擔的經濟能力。由於猶太移民中具有一定技術和資產的人數比較多，而且有世界猶太復國組織的資助，因而移民的數量迅速增加，1920年到1939年間的移民超過30萬人。使巴勒斯坦猶太人總數上升到44萬人，佔當地總人口的30％。同一時期，阿拉伯人的流入也相當多，加之阿拉伯人的出生率高，到1939年約有104萬阿拉伯人居住在巴勒斯坦，但增長速度仍趕不上猶太人。每當移民達到高潮時，阿拉伯人和猶太人之間衝突就會加劇。希特勒上台後，大批中歐的猶太移民湧入巴勒斯坦，使阿拉伯人十分不安，由騷亂發展爲暴動，阿拉伯游擊隊襲擊各地警察局和行政部門，到1938年10月，起義者佔領了耶路撒冷舊城。猶太人組織了秘密的軍事組織，向阿拉伯人發動襲擊，巴勒斯坦處於內戰的邊緣。英國向阿拉伯諸國和世界猶太人組織發出邀請，希望在倫敦舉行的會議上找到一個解決辦法。但因雙方分歧過大，而沒什麼結果。於是英國在1939年5月17日發表了一個白皮書，宣佈它要單方面解決巴勒斯坦的僵局。當時希特勒已吞併了捷克斯洛伐克的剩餘國土，歐洲正面臨着嚴重的戰爭危機，英國爲了確保中東的石油和遏止阿拉伯親軸心國的傾向，在白皮書中建議結束委任統治以便建立一個獨立的、阿拉伯人佔優勢的巴勒斯坦國。建議書規定這個國家在十年後成立，在十年過渡期內將制訂一個確保猶太人權利的憲法。過渡期的前五年中，移民限額爲75,000名，其後五年根據阿拉伯人的意見再定。阿拉伯人拒絕這個建議，要求立即實行獨立。猶太人反對這個文件，認爲這樣一來，將把猶太移民在五年後凍結起來，從而使建立猶太人佔多數的國家的希望破滅了。巴勒斯坦猶太人的極端分子用恐怖行動來回答英國的建議。

當第二次世界大戰開始的時候，巴勒斯坦依然一片混亂。在英國委任統治的二十年間，巴勒斯坦政治形勢愈來愈糟，任何建立有效自治政府的計劃都沒法實現，獨立的希望更加渺茫。英帝國主義者希望巴勒斯坦成爲它在中東統治的基石，到頭來卻無法收拾它自己造成的兩難局面。猶太復國主義者以極大的毅力在巴勒斯坦建立起一個猶太人的民族之家。但是，他們並没有認識到這侵犯了另一個民族的利益。阿拉伯人在這裏已生活了上千年，理所當然的認爲自己是這片土地的主人。當他們看到周圍的阿拉伯國家一個個爭取到獨立或自治之後，更加深了對英國人的怨恨，猶太復國主義者雖然感激貝爾福宣言使他們名正言順地移居巴勒斯坦，但對英國人對移民的限額深爲不滿，英國殖民者成爲敵對雙方所厭惡、兩面不討好的角色。

第十三章

戰後民族主義的高漲

一　中東獨立之風

1．新獨立國家的湧現

　　中東十九個現代國家中，第二次世界大戰前獨立的只有八個，僅佔42％。其餘58％的國家都是在二次大戰後才獲得獨立的，可見，戰後民族解放運動的高漲已極大地改變了中東地區的政治地圖。戰後取得獨立的中東國家中，黎巴嫩是在二次大戰期間宣佈獨立的，戰後初期獲得獨立的國家有敍利亞、約旦、以色列。蘇丹是在五十年代宣佈獨立的，六十年代獲得獨立的有科威特和民主也門[*]。巴林、阿聯酋、卡塔爾^{**}都是在七十年代取得獨立的。八十年代取得獨立的是巴勒斯坦國。　　　　 ＊即葉門　＊＊即卡達

　　黎巴嫩的領土面積只有１萬餘平方公里，五十年代初人口也只有120餘萬，到1982年已增至331萬餘人，其中有60萬左右是巴勒斯坦逃來的難民。第一次世界大戰以後，

黎巴嫩與敍利亞一起是法國的委任統治地。二次大戰爆發以後，維希政府陰謀把黎巴嫩拱手轉交給納粹德國統治。1941年6月，英國軍隊進攻黎巴嫩，經過激戰才迫使維希政府的殖民軍投降。同年11月26日，戴高樂任命的法國委任統治總特派員卡特羅將軍宣佈對黎巴嫩的委任統治結束，並取得“獨立自主”。但當1943年黎巴嫩新選出來的議會決定刪去憲法中一切提到法國在黎巴嫩享有特權的條款時，卡特羅將軍立即原形畢露，派軍隊逮捕了新當選的貝沙拉·庫里總統及里亞德·蘇勒總理和其他政府成員，並宣佈實施戒嚴令。卡特羅此舉立即引起黎巴嫩各階層人民的憤怒抗議，其他阿拉伯國家也紛紛抗議法國殖民者的倒行逆施。黎巴嫩工人舉行抗議總罷工，許多城鎮舉行抗議示威遊行，還出現了許多自發的反法起義。由於黎巴嫩人民堅持要求獨立的抗爭，也出於反法西斯戰爭的需要，法國殖民者被迫在11月21日釋放被捕的黎巴嫩政府首腦。11月22日，黎巴嫩政府重新開始工作，憲法得以執行，法國被迫將各種重要權力移交給黎巴嫩政府。因此，11月22日就被定爲黎巴嫩共和國的獨立節。由於黎巴嫩的教派勢力强大，新議會規定議員中基督教徒要佔30席，穆斯林要佔25席。總統必須是基督教馬龍派教徒擔任，總理由伊斯蘭遜尼派教徒擔任，議長由伊斯蘭十葉派教徒擔任。隨着穆斯林在人口中比重逐漸增大，穆斯林也就日益要求改變此種權力分配的結構。因此，從黎巴嫩獨立之初就已播下了內戰的種子。

敍利亞領土面積爲187,000平方公里，人口在五十年代初爲300多萬，1986年已增至1,080餘萬人。敍利亞和阿拉伯一起在1941年11月26日由法國的卡特羅將軍宣佈取得“獨立自主”權。1943年7月，敍利亞舉行議會選舉，舒克里‧庫阿特利成爲敍利亞共和國的第一任總統，薩達拉‧賈比里任政府總理。但歐戰結束以後，法國駐敍利亞的委任統治總代表卻通知敍利亞和黎巴嫩政府，要求他們立即承認法國在這兩國的軍事和教育部門應擁有特殊地位。敍利亞政府當即予以拒絕。法國駐軍於1945年5月29日悍然向大馬士革開炮轟擊。法國殖民者的暴行立即激起了敍利亞人民和國際輿論的憤怒。敍利亞和黎巴嫩政府一起向聯合國安理會提出控訴，聯合國以多數票通過了要求法軍撤出敍利亞和黎巴嫩的決議。1946年4月17日，法國軍隊終於撤出敍利亞和黎巴嫩。敍利亞遂定4月17日爲國慶節。敍利亞獨立以後在1958年曾與埃及組成阿拉伯聯合共和國。1961年9月，敍利亞宣佈脫離阿拉伯聯合共和國，改國名爲阿拉伯敍利亞共和國。1971年9月，敍利亞、埃及、利比亞三國又組成阿拉伯共和國聯邦。

約旦領土面積爲9萬6千平方公里，五十年代初人口爲120萬，到1986年已增至360萬人。1946年1月，英國向聯合國表示它將結束對外約旦的委任統治。同年3月22日，英國外約旦條約在倫敦簽訂，正式宣佈廢除英國的委任統治，外約旦成爲獨立國家。但英國殖民勢力決不甘心完全放棄外約旦，所以在條約附錄中又規定英軍繼續留駐外約旦、英國軍官控制外約旦的武裝力量阿拉伯軍團等等特權。1946年5月25日，外約旦哈希姆王國正式宣告成

立，這一天就成爲約旦的國慶節。1946年11月28日，議會
通過新憲法，憲法授予國王廣泛的權力。國王有權任命首
相和大臣、有權解散議會、保有絕對否決權、國王還兼任
武裝部隊總司令。所以約旦是一個以國王爲中心的君主立
憲國家。由於英國與外約旦的條約中保留的英國特權太多
太過分了，它遭到約旦人民和其他阿拉伯國家的反對。
1947年9月，外約旦國王阿卜杜拉要求英國加以修改。
1948年3月15日簽訂了一項新的同盟條約，但仍然保留了
英國的駐軍權。1949年4月，外約旦國王把約旦河西岸巴
勒斯坦土地合併進來以後又改國名爲約旦哈希姆王國。

蘇丹領土面積250萬餘平方公里，五十年代初人口約
800萬，到1986年已增至2,260餘萬人。1951年10月15日，
埃及政府宣佈廢除1936年英、埃共管蘇丹的協定。1952年
埃及"七月革命"以後曾宣佈阿赫邁德·福阿德二世爲埃
及與蘇丹國王。不久，埃及政府與蘇丹主張獨立的烏瑪黨
（國民黨）領袖達成協議，同意在1952年底建立蘇丹自治
政府。1953年2月英、埃簽訂結束共管蘇丹的協定。3月
21日，蘇丹自治法通過後開始舉行議會選舉。烏瑪黨與民
族聯合黨在11月間的競選中後者得勝，民族聯合黨在參議
院的92席中取得47席、衆議院的50席中取得31席。1954年
元旦，英國總督主持了議會開幕式，民族聯合黨的領導人
伊斯梅書·阿扎里被選爲自治政府總理兼内政部長。1955
年8月，民族聯合黨和烏瑪黨共同要求英、埃撤軍。英、
埃同意撤軍，但要求蘇丹舉行公民投票來決定它的前途。
這個要求雖爲蘇丹兩黨接受，但蘇丹衆議院和參議院分別

於12月19日、22日宣佈蘇丹成爲獨立國家。英、埃兩國於1956年元旦宣佈承認蘇丹的獨立，1月1日就成爲蘇丹的獨立日。阿扎里再次組成一個新政府。3月，蘇丹議會決定定國名爲蘇丹共和國。

也門民主人民共和國領土面積有288,000餘平方公里，五十年代初人口僅60萬，到1986年已增至220萬人。南也門是英國的殖民地，二次大戰期間，由於轉運軍事物資使亞丁成爲英國僅次於倫敦和利物浦的第三大港口。因此戰後英國就策劃在南也門實行假獨立以保持對這一戰略要地的控制權。1959年2月11日，英國把西亞丁的六個蘇丹國、酋長國和教長國拉入由它炮製的"南阿拉伯酋長國聯邦"，1963年又改名爲"南阿拉伯聯邦"。到1963年3月，加入這個聯邦的酋長國增至十四個。1964年6月，所謂"南阿拉伯聯邦制憲會議"在倫敦宣佈，它將在1968年以前取得"獨立"。但是由"解放被佔領的南也門民族陣線"於1964年10月14日在拉德凡山區的戰鬥粉碎了英國的如意算盤。南也門人民經過三年多的艱苦奮鬥，到1967年11月間已解放了南也門大部分地區。11月29日，英國軍隊被迫全部撤離亞丁。同時，"民族陣線"的代表和英國政府代表在日內瓦談判，英國被迫同意南也門獨立。11月30日，"民族陣線"宣佈南也門獨立，宣佈成立南也門人民共和國。1970年11月又改名爲也門民主人民共和國。11月30日是它的獨立日，10月14日是國慶節。

巴林領土面積僅有660平方公里，是中東最小的國家。五十年代初人口僅有12萬，到1986年已增至43萬人以上。1968年１月，英國宣佈將在1971年年底以前從波斯灣撤軍。同年２月，巴林曾準備加入擬議中的阿拉伯酋長國聯邦。但巴林卻於1971年８月14日自行宣告獨立，８月16日又將國名改成巴林國，酋長改稱埃米爾。12月16日是國慶節（埃米爾即位日）。

　　卡塔爾領土面積一萬餘平方公里，五十年代初僅有35,000人，到1986年已增至31萬人以上。卡塔爾和巴林一樣，也曾準備加入擬議中的阿拉伯酋長國聯邦。但也於1971年９月１日宣告獨立，改稱卡塔爾國，酋長改稱埃米爾。卡塔爾的獨立日和國慶日都是９月３日。

　　阿拉伯聯合酋長國*領土面積八萬五千餘平方公里，五十年代初僅有８萬多人，到1986年已增至140萬人。1968年擬議的阿拉伯酋長國聯邦由於巴林和卡塔爾分別自行宣佈獨立而未能產生。其餘六個酋長國：阿布扎比、迪拜、沙迦、阿治曼、富查伊拉、烏姆蓋萬就聯合成阿拉伯聯合酋長國（1971年12月２日）。次年哈伊馬角酋長國也加入聯合體。12月２日是該國的獨立日和國慶節。

　　巴勒斯坦國是中東也是世界上唯一暫時有國無土的國家。聯合國第181號決議曾規定要在巴勒斯坦建立一個阿拉伯國，面積爲一萬一千餘平方公里。但由於以色列侵佔了這些土地，阿拉伯國終於未能成立起來。可是，數百萬巴勒斯坦難民迫切需要有一個能保護自己民族生存權利的國家。1964年成立的巴勒斯坦解放組織被阿盟承認爲巴勒斯坦人民的代表，並已得到世界上一百多個國家的承認，向八十多個國家和國際組織派駐了代表或觀察員。1974年

*即阿拉伯聯合大公國

6月在開羅召開的巴解組織第十二次大會上，決定要建立一個獨立的巴勒斯坦國。1988年11月15日，在阿爾及爾舉行的巴勒斯坦全國委員會第十九次特別會議的閉幕式上，巴解組織執委會主席阿拉法特宣告正式成立巴勒斯坦國，首都定於耶路撒冷。縱觀中東新獨立國家只有南也門是依靠武力取得勝利的，其餘都是在本國民族解放運動的強大壓力下，通過談判迫使英、法殖民主義者交出統治權，撤出軍隊，取得獨立。

2．廢君主　立共和

在十九個中東國家中，實行酋長國聯邦制的國家是阿拉伯聯合酋長國。七個酋長國的酋長組成聯邦最高委員會，這是最高權力機構。它每年開兩次會，討論有關聯邦的大事。七國中最大的阿布扎比酋長阿勒納哈揚·扎耶德·本·蘇丹被選為聯邦總統，任期五年，連選連任。最高委員會之下設有聯邦內閣，負責執行最高委員會的決定，還有負責制定法律的聯邦全國委員會，它相當於議會，但無權選舉國家元首。因此，阿聯酋仍是一個實行酋長統治制度的國家。每個酋長國雖也有內閣，但只不過是酋長意志的執行機構。實行君主制的國家有五個。沙特阿拉伯是政教合一的王國，國王執掌全國的政治、宗教、經濟、軍事大權。國王既是首相又是教長，還是大臣會議的當然主席。大臣會議相當於內閣，由各部大臣和國王顧問組成。"王室長老委員會"由親王組成，負責國王空缺時推選新國王和王儲。沙特阿拉伯王國的創始人伊本·沙特在1953年去世後，其長子沙特繼位。1964年11月，大臣會議和長老委員會共同決定廢黜沙特，立伊本‧沙特的次子費薩爾爲國王。費薩爾於1975年3月被刺死由其弟哈立德繼任。阿曼是由世襲的蘇丹（國王）全權統治的國家，所以沒有憲法和議會，並禁止一切政黨活動。現任蘇丹卡布斯‧本‧賽義德是1970年7月經宮廷政變廢黜其父上台的。卡布斯上台後又和他的叔父賽義德‧泰穆爾發生權位爭奪，卡布斯將其叔父免職，自任首相，實行一定程度的改革。卡布斯青年時期留學英國，並曾在英軍中服役，奉行親英政策。科威特、卡塔爾和巴林均爲酋長家族世襲統治，酋長均已改稱埃米爾。卡塔爾的埃米爾哈利法‧阿勒薩尼也是於1972年2月，經宮廷政變廢黜其堂兄艾哈邁德‧阿里後就任埃米爾的。他還兼任首相，設有大臣會議和顧問委員會。禁止一切黨派的活動，但有臨時憲法。巴林現任埃米爾伊薩‧本‧蘇萊曼‧哈利法是第十代埃米爾。1961年11月其父去世，他作爲長子繼位。1973年12月，他任命其弟哈利法‧本‧蘇萊曼‧哈利法爲首相。巴林有民族解放陣線、民族力量陣線以及全國聯盟等政黨活動。這些埃米爾統治的國家，人民都要求改革政治體制。有些國家，如科威特、巴林等國也一度頒佈過憲法，召開過議會。但儘管這些憲法和議會權限極爲有限，仍爲世襲統治家族所不容。巴林第一屆議會在1975年被埃米爾解散，科威特埃米爾也於1976年解散了議會。人民要求民主政治是時代的潮流，王公貴族的世襲統治體制顯然已不適應時代的需要，但如何做到既要滿足人民的民主要求，又要保持社會的安定和經濟的平穩發展是擺在這些君主國面前的重大歷史課題。約旦是中東唯一的一個君主憲制的國家，在前面已作過介紹。

中東地區有十二個國家是實行共和體制的，佔國家總數的62％。其中有七國在宣佈獨立時就成爲共和國的。它們是：土耳其共和國、黎巴嫩共和國、阿拉伯敍利亞共和國、以色列國、蘇丹共和國、也門民主人民共和國、巴勒斯坦國。另有五國是在戰後通過各種途徑從君主政體演變成共和制的。因爲五國情況各不相同需分別予以簡介。

埃及在戰後初期仍爲法魯克一世國王的統治之下。1948年剛剛處於28歲青年精力旺盛時期的法魯克國王生活上沉溺於聲色犬馬，政治上昏庸無能妄自尊大，並以阿盟當然領袖自居。但埃及軍隊在巴勒斯坦戰爭中被以色列擊敗一事，充分暴露了法魯克王朝統治的腐敗無能。戰後法魯克國王非但不勵精圖治，反而將戰敗的責任推委給軍隊。1952年1月，法魯克國王又罷免了代表埃及單方面廢除1936年英、埃同盟條約的納哈期首相以取悅英國殖民者，同年3月和6月又兩次更換首相。法魯克國王的所作所爲已完全與埃及人民的民族願望相背離，更引起了軍隊、特別是中、下級軍官的強烈不滿。34歲的納賽爾中校領導秘密的“自由軍官組織”，順應人民羣衆的要求，在1952年7月23日發動武裝革命奪取了政權。7月26日，法魯克被迫宣佈退位出國，他的尚在襁褓中兒子福阿德二世繼位。革命以後雖然成立了一個文官政府，但政權實際上掌握在由“自由軍官組織”組成的革命指導委員會手中，納吉布中將被推舉爲革命指導委員主席。同年9月，納吉布任內閣首相。新內閣立即着手清洗政府、軍隊中的腐敗分子，並進行土地改革，徵收地主多餘土地，以低價售給少地農民。在人民的要求下，1953年6月18日，埃及共和國宣告成立，法魯克王朝壽終正寢。納吉布被推爲埃及共和國第一任總統兼總理，納賽爾任副總理兼內政部長。納吉布認爲革命已經成功，反對納賽爾等多數派要求深入進行革命的主張。1954年4月18日，納吉布被解除了職務，納賽爾任政府總理。新政府立即謀求使英國佔領軍盡速撤離蘇彝士運河區。

戰後初期的伊拉克王國政治上十分黑暗。費薩爾二世在1945年時才是一個10歲的稚童，國家大事全由其堂伯父攝政王儲阿卜杜勒·伊拉和努里·賽義德作主。在伊拉克王國，努里·賽義德權勢尤爲顯赫，他是費薩爾一世時期的重臣，從1930年起到1958年曾擔任過十四次首相，他不任首相時也是處於幕後操縱地位。努里·賽義德政權對外繼續投靠英、美，對內嚴厲鎮壓人民民主運動。1945年10月，伊拉克政府軍在英軍的支持下鎮壓了由巴爾扎尼領導的庫爾德族人要求民族自治的起義。1946年底，將伊拉克共產黨、民族解放黨的領袖逮捕，並於1949年2月，將伊共總書記等領導人處死。伊拉克王國政府多次實施戒嚴，取締許多報紙雜誌，查封學校，取締一切進步政黨。這些反動措施激化了國內各階層與王族統治者之間的矛盾。在對外關係上，伊政府迎合美國冷戰戰略的需要，在1954年與美國簽訂秘密軍事協定，美國軍事顧問團進入伊拉克。

1955年2月又與土耳其簽訂互助合作條約，同年英國、巴勒斯坦和伊朗也先後加入該條約。因該條約規定締約國須在"安全與防禦"方面進行合作，具有軍事同盟性質，被稱爲"巴格達條約"。1956年4月，美國也宣佈參加該條約的"經濟委員會"和"反顛覆委員會"。1958年2月，伊政府又宣佈建立與約旦的阿拉伯聯邦。同年5月，黎巴嫩人民起義爆發，7月初起義者包圍了貝魯特。努里·賽義德決計派兩個旅的伊拉克軍隊去鎮壓黎巴嫩的起義者。但是這兩個旅的司令官卡塞姆和阿里夫拒絕去進攻自己的阿拉伯弟兄。他們早已在軍隊中建立"自由軍官"秘密組織，準備仿效埃及革命推翻費薩爾王朝。於是這兩旅伊軍調轉槍口向巴格達進軍。7月14日，他們在人民羣衆的支持下迅速攻佔了皇宮和政府機關，並當場擊斃費薩爾二世、阿卜杜勒·伊拉和努里·賽義德等人。同日，伊拉克共和國宣佈成立，卡塞姆成爲政府總理兼國防部長和武裝部隊總司令，阿里夫任副總理兼内政部長（因與卡塞姆有分歧於年底被免職）。新政府宣佈執行積極的中立政策，先後與一些社會主義國家建立外交關係。1959年3月，伊拉克正式退出"巴格達條約"組織。5月，又廢除1954年簽訂的美、伊軍事協定。同年12月，伊拉克宣佈廢除伊、土互助合作條約。但是到1961年科威特宣佈獨立以後，卡塞姆政府由於向科威特提出兼併的要求未能得逞而與承認科威特的阿拉伯國家斷絕了外交關係。卡塞姆政府在外交上陷入困境的同時，又在内政上弄得民怨沸騰，巴爾扎尼在1962年重新舉起要求民族自治的旗幟發動庫爾德人起義，起義迅速席捲伊拉克東北部。1963年2月8日，阿拉伯復興社會黨聯合軍隊發動軍事政變推翻了卡塞姆政府。次日，卡塞姆被處決。曾被卡塞姆罷官的阿里夫上校任總統，貝克爾任總理。同年11月，阿里夫總統從政府中把非伊拉克的復興社會黨人排除出去。1966年4月間，阿里夫總統因直升飛機墜毀喪生，其兄繼任總統。1968年7月17日，復興社會黨人又聯合青年軍官推翻了阿里夫第二政權。7月30日，復興社會黨人建立他們的一黨政權。9月，臨時憲法規定，革命指揮委員會成為最高權力機構，貝克爾任主席，薩達姆·侯賽因任副主席。薩達姆是貝克爾的侄子。1979年7月，65歲的貝克爾辭去了一切職務，42歲的薩達姆接任黨的總書記、總統、革命指揮委員會主席和武裝部隊總司令職務。薩達姆執掌全權以後不久就將伊拉克引入戰爭之路。

也門王國是一個極其落後的神權統治國家。伊斯蘭教教長伊瑪姆就是國王，他代表宗教和酋長特權階層對全國實行統治。這個國家以農業為生，但絕大部分的肥沃土地均掌握在伊瑪姆和封建地主手中，屬於農民的不到10％。封建主往往佔有成百上千公頃的土地，他們出租土地常常要收取收穫物的三分之二到四分之三，廣大農民一貧如洗。也門王國的穀物年產量在1952至1954年間平均為75萬噸，到1962年降至55萬噸，根本不夠吃用，須從國外進口糧食。戰後初期繼續統治也門的伊瑪姆葉海亞老朽昏庸拒絕任何改革的要求。而與國外市場有聯繫的商業資產階級和自由地主卻強烈要求對外開放和實行君主立憲制。他們組織的"大也門協會"在1947年9月公佈了"神聖民族憲章",要求建立議會制訂憲法和組織內閣。1948年2月17日,反對派分子起義(主要是薩那軍事學校的學員),殺死了老伊瑪姆葉海亞及其親信,擁立阿卜杜拉·瓦齊爾爲伊瑪姆。葉海亞的長子文哈邁德率領正規軍在3月11日殺回薩那城,逮捕和殺害了起義者首領,成爲新的伊瑪姆,並將國名改稱"也門穆塔瓦基勒王國"(因其父有"穆塔基勒"即"信奉上帝的人"稱號)。艾哈邁德上台後不得不實行極有限的改革,成立了相當於內閣的大臣會議,開始興建碼頭和工廠。1948年起義雖然失敗了,卻喚起了也門人民的民族覺醒。1952年一個稱爲"也門聯盟"的反對派組織出現了,但該組織也僅僅要求實行君主立憲制度。他們和一些軍官發生關係,在1955年3月,由賽拉亞上校率領塔伊茲衞戍部隊舉行武裝起義,逼迫正在那裏的伊瑪姆艾哈邁德退位,擁立他的兄弟阿卜杜拉爲伊瑪姆。但艾哈邁德的兒子巴德爾迅速率軍爲其父解除塔伊茲之圍。阿卜杜拉被處以絞刑,其他起義者被斬首。此後艾哈邁德就自任首相,巴德爾任副首相兼外交和國防大臣。從1958年起,也門出現了"人民民主聯盟"(共產黨)、"阿拉伯復興社會黨"、"阿拉伯民族主義者運動"等組織,這些組織都提出推翻封建神權統治成立共和國的民主革命主張。同時也出現了類似埃及的"自由軍官組織"準備採取行動。這時統治集團內部出現裂痕,巴德爾乘其父去意大利療養之機實行某些改革,撤換了伊瑪姆的許多寵臣。艾哈邁德急忙趕回國把巴德爾軟禁起來並處死了一些改革參與者。艾哈邁德的倒行逆施更激起了民憤，在發生了多次謀刺案之後，終於在1962年9月19日伊瑪姆艾哈邁德被刺殺身亡。巴德爾成爲新的伊瑪姆後，美國人對巴德爾執行與東方國家、特別是與社會主義國家友好的方針極爲不滿，欲策動政變扶植親美分子上台。"自由軍官組織"對美國的計劃十分不安，遂於9月26日，在陸軍參謀長的領導下突然發動武裝起義，包圍了巴沙伊爾宮（巴德爾的住所），經過數小時的戰鬥後，起義者取得勝利。次日晨，"阿拉伯也門共和國"宣佈成立，薩拉勒任總統。巴德爾逃到北部山區糾合保王分子發動反對共和國的內戰。薩拉勒爲消滅巴德爾的反抗與埃及簽訂了軍事防禦條約，埃及派數萬軍隊到也門參與反對保王分子的戰爭。也門內戰持續多年，薩拉勒政權主要依靠埃及軍隊的支持才能維持。1967年第三次阿、以戰爭時，埃及從也門撤回軍隊。11月初，薩拉勒去莫斯科參加"十月革命"五十周年慶典時，國內反對派在11月5日發動政變，薩拉勒被推翻，組成以埃里亞尼爲首的共和國委員會。1970年3月，埃里亞尼政府與保王派力量達成停戰協議，內戰才告結束。此後共和國政權又幾度易手，1978年7月，塔伊茲軍區司令薩利赫中校被推選爲總統兼武裝部隊總司令，1983年他再次當選連任總統職務。

查希爾國王統治下的阿富汗是一個君主立憲國家。國王世襲，國王、參議院和國民議會共同組成的國會行使立法權，國王和內閣共同行使行政權。阿富汗戰略地位重要，歷來是大國爭奪的對象。二次大戰以後阿富汗王國採取中立的對外政策，但美、蘇兩國都欲將阿富汗置於自己的勢力範圍之內，想方設法要破壞阿的中立外交。1953年9月，查希爾國王的堂兄弟穆漢默德·達烏德組成新內閣。1955年發生阿富汗與巴基斯坦的邊界衝突，阿富汗的主要對外貿易渠道被卡斷。這一事件促使達烏德政府向蘇聯等社會主義國家求助。蘇聯向阿富汗的第一個五年計劃建設提供了外滙貸款的60％以上，到1959年同蘇聯的貿易額已佔阿富汗外貿總額的33.1％。達烏德政府還在國內進行了一定程度改革，如廢除婦女必須帶面紗的規定，加强中央對地方行政的管理等等。但是達烏德政府的這些內外政策遭到國內封建主的强烈反對，1963年3月，他離開了首相崗位。1973年7月17日，阿富汗發生軍事政變，查希爾王朝被推翻，阿富汗共和國成立，達烏德任國家主席、總理兼外交部長和國防部長。1977年2月，達烏德又改任總統。達烏德對蘇聯當時推行霸權主義政策有所抵制，從政府中清除了一些親蘇分子。這又爲蘇聯所不容，1978年4月，在蘇聯的支持下，阿富汗人民民主黨發動武裝政變，殺死達烏德，奪得政權，並改國名爲阿富汗民主共和國。

伊朗也是一個君主立憲政體的國家，巴列維國王在1954年8月中間，那場反對摩薩台政府的先敗後勝的政變中，曾被迫出逃到羅馬渡過了心驚肉跳的四天，他領略了流亡君主的滋味。因此在六十年代初他決計排除阻力要在伊朗實行一場"白色革命"，以便消除足以推翻他的統治的種種社會隱患。巴列維國王認爲農民沒有土地而世代貧

因是社會動亂的基本原因，所以他把實行"土地改革"作
爲"白色革命"的頭一件大事。巴列維的"土改"確實把
大地主多餘的土地、王室土地、國有土地的一部分分配給
數萬戶農民。這當然觸犯了地主們的眼前利益，也勢必引
起他們的反抗。"白色革命"還允許給婦女選舉權、全部
森林水源均爲國有、工人參加工廠分紅以及限制宗教勢力
等措施，又觸犯了強大的伊斯蘭教組織的利益和教規。巴
列維僅僅注意到人民的反抗可以傾覆他的統治，卻沒有注
意到如果激起宗教界和地主們的反抗同樣也可使他倒台。
巴列維國王及其謀士們一面殘酷鎮壓力主民主革命的進步
黨派和人士，另一面又要借用他們的某些方法來爲鞏固自
身的統治服務，甚至號稱自己也在實行"積極的社會主
義"。成果當然是有的，據世界銀行統計，伊朗在1965至
1980年間，國內生產總值的年平均增長率達到6.2%，這
是個不低的速度。但隨着經濟的發展，通貨膨脹也加快
了，流入城市的人口過多，形成了衆多的無業人羣，產生
的社會問題更多。伊朗宗教領袖霍梅尼早在四十年代就著
書反對巴列維王朝的獨裁統治，五十年代又同情摩薩台反
對巴列維國王，六十年更竭力攻擊巴列維的"白色革命"
而被捕，次年10月被驅逐出國。他在國外繼續領導國內的
反政府活動。1977年底，伊朗幾十個城市發生反政府騷
亂。巴列維國王一面宣佈在十二個城市實行軍管，另一面
又兩次更換內閣首相，以至組織軍政府。但均無法鎮壓聲
勢浩大的動亂。巴列維見勢不妙，被迫於1979年1月16日
帶家眷乘飛機流亡國外。2月1日，霍梅尼返回伊朗並接

受了國家權力。3月底，伊朗舉行公民投票，決定廢除君主制，改國名爲伊朗伊斯蘭共和國。伊朗成爲一個奇特的政教合一的共和國。

3. 阿拉伯國家聯盟

簡稱"阿盟"，成立於二次大戰的末期。1944年9月，埃及邀請阿拉伯國家的外長在亞歷山大聚會，擬訂了"亞歷山大議定書"，決定建立阿拉伯國家聯盟。1945年3月22日，敍利亞、外約旦、伊拉克、沙特阿拉伯、黎巴嫩、也門、埃及七國代表在開羅舉行會議，通過了"阿拉伯國家聯盟公約"，宣告該組織正式成立。聯盟的宗旨是爲了密切阿拉伯各國之間的關係、加強成員國之間的協調和合作、保衛成員國的民族獨立和國家主權、全面考慮阿拉伯國家的事務和利益。根據聯盟公約規定，聯盟的最高組織機構是理事會，理事會設秘書長一人、副秘書長若干人，理事會每年舉行兩次例會（分別在3月和10月間召開），也可應兩個以上成員國的請求召開非常會議。理事會中每個成員國僅一個投票權，理事會主席由各成員國輪流擔任。"阿盟"總部設在開羅，理事會會址可在其他選定的地址召開，理事會的決議僅對贊成國有約束力。理事會下轄十六個委員會，分別研究政治、經濟、社會、法律、文化等問題。"阿盟"成員國除七個創始國外，陸續加入的還有：利比亞、蘇丹、摩洛哥、突尼斯、科威特、阿爾及利亞、索馬里、毛里塔尼亞、吉布提、巴林、卡塔爾、阿聯酋、阿曼、巴勒斯坦等十四國。巴勒斯坦戰爭中阿拉伯國家先勝後敗，各國深感有以軍事聯合對付以色列侵略之必要。1950年4月13日，又擬就"阿拉伯聯盟國家間聯合防禦和經濟合作條約"。6月17日，埃及、黎巴嫩、敍利亞、沙特阿拉伯、也門首批在條約上簽字，其他阿盟國家也先後參加該條約。此爲一軍事同盟條約，因爲它規定"締約國認爲對他們中的任何一國或者若干國或對他們的武裝部隊的任何武裝侵略行動都是針對全體締約國的"。締約國應"立即單獨或集體地採取包括使用武力在內的一切有效手段以擊退侵略和恢復和平與安全"。爲此，條約還規定應設立一個由各締約國陸軍參謀長代表組成的常設軍事委員會和由各締約國的外交部長和國防部長組成的聯合防禦理事會。該條約還規定爲了加強經濟合作還應設立經濟理事會。但實際上阿盟始終未能在軍事聯合上達到像北約和華約軍事組織那樣高的水平，因爲阿拉伯國家內部分歧太多太深了。

蘇彝士運河戰爭以後，阿拉伯國家愈益受到以色列侵略的嚴重威脅，爲了加強阿拉伯國家團結對抗以色列，1964年1月13日至16日，根據埃及總統納賽爾的倡議，在開羅舉行了阿拉伯國家第一次首腦會議。會議決定以後每年舉行這樣的會議一次，地點不定。但實際上會議舉行的時間並不完全是一年一次，也有一年舉行兩次的，如1964年。還有隔年或隔幾年舉行的，如1965年舉行第三次，1967年舉行第四次，1969年舉行第五次，1973年舉行第六次等等。第三次阿拉伯國家首腦會議上曾簽署過一份"阿拉伯團結公約"，主要是爲解決阿拉伯國家的分歧互不干涉内政團結對敵。

　　阿盟成立以後已經受了許多次歷史的考驗。巴勒斯坦戰爭後，外約旦兼併了約旦河兩岸的巴勒斯坦土地，阿盟曾決定要將約旦開除出聯盟。1955年，當伊拉克宣佈將與土耳其締結巴格達條約時，埃及、沙特和也門都曾威脅要退出上述聯合防禦條約。1979年3月，埃及又因與以色列達成戴維營協議而被停止阿盟成員國資格，阿盟總部也從開羅遷往突尼斯。1990年伊拉克入侵科威特，阿盟內部又分裂爲兩派，但多數國家對伊拉克的侵略持明確的反對態度。

二　中東工業化的征途

1．中東石油輸出國脫貧致富

　　中東地區不但戰略地位極爲重要，而且又是世界上唯一的特大石油庫。據1985年世界資源報告的資料，世界石油儲藏量爲958億噸，其中有540億噸藏在中東地下，佔世界總儲量的56.3％。戰後中東地區主要產油國的石油產量迅速增加：從1950年到1973年，沙特阿拉伯由2,690萬噸增至36,434萬噸，上升13.5倍；伊朗由3,226萬噸增至29,284萬噸，上升9倍；科威特由1,729萬噸增至13,866萬噸，上升8倍；伊拉克由648萬噸增至9,937萬噸，上升15倍；阿聯酋由0上升到7,408萬噸；卡塔爾由163萬噸增至2,757萬噸，上升17倍；阿曼也由0增至1,463萬噸。這些國家的石油絕大部分輸往國外。但是中東主要產油國在戰後初期經濟都十分窮困，社會面貌也十分落後。1944年沙特國王居然欠英國債款5,000萬美元以上，以至要求英、美石油公司預付石油產地費來暫渡難關，國王説如果他得不到這筆款子國家就將垮台！1947年伊朗制訂了一個七年發展計劃，所需投資僅6億5,000萬美元，但卻要向世界銀行借貸2億5,000萬美元。真可謂捧着金飯碗討飯吃！其原因是中東主要產油國的石油資源和生產完全被歐美石油壟斷資本控制。在1946年，僅英、美兩國的石油壟斷資本就控制了中東石油資源的92.5％和石油生產的95.2％。西方石油公司只需付很少的產地使用費（在科威特每桶石油付7美分，在沙特須付2角2分）就可將原油輸往世界市場牟取高利。如阿拉伯美國石油公司（美資）控制了沙特的全部石油生產，每噸石油的生產成本只有2.9美元，在世界市場上卻可以賣17美元。因此，石油利潤的大部分被外國資本掠走，石油資源的主人所得甚微。如沙特政府只得到石油利潤的10—20％，美國石油公司卻取走了80％以上。產油國每年從石油產地使用費中至多只能收入數千萬美元。如沙特阿拉伯在1950年以前每年從石油生產中僅能收入6,000萬美元。更嚴重的是國際壟斷資本爲了從石油產地取得廉價能源，又故意壓低國際石油價格，每桶石油標價只有1.8美元，比煤炭的價格還要低廉。西方工業國家正是利用從中東購的低廉石油推動戰後經濟的高速發展，使它們與中東的貧富差距愈拉愈大。對這種最不平等的經濟關係，中東各國早已忍無可忍了。

中東產油國中首先起來捍衞本國石油資源利益的是伊

朗王國。伊朗在1901年就以大約四萬美元的低價和收取未來利潤的16％的條件，把大部分開採石油的特權讓給西方公司，爲期60年。從那以後，西方石油公司（主要是英、美兩國的）就在伊朗生了根，汲取石油資源。1944年12月2日，根據年逾60歲的衆議員摩薩台的提議，伊朗議會通過了禁止向外國出讓石油租借權的法令。摩薩台這位體弱多病的老政治家接着又要求把英伊石油公司的資產設備收歸國有。他的石油國有化主張在1948年被廣大人民所接受。因爲這年6月，英伊石油公司宣佈它所得純利已由頭一年的2,600多萬美元增至5,200多萬美元，而它付給伊朗政府的產地使用費和稅款仍和前一年一樣只有不到2,000萬美元。這個消息公佈後立即激怒了伊朗人民，當然也使巴列維國王和大臣們深感不滿。於是伊朗政府通知英伊石油公司，它將要取得公司利潤的50％，而不是16％。公司對此沒有同意。巴列維國王接連更換了三位內閣首相也無濟於事。1951年3月7日，伊朗國民議會石油委員會通過了由民族陣線（摩薩台領導）提出的石油國有化法案，並定於5月2日付諸實施。英國立即向國際法院提出要求仲裁。伊朗政府拒絕了英國的抗議，英國就派軍艦進行威脅。4月28日，巴列維國王任命摩薩台爲首相。次日，伊朗就通過了一項沒收英伊石油公司財產的法令。5月29日，德黑蘭十萬人舉行示威遊行要求把英伊石油公司收歸國有。6月21日，伊朗政府決定實行石油國有化法，解散英伊石油公司。6月26日，英國外交大臣宣佈英國軍艦"毛里求斯號"已開往伊朗的阿巴丹港。8月22日，英、伊石油問題談判中斷。9月22日，伊朗向英國發去最後通牒。27日，伊朗人接管阿巴丹煉油廠，在英伊石油公司的英國人撤離阿巴丹。英國政府如此頑固地反抗伊朗的國有化計劃，是因爲得到了美國的支持。美國政府向英國提供三億美元以便讓它在美洲採購石油以解缺油之急，同時又拒絕原已答應給伊朗的經濟援助（2,400萬美元），還派總統特使哈里曼去伊朗施加壓力。1952年8月，美國總統杜魯門和英國首相聯合提議要把伊朗石油國有化問題提交國際法院。伊朗政府當然予以拒絕。針對美、英提出先向伊朗預付2,000萬美元以便從伊朗取得石油的建議，摩薩台反建議要英、美預付1億3,000萬美元。伊朗政府的反建議被英國拒絕以後，於10月22日宣佈斷絕與英國的外交關係。此後一段時間國有化工作再無進展，伊朗國內政局卻動蕩起來。摩薩台被迫辭職又復職，巴列維國出走又返回。摩薩台最後於1953年8月19日的一次政變中被推翻，並被判處三年監禁。摩薩台的國有化計劃雖然泡湯了，但1954年8月5日簽訂的關於石油問題的協議，仍然規定英伊石油公司所有設施、油井、設備等均爲伊朗的財產，只是股權仍屬英國及其他西方國家的公司所有，伊朗收取公司利潤的50％。正當伊朗艱苦爭取石油國有化之時，沙特阿拉伯已與阿美石油公司在1950年達成收取50％利潤的協議。接着科威特、伊拉克於1951年，巴林於1952年先後也與西方石油公司達成對半分成的協議。應該説這是中東產油國在保衛民族利益、爭取經濟獨立征途上取得的第一個勝利。

1960年9月10日至14日，伊朗、伊拉克、科威特、沙特阿拉伯和委內瑞拉五國在巴格達舉行會議，商討西方石油公司在8月間再次降低中東石油標價的對策。會議決定建立石油輸出國組織(OPEC)，以便協調成員國的石油政策，共同與國際石油壟斷資本進行抗爭。總部原設在日內瓦，1965年遷至維也納。以後，卡塔爾、阿聯酋等國先後加入，現有十三個成員國。OPEC成立以後在1971年2月迫使西方石油公司簽訂了“德黑蘭協議”提高了石油標價，石油標價以每桶1.8美元提高到3.01美元。同年7月，又作出決定，產油國政府應逐步地控制在本國的外國石油公司股權。1967年“六·五”戰爭爆發以後，中東產油國決定對支持以色列的國家實行石油禁運。這次石油禁運從6月持續到9月，是產油國運用石油武器反對帝國主義侵略的嘗試。1973年十月戰爭爆發後，六個中東產油國決定把原油價格提高17％，並對美國等支持以色列侵略的國家實行石油禁運。產油國奪回石油標價權以後立即在1974年1月將每桶原油價格從1973年9月的3.01美元提高到11.65美元。1975年又決定廢除石油標價制，實行單一價格制度。OPEC為了減輕第三世界石油進口國因原油提價遭受的損失，於1976年建立特別基金會對這些國家進行經濟援助（最初為8億美元，後增至16億美元）。1979年10月，原油價格每桶已升至14.5美元1981年10月更升到34美元。石油價格的大幅度上漲，產油國又紛紛將西方石油公司收歸國有，產油國的收入大幅度提高。OPEC成員國（十三國）的出口收入（絕大部分來自石油出口）從

1972年的143.7億美元猛增至1980年的2750億美元。中東
各產油國從石油生產中取得的收入再不是只有幾億、十幾
億美元了。以1972年與1980年比較，沙特阿拉伯的石油收
入由31億美元增至1029億美元，增加33倍；阿聯酋由5.5
億美元增至192億美元，增加34倍；科威特由16億美元增
至183億美元，增加11倍。有人認爲中東產油國暴富了，
有"暴發戶"的味道。其實中東產油國把本該屬於自己的
石油收入利益掌握在自己手中，取得自己應得的一份因而
致富，這是它們爭取經濟獨立的勝利成果。它們如今突然
富裕起來正好說明過去它們的貧窮完全是西方石油壟斷資
本恣意掠奪造成的。

　　中東產油國的經濟實力有了很大的增長。據世界銀行
統計，以1965年與1985年的國內生產總值相比較，沙特阿
拉伯由23億美元增至950億美元；科威特由21億美元增至
217億美元；阿曼由0.6億美元增至88億美元。1985年人均
國民生產總值分別爲：阿聯酋1.9萬美元，科威特1.4萬美
元，沙特0.8萬美元，阿曼0.6萬美元。這些國家擁有大量
的"石油美元"以後，都對國內基本建設進行大規模投
資，建設港口、機場、鐵路、公路、通訊、農場、商業金
融區和現代化的居民區，中東產油國已成爲當今世界最大
的建築工程勞務市場。經過幾十年的建設，這些國家的面
貌已煥然一新。同時它們還把巨額資金拿到國際市場上進
行投資，中東產油國已成爲國際投資市場的重要角色。與
此同時，這些產油國的居民生活條件也有了較大的改善，
但比起王室貴族來仍是有天壤之別，因而在人民中確也存

在着相當多的不滿情緒。

2．非石油輸出國的經濟發展

中東各國在經濟上貧富差別極大，大體上可分爲產油富國和非石油輸出的窮國以及介於這兩者之間的一些中等水平的國家幾大類。產油富國的人均國民生產總值有的可達10,000美元以上，而非石油輸出窮國如蘇丹只有300美元、也門只有540美元。非石油輸出國或者沒有石油可採或者只有少量石油生產僅供國內之需。在這些國家中又以土耳其、埃及和蘇丹比較有代表性。

土耳其是中東非石油輸出國中經濟比較發達的國家。戰後初期土耳其成爲美國推行杜魯門主義的首批對象國，美國的軍事援助和經濟援助使它成爲"冷戰"的前哨陣地。五十年代土耳其又成爲"巴格達條約"的主要發起國，後來它又參加了北約軍事集團。1950至1960年間執政的曼德列斯政府使財政赤字達到 2 億美元以上、公債10億美元以上、外債 9 億美元以上。而當時的全年財政預算才15億美元左右，債務之多已達到無償還希望的程度。政府卻年年吹噓預算平衡，情況良好。通貨膨脹、貨幣貶值、商品短缺，連美國也拒絕給它借款，經濟的嚴重危機終於導致1960年 5 月27日清晨，發生軍事政變，曼德列斯及其他政府部長和議員全都被逮捕。發動政變的主要是一批校級軍官（在"全國團結委員會"的38名成員中佔27人），陸軍司令古爾塞勒將軍成爲臨時政府總理，次年10月當選爲總統。此後，土耳其雖曾發生過幾次小的叛亂活動，總

的政治局勢比較穩定，政權的交接也都根據新憲法和平地
進行。這就爲民族經濟的發展奠定了基礎。土耳其的國內
生產總值年均增長率在1965至1980年爲6.3％，1980至
1985年間爲4.5％，應該説是不低的。國內生產總值也已
由1965年的76億美元增至1985年的488億美元。人均國民
生產總值在1985年已達1,080美元。土耳其的經濟結構已
發生了較大變化，在全部國內生產總值中，農業產值所佔
比重已由1965年的34％降至1985年的19％，而工業產值則
由25％上升爲35％，服務業由41％上升爲46％。但土耳其
經濟發展中一個明顯的問題是外債舉借過多，1985年已達
261億美元以上，償還債務要佔出口收入的30％以上，已
超過公認的安全線。土耳其的工業原來只有輕紡工業，六
十年代以後已逐漸發展鋼鐵和石油化學工業。五十年代土
耳其只能生產十幾萬噸鋼，到1977年已增至123萬噸。
1961年只開採原油44萬噸，到1973年已增至360萬噸，基
本可滿足本國需要。土耳其是中東非石油輸出國經濟發展
較佳的國家。

埃及在1978年與以色列簽訂“戴維營協議”以後，逐
步實現了收復西奈半島，結束戰爭狀態，爲經濟恢復發展
奠定了基礎。埃及的傳統出口農產品棉花產量沒有大的增
長，始終在50萬噸左右徘徊。人民的食糧穀物產量也總在
800萬噸上下徘徊。可是埃及人口已從五十年代的2,000萬
增至1982年的4,100萬人，所以每年都要從國外進口大量
糧食。但埃及在工業化方面取得了較大的進展。石油產量
從1973年的747萬噸增至1981年的3,180萬噸，除供國內所

需以外還可出口，成爲埃及最大宗的出口商品。同期發電量由81億度增至186億度。埃及的國內生產總值年均增長率1965至1980年間爲6.3％，1980至1985年爲4.5％。國內生產總值也由1965年的45億美元增至1985年的305億美元。人均國民生產總值1985年爲610美元。農業在國內生產總值中所佔的比重由1965年的29％降至1985年的20％，工業所佔比重由1965年的27％上升到31％，服務業也由44％上升到49％。埃及的外債到1985年也達到243億美元，在1990年的海灣戰爭中由於埃及出兵積極，它的外債相當大部分被免除了。

蘇丹也是以出口棉花爲主的國家，但棉花產量並不年年增產。在1970年曾達到24.6萬噸，到1981年卻降至9.8萬噸，1982年也才上升到16萬噸。因此蘇丹國內生產總值的年均增長率在1965至1980年間也只有3.8％，1980至1985年更降至－0.7％。蘇丹的城市化水平在1985年只有21％，地廣人稀的蘇丹是中東最貧窮的國家。

第十四章

黎巴嫩、阿富汗、兩伊的戰亂

一　戰亂不已的黎巴嫩

1．延綿十六年的內戰

黎巴嫩是地中海東岸的一個小國，領土面積僅一萬餘平方公里，因爲戰亂頻繁而爲世界矚目。該國三百多萬人口中，90％以上爲阿拉伯人，但是伊斯蘭教卻不是它的國教，這在阿拉伯國家中是絕無僅有的。黎巴嫩沒有國教，因爲該國國民中基督教徒佔50.9％，穆斯林佔37.4％，其他教派佔11.7％（1980年）。而且在基督教徒中又分爲馬龍派、希臘正教、希臘天主教等教派。在穆斯林中也分爲遜尼派、十葉派、德魯茲派等教派。這些教派又都擁有自己的民兵。如此多的教派再加上七十多個黨派團體，全國竟有三十多支武裝隊伍，教派之爭和黨派之爭往往都會導致武力衝突。在黎巴嫩衆多的教派和政黨中，天主教的馬龍派在1936年就建立了自己的政黨長槍黨，1976年擁有八萬黨員、一萬民兵，控制了的黎波里以南至貝魯特東區之間的沿海地區。馬龍派政黨中以長槍黨勢力最大，它主張把巴勒斯坦難民趕出黎巴嫩，反對巴解組織駐在黎巴嫩。馬龍派還有自由國民黨，也擁有四千人的民兵隊伍。穆斯林組織的諸多政黨中，1946年成立的社會進步黨是德魯茲派的，擁有四千人的民兵隊伍。納賽爾主義黨也有一千多人的民兵。十葉派穆斯林在1975年組成阿邁勒運動（被剝奪者運動），擁有七千人的民兵，該運動和社會進步黨一起得到敍利亞的支持。1982年，部分十葉派穆斯林又組成親伊朗的真主黨，有三千民兵。以上都是勢力較強的黨派和武裝隊伍，黎巴嫩內戰主要也是在它們之間進行。

黎巴嫩內戰的參與者還有巴勒斯坦解放組織。巴解組織總部及其武裝部隊原設在約旦，1970年9月和1971年7月，約旦兩次出動三萬軍隊攻擊巴解武裝力量，使後者損失數千人。巴解組織總部被迫遷至貝魯特，巴解武裝力量一萬五千人也轉移到黎巴嫩南部地區。當時黎巴嫩各教派對巴解武裝力量的進入持截然不同的態度。穆斯林各教派起初都支持巴解組織和巴勒斯坦解放事業，而基督教各派則反對巴解組織和巴解武裝力量進入黎巴嫩。因此，黎巴嫩內戰爆發以後，巴勒斯坦游擊隊立即捲入戰鬥，支持穆斯林組織。

在黎巴嫩內戰中敍利亞也是一個極重要的因素。黎巴嫩獨立前是法國委任統治地敍利亞的一部分，所以黎巴嫩阿拉伯復興社會黨從它成立時起就是親敍利亞的。敍利亞派軍隊進駐黎巴嫩後，又使黎巴嫩內部各派之間的衝突更加複雜化。

綿延了十六年的黎巴嫩内戰，就是從馬龍派長槍黨攻擊巴勒斯坦人開始的。1975年4月13日，長槍黨民兵伏擊一輛巴勒斯坦人的客車，殺死30人。這一事件成了黎巴嫩内戰的導火線。1976年1月，馬龍派長槍黨、自由民主黨民兵又包圍了三個巴勒斯坦難民營，巴勒斯坦游擊隊實行自衛反擊。社會進步黨的德魯茲民兵配合巴勒斯坦游擊隊在貝魯特及外省市對馬龍派據點發動進攻。八千巴解游擊隊從敍利亞進入黎巴嫩，對馬龍派民兵控制區形成了包圍態勢，穆斯林民兵和巴解游擊隊控制了黎巴嫩三分之二地區。此時敍利亞又懼怕黎巴嫩國内兩派勢力均衡遭破壞，以後便不好控制黎政局，於1976年4月初，派萬餘軍隊攜坦克300輛開進黎巴嫩，解除了部分穆斯林民兵和巴解游擊隊的武裝，並支持馬龍派的薩爾基斯當選爲新總統。但社會進步黨等穆斯林黨派卻要求在沒有外來干預影響的條件下與馬龍派談判政治改革重新分配政治權力。長槍黨卻要求先停火再談判，在權力分配方面也不願作更多的讓步。兩派民兵之間繼續發生戰鬥。1976年10月18日，黎巴嫩、敍利亞、埃及、科威特、沙特阿拉伯、巴解組織在利雅得舉行首腦會議，決定組織阿拉伯維持和平部隊進駐黎巴嫩制止内戰繼續，並規定自10月21日上午6時起實行停火。黎巴嫩内戰第一階段（19個月）至此暫告結束。1977年7月，黎、敍、巴解組織又達成協議，規定黎巴嫩的巴勒斯坦難民營中武裝人員不允許擁有重型和中型武器，也不許他們到營地外活動，營地均應由維持和平部隊或黎政府軍設置保護性警戒線，黎南部巴解游擊隊將撤離。該協議對巴解游擊隊的活動作了較大的限制。1977年3月16日，黎社會進步黨主席、60歲的德魯茲派領導人卡邁勒‧瓊卜拉特在他的住所附近遭伏擊身亡。1978、1982年又發生了兩次以色列入侵事件。由於馬龍派長槍黨在以色列入侵黎巴嫩時，公開歡迎以軍入侵，敍利亞在巴解總部遷出貝魯特以後又轉而支持穆斯林派民兵。1983年，穆斯林派民兵與基督教民兵在貝魯特市、舒夫山區多次發生激烈的交火事件。其中9月4日，以色列侵略軍撤出阿萊山區和舒夫山區後，兩派民兵為爭奪以軍撤出地區而大動干戈。1983年還發生了巴解武裝力量內部的火併事件。6月4日，法塔赫內部發生火併。8月23日，巴勒斯坦人民解放陣線內部也發生火併。11月3日，法塔赫內部反對派武裝進攻兩個巴勒斯坦難民營，阿拉法特被迫率巴解武裝力量先是撤到的黎波里市內，12月20日又乘掛聯合國旗幟的船隻撤往埃及等國。同年又發生多起爆炸事件，連美國大使館也挨了炸，被炸死25人。美軍不但參與黎內戰，而且還從第六艦隊的航空母艦上起飛24架作戰飛機轟炸貝卡谷地和舒夫山區。1984年，黎巴嫩兩派對立的民兵組織先是在阿拉法特撤出後，為爭奪的黎波里市發生激戰，後又多次發生交火，雖然曾達成停火協定也無濟於事。以色列空軍曾四次出動飛機轟炸黎巴嫩貝卡谷地、南部山區。1985年，長槍黨發生分裂，其主要民兵組織於3月間脫離長槍黨成為一個獨立的政治軍事集團，該集團雖然擁有萬餘民兵，但脫離長槍黨以後使雙方的實力都大受影響。而此時敍利亞軍隊已增至四萬人，它全力支持阿邁勒運動和社會進步黨等親敍勢力攻打基督教民兵和遜尼派穆斯林民兵。阿邁勒運動在敍利亞軍隊的支援下先後擊潰了貝魯特西區的遜尼派"警衛者"民兵、的黎波里市遜尼派"統一運動"民兵。然後又對西頓市的巴勒斯坦難民營發動長達兩年之久的進攻。後來，阿邁勒運動又與德魯茲民兵、"真主黨"民兵進行激烈的爭奪戰。1988年9月，黎巴嫩政府軍奧恩將軍被任命爲臨時政府領導人。11月，黎政府軍分裂爲兩大派，奧恩是受伊拉克支持的基督教派一萬五千名民兵的首領。1989年1月，奧恩指揮的政府軍與蓋亞蓋亞指揮的黎巴嫩力量民兵之間發生激戰。3月間，奧恩指揮軍隊對敍利亞軍隊發起進攻。9月宣佈停火，簽署塔伊夫協議，規定黎巴嫩議會議員比例由基督教佔54席、穆斯林佔45席改爲同佔54席，滿足了穆斯林長期以來的要求。11月，穆阿瓦德當選爲黎新總統，奧恩表示反對，穆阿瓦德被刺死後，赫拉維又被選爲新總統，奧恩又拒絕承認並自行組成新政府。1990年2月6日，奧恩的部隊佔據貝魯特東區及北部地區與政府對抗。7月30日，赫拉維宣佈將對奧恩控制區實施封鎖，封鎖從9月28日開始實施。10月12日起敍利亞空軍對奧恩控制區進行猛烈轟炸，13日奧恩逃進法國大使館要求政治避難並宣佈他的部隊向政府軍投降。至此，與敍軍及親敍民兵對立的黎巴嫩其他派別武裝力量基本上被鎮壓。黎巴嫩內戰可望結束。但以色列仍佔據着黎南部一塊850平方公里的土地。1991年5月22日，敍利亞和黎巴嫩簽署"合作條約"，以色列立即指責敘利亞此舉是爲了要"吞併"黎巴嫩，派100輛坦克和裝甲車運送2,000官兵增援黎南部的以軍。黎巴嫩馬龍派基督教主教也公開反對這項條約的簽訂。因此今後黎巴嫩的政局仍很難逆料。不過持續多年的内戰已使十數萬黎巴嫩人喪生，美麗的貝魯特已成斷垣殘壁，國家經濟已處於崩潰之中，人民生活急劇下降。這些都已使黎巴嫩人民厭倦昔日無休止的内戰了。要和平，要重建家園已成了絕大多數黎巴嫩人的普遍要求。

2. 以色列恃強凌弱

早在第一次阿、以戰爭時，以軍就曾攻入黎境直至利塔尼河一帶。1970年巴解總部及其游擊隊遷入黎巴嫩以後，以色列就以追擊巴解游擊隊爲名不斷入侵黎境，最後終於發展成大規模的軍事入侵。巴解游擊隊和難民營主要分佈在黎南部地區，游擊隊從蒂爾港運進武器，也從黎南部進入以色列進行襲擊。所以以色列早就想找藉口進攻黎南部摧毀巴解游擊隊的基地。1978年3月11日，法塔赫突擊隊在特拉維夫附近伏擊以色列的公共汽車，打死打傷以色列120餘人。3月15日，以色列派出六個旅（約25,000人）的兵力，在空軍的掩護下突然分三路攻入黎南部地區。巴解游擊隊在強敵進攻面前，主動後撤分散作戰。經過一周的激戰，以軍侵佔了黎南部利塔尼河以南地區，包圍了蒂爾港。3月22日，聯合國和平部隊進入黎南部地區。5月3日，安理會通過決議要求以色列撤軍。6月13日，以色列被迫撤出黎境。以色列此次大規模入侵並未達到預定目標，僅佔據一個巴解游擊隊基地，巴解也僅有200人傷亡，以軍也傷亡百餘人。以色列撤出黎境以後，黎、以交界黎方一側被親以色列的哈達德民兵控制，再往北是聯合國部隊的控制區，然後才是巴解游擊隊控制區。貝卡谷地是敘利亞軍隊駐紮地，敘利亞在此處耗資20億美元，經過十多年建設起一個龐大的以地對空導彈爲主體的防空體系。貝卡谷地正好橫臥在大馬士革與貝魯特中間，貝魯特至大馬士革高速公路穿過其間，什圖拉是公路的交叉點，也是敘利亞駐軍的指揮所所在地。控制了貝卡谷地既可以保衞大馬士革的安全，又可以對貝魯特施加影響，所以敘軍無論如何也不肯撤出該地。以色列通過埃、以和平條約，用被佔的西奈半島換取埃及其主權的承認。敘利亞率先反對埃及這樣做，成爲堅定陣線的首領。以色列就在1981年12月公然宣佈戈蘭高地是以色列領土不可分割的一部分，在那裏實施以色列法律。1978年以後敘、以矛盾成爲阿、以矛盾的焦點，以色列處心積慮要摧毀貝卡谷地敘軍陣地及其空軍。1981年敘利亞把薩姆防空導彈部署在貝卡谷地時，以色列就曾揚言要予以摧毀。

1982年年中，以色列在作了長期周密的策劃之後，乘阿拉伯國家因埃、以談判和兩伊戰爭發生分裂之機，決定對黎巴嫩再次發動大規模的進攻，意在摧毀巴解武裝力量和敘利亞軍隊，支持親以的長槍黨奪取黎政權。6月4日起以空軍即對黎南部巴解基地進行猛烈的轟炸。6月6日，以軍十一個旅（約十萬人）在上午11時分三路向黎巴嫩發起猛烈進攻。以軍共投入1,300輛坦克、裝甲車輛

2,400輛、大口徑火炮200多門、空軍300架飛機、70艘艦艇，可見其實力之雄厚，決非平時一般性的交火可比。以軍七個旅集中在西路主攻方向上，沿海岸公路北上進犯。中路和東路均只有兩個旅兵力爲牽制和助攻作戰。以軍進攻時故意放出“只打巴解，不打敍軍”的空氣以麻痺敍軍。巴解總部也以老眼光對待以軍的進攻，以爲以軍的目標仍和上次一樣只是進犯黎南部地區，未作最壞的準備。當巴解武裝遭以軍進攻時敍軍未予馳援，終被以軍各個擊破。以軍長驅直入，接連攻陷蒂爾、西頓、達穆爾、哈爾達、納巴提亞、哈斯巴亞、傑津、貝特丁等重要城鎮。6月13日，以軍在長槍黨的協助下佔領貝魯特東區，開始對貝魯特西區形成包圍。到7月18日，包圍兵力已增至36,000人，有700輛坦克、火炮210門。8月1日，以軍攻佔貝魯特國際機場。8月5日，以軍又包圍了巴解總部大樓。8月12日，阿拉法特發言人宣佈巴解願撤出貝魯特西區。8月21日，巴解武裝部隊開始撤往敍利亞（5,600人）、突尼斯（2,100人）、民主也門（1,977人）、阿拉伯也門（1,300人）、蘇丹（590人）、阿爾及利亞（550人）、約旦（292人）、伊拉克（135人）。9月1日，巴解總部和武裝部隊全部撤退完畢，總部遷往突尼斯。9月15日，以軍開進貝魯特西區。以軍爲了奪取黎巴嫩領空的制空權，從6月9日至10日、7月22日至24日、9月8日至13日共分三次多批，出動飛機數百架次在預警飛機和電子戰飛機的配合下，共摧毀敍軍薩姆防空導彈連陣地42個，擊落敍軍飛機85架，而以軍只損失飛機10架。在第四次阿、以戰爭中曾大顯神威的薩姆六防空導彈終於被以色列制服。此役使巴解組織元氣大傷，游擊隊傷亡三千餘人、被俘七千人，游擊隊在黎南部的基地全部被摧毀，四百餘軍火庫被以軍繳獲。敘利亞在黎軍隊也遭重大損失，一千多人傷亡，被擊毀坦克四百輛，其中不少是蘇製最新式的 T72 型坦克。當然損失最大的還是黎巴嫩人民和巴勒斯坦難民，戰爭中有數萬平民傷亡，七十萬人流離失所，國家幾遭肢解。1983年 5 月15日，在美國的參與下，黎、以協議簽訂。因協議不但規定黎承認以色列，協議生效後八至十二周以軍全部撤退，還規定包括敘軍在內的所有外國均須撤出黎境，因而遭敘利亞等國的堅決反對。1984年 3 月，黎政府又宣佈廢除黎、以協議，以色列立即派飛機轟炸黎中部地區。1982年 9 月14日，長槍黨人貝希爾‧傑馬耶勒總統被刺死，其弟阿明‧傑馬耶勒繼任總統。 9 月16日起貝魯特西區發生屠殺巴勒斯坦難民328人的慘案。聯合國安理會和聯大緊急特別會都通過了譴責以色列暴行的決議。1983年 2 月11日，對屠殺事件直接負責的沙龍被迫辭去國防部長職務。 5 月15日，主持策劃侵黎戰爭的以色列總理貝京也被迫辭職。以色列在軍事上取得重大勝利，在政治上卻受到全世界人民的譴責而更加孤立。

二　蘇軍入侵阿富汗

1. 蘇聯的南下戰略

蘇聯繼承了沙皇時代的南下戰略,實現該戰略的第一個目標就是與蘇聯有2300公里長邊界線的阿富汗。蘇聯認爲如能在阿富汗駐紮蘇軍,蘇軍南下的前進基地即可南推600多公里。對伊朗和巴勒斯坦都能形成强大的威脅作用,並使蘇聯勢力更加接近印度洋。因此蘇聯成爲超級大國以後,積極採用經濟、政治、軍事多種手段干預阿富汗內政。達烏德總統執政末期,阿富汗外貿的第一對象國就已是蘇聯,阿富汗接受外援最多的國家也是蘇聯(累計已達10億美元),阿富汗軍隊的裝備也全部由蘇聯提供,蘇聯還派駐軍事顧問負責訓練阿富汗軍隊。但是蘇聯尚不滿足於此,還要進一步控制阿富汗,蘇聯的霸權主義行徑遭到達烏德總統的抵制。達烏德爲維護民族利益,把一些親蘇分子從政府中清洗出去。蘇聯對達烏德遂懷恨在心,支持阿富汗國內反達烏德勢力推翻他。當時阿富汗有一個自稱信奉馬克思主義的政黨——阿富汗人民民主黨,自1967年起分裂爲人民派(塔拉基、阿明等)和旗幟派(卡爾邁勒),互相爭吵不休。但兩派對達烏德清洗親蘇分子均表不滿,在蘇聯的插手下,1977年7月,兩派重新聯合,塔拉基仍任黨總書記。1978年4月27日,人民民主黨發動軍事政變殺死達烏德總統奪取政權。人民民主黨奪取政權後成立革命委員會取代總統,塔拉基自任革委會主席兼總

理，不久又兼任國防部長和武裝部隊總司令。人民民主黨
依靠蘇聯支持取得了政權，自然全力推行親蘇政策。蘇聯
也給予全力支持，第一個承認阿富汗新政權的就是蘇聯。
此後四個月內，蘇、阿之間就簽訂了數十個協定，涉及經
濟、文化、技術各個領域。蘇聯在阿富汗的軍事顧問和專家
增至三千人。1978年12月4日，塔拉基訪問蘇聯，與蘇聯
簽訂"友好睦鄰合作條約"。此條約規定，兩國將在安全
方面進行磋商，發展軍事領域的合作等等。因此蘇聯對塔
拉基執政是相當滿意的，塔拉基的政策正好適應了蘇聯南
下戰略的需要。

　　阿富汗人民民主黨執政以後，塔拉基大權獨攬的作法
引起黨內兩派重新爭權。革委會副主席兼副總理卡爾邁勒
於1978年7月被塔拉基解除職務，調任駐捷大使，後又將
他開除黨籍、革去公職。塔拉基為平息黨內不滿情緒，於
1979年3月將總理職務轉交給同一派的阿明（原任副總理
兼外交部長），7月又讓阿明兼任國防部長（原任人民民
主黨軍事委員）。塔拉基執政一年多，對外死心塌地投靠
蘇聯，對內實行高壓統治，取締除人民民主黨以外的所有
其他政黨，有數十萬人遭屠殺，在被逮捕的七萬名政治犯
中有二萬多人被處決，有五十萬難民逃往鄰國伊朗和巴基
斯坦。塔拉基的政策遭到各階層民眾的反對，反政府游擊
隊到處出現，阿富汗此時已經陷入內戰之中。蘇聯顧問不
時也會遭到襲擊甚至殺害。與此同時，塔拉基和阿明之間
的矛盾也已尖銳化，蘇聯就支持塔拉基剪除阿明。但阿明
事先發覺此陰謀，於9月14日先期動手發動政變把塔拉基

打成重傷（10月9日死去），奪取了政權。阿明對外宣佈（9月16日）説是塔拉基已辭職，由他接任人民民主黨總書記、革委會主席。阿明執政以後，不但和塔拉基一樣仍是大權獨攬，而且還對蘇聯支持塔拉基對付他耿耿於懷。阿明逼迫蘇聯換派駐阿大使，派人監視蘇方人員的活動，在政府中撤換親蘇分子。莫斯科幾次邀他去訪問，他也借故不去。更有甚者阿明還兩次接見美國臨時代辦，要求美國恢復對阿富汗的援助。阿明的這些離心傾向使蘇聯十分惱火，終於決心除掉阿明，扶持他人上台，以便牢固地控制這塊南下基地。

2．九年戰火激烈

蘇聯在1979年11月中旬就已制定入侵阿富汗的作戰計劃，並開始秘密地向阿富汗調集部隊和軍事物資。但爲了迷惑阿明，當12月4日，蘇、阿友好睦鄰合作條約簽訂一周年之際，勃列日涅夫還致電阿明表示祝賀，聲稱蘇聯將向阿富汗繼續提供全面無私的援助。12月20日起，又借運送援阿軍事物資的名義，以平均每天出動50架次大型運輸機的速度把武器彈藥運進阿富汗。但同時蘇聯軍事顧問又以檢查爲名，封存阿軍的武器裝備，使阿軍失去戰鬥力。蘇聯還以協助阿軍進行冬季訓練爲名，向阿境空運去蘇軍空降部隊，這些部隊在入侵前控制了阿富汗北部的主要空軍基地和交通樞紐。12月12日，以蘇聯國防部第一副部長索科洛夫元帥爲總指揮的蘇軍前方指揮部在蘇聯邊境城市捷爾梅茲組成。蘇軍的入侵計劃規定要集結26萬人的兵力

（實際出動九個師約10萬人）從東、西兩個方向對阿富汗實施突然襲擊佔領喀布爾、赫拉特，然後在坎大哈會師。最多用兩年時間即可平定阿富汗境内的反叛力量，蘇軍可以平穩地在阿富汗駐紮下去，然後再徐圖南下印度洋。1979年11月26日，勃列日涅夫最後批准了入侵阿富汗的計劃。蘇聯的戰爭機器開動起來，蘇聯的將軍們當年曾譏笑美軍在越南戰場上深陷泥淖不可自拔的狼狽相，他們相信自己決不會重蹈美軍的覆轍，可以在阿富汗輕取勝利。

　　1979年12月27日晚7時半，蘇聯駐軍突然攻佔阿富汗首都的電報大樓，切斷阿富汗政府與外界的聯繫。同時蘇軍又佔據了總統府、廣播電台、各部委大樓，包圍了阿明及其家人的居所達拉拉農宮。阿明的警衛隊對蘇軍作了短暫的抵抗，蘇軍在攻佔達拉拉農宮過程中殺死了阿明及其家人。12月28日凌晨，蘇聯新扶植的卡爾邁勒政府在蘇聯境内成立，並呼籲蘇聯派軍隊給予援助。蘇聯也隨即聲明同意卡爾邁勒的“請求”，決定派蘇軍去阿富汗“支援民族解放運動”。同日早上，蘇軍地面部隊在空軍的掩護下分東西兩路越過蘇、阿邊界迅速向阿富汗内地推進。東路軍三個師分別攻入阿境以後迅即佔領昆都士、巴格蘭，然後在多希會合，向喀布爾推進。1979年12月30日，蘇軍地面部隊在空降兵的支援下進佔喀布爾城，並繼續向南方主要城市坎大哈進軍。西路軍三個師也分別攻入阿境，於12月30日在赫拉特城會合並攻佔該城，然後向東南方進軍坎大哈。1980年東、西兩路蘇軍在坎大哈會合，坎大哈陷落。一個星期後蘇軍控制了阿富汗的主要城市和交通幹線。雖然蘇軍入侵阿富汗的頭三個星期付出了二千人的代價，還損失了一名內務部副部長和一名炮兵少將。但總的來看，蘇軍確是輕取勝利的。蘇聯領導人以爲阿富汗從此已成爲自己的囊中物而萬事大吉了。他們怎麼也沒有料到阿富汗卻一步一步演變成蘇聯自己的"越南戰場"！蘇聯出兵侵佔阿富汗立即使阿富汗的其他鄰國緊張起來，尤其是蘇聯進一步南下的目標巴基斯坦更爲緊張。巴基斯坦立即聯合中、美、英等52個國家要求安理會召開緊急會議審議這一嚴重事態。但１月７日安理會開會討論要求無條件從阿富汗撤出外國軍隊的決議案時遭蘇聯代表的否決。１月10日至14日，聯合國大會召開第六屆緊急特別會議。大會以104比18的壓倒多數票通過了巴基斯坦等國提出的"阿富汗局勢及其對國際和平與安全的影響"的決議案，要求無條件地從阿富汗完全撤出外國軍隊，呼籲各國向阿富汗難民提供人道主義救助等等。此後，聯合國大會又多次通過各種決議要求蘇軍撤出阿富汗，許多國家的代表在聯大會議上發言譴責蘇聯的侵略行徑。蘇聯在軍事上取得了如願以償的成就，但在國際政治上卻打了個敗仗，蘇聯霸權主義面目再次暴露無遺，在國際舞台上蘇聯陷入了一種十分難堪和孤立的地位。

對蘇聯來説，國際上的種種責難可以充耳不聞，可是對阿富汗國內各種反抗力量就不能置之不理了。蘇軍入侵前，阿富汗反政府游擊隊已有三、四萬人。蘇軍入侵後，阿富汗各階層人民紛紛參加游擊隊舉起反抗外敵入侵的義旗，到1983年游擊隊組織已發展到六十餘個，人數已有十萬人。到1986年，阿富汗游擊組織更增至九十多個，擁有二十多萬人。這些光着腳、頭纏布帕、滿臉鬍子的山民游擊隊才是蘇軍的勁敵，他們熟悉本國地形，有人民羣衆的支持，採取打了就跑的游擊戰術，還有爲保衛家園趕走侵略者的那種不怕死的勇氣。起初，蘇軍出動大部隊對阿游擊隊進行全面掃蕩，但效果甚微，蘇軍除擴大佔據大城鎮的郊區以外，游擊隊非但沒有減少反而愈打愈多，形成了"拳頭打跳蚤"的尷尬局面。以後，蘇軍就改變戰術，採取集中兵力分區圍剿的辦法進行作戰。這種戰術一度曾使阿游擊隊遭到頗大損失，但蘇軍也僅能控制阿富汗的北部地區，對阿富汗南部仍無力加以控制。蘇軍由於陷入阿富汗戰場時日過久，負擔和損失日趨嚴重，就將重點轉到加強阿富汗喀布爾政權和政府軍的力量上，使阿富汗戰爭阿富汗化。1986年5月，蘇聯又逼卡爾邁勒辭去總書記職務，由負責安全工作的納吉布拉接任。到這年下半年，蘇聯在阿富汗已投入二百億美元，損失坦克裝甲車近千輛、飛機五百多架，仍看不到戰爭結束的盡頭。蘇聯自身的國民經濟卻有被龐大的國防開支拖垮的危險。因而決定從國外過長的戰線收縮。1986年底，蘇聯開始部分撤軍，先撤出六個團。1988年2月，戈爾巴喬夫*聲明蘇聯將從阿富汗撤軍。4月，關於政治解決阿富汗問題協議在日內瓦簽字。5月15日，蘇軍開始全面撤軍。1989年2月15日，最後一列由70輛坦克和裝甲車組成的蘇軍車隊通過蘇、阿邊界，蘇軍司令格拉莫夫將軍跳下最後一輛裝甲車，步行過蘇、阿邊界的阿姆河大橋時，對採訪的記者說：我是最後

*即戈巴契夫

一個從阿富汗撤出的蘇軍軍官！其實許多蘇軍顧問仍留在阿富汗政府軍中指揮他們同游擊隊作戰。

歷時九年多的蘇聯侵略阿富汗戰爭，使120多萬阿富汗人死於非命，數百萬老百姓棄家出走異國他鄉淪爲難民，財產損失更是無法計數。蘇軍的入侵還使阿富汗國家和民族分崩離析，國民經濟崩潰，人民無以爲生。而蘇聯在這場戰爭中雖然耗資400億美元，蘇軍負傷36,000人，卻只落得個在阿富汗遺屍15,000具的可恥下場。

三 兩伊戰爭

1．錯綜複雜的矛盾

從表面上看兩伊戰爭似乎主要是伊朗政教領袖霍梅尼決心要推翻伊拉克的薩達姆政權而引起的。這種說法不無道理，因爲1964年11月霍梅尼被巴列維國王驅逐出國後，曾在伊拉克的十葉派聖城納賈夫避難。1978年10月，薩達姆生怕霍梅尼煽動伊拉克的十葉派教徒（佔伊拉克人口半數以上）反叛，同時也因受到巴列維國王施加的壓力，下令驅逐霍梅尼。霍梅尼被迫流亡到巴黎避難。本來十葉派和遜尼派就是伊斯蘭教中兩大勢不兩立的派別。霍梅尼上台以後就開動國內宣傳機器大肆攻擊伊拉克遜尼派的薩達姆政權。伊拉克成了霍梅尼輸出伊斯蘭革命（十葉派）的首要目標。所以霍梅尼與薩達姆之間的私人恩怨、十葉派與遜尼派之間的教派之爭都是引起兩伊戰爭不可忽略的重要原因。但這些並不是引起兩伊戰爭的主要原因，兩國之間的邊界爭端才是最主要的根源。伊朗和伊拉克共同邊界線由北部兩伊與土耳其三國邊界的交匯點到南方的波斯灣海岸長約12,000多公里，其中最南端近100公里的邊界線是有爭議的。兩伊的絕大多數邊界線是在陸地上劃定的，只有這最南邊的一小段邊界是沿一條河流劃分的。這條河流就是著名的底格里斯河與幼發拉底河在庫爾納交匯後流入波斯灣的阿拉伯河。阿拉伯河全長193公里，其南半段即爲兩伊的界河。伊拉克的巴士拉和伊朗的阿巴丹都是阿拉伯河的重要港口，阿拉伯河具有航運之便，兩國都欲佔爲己有，因而發生邊界爭端。早在奧斯曼帝國時期（當時伊拉克是它的一個省），就曾與伊朗發生過多次因邊界爭端引起的戰爭。1821年的那次戰爭中，伊朗軍隊曾包圍巴格達八個月之久。1843年兩國又處於戰爭邊緣，後經英、俄兩國調停，雙方經過三年之久的馬拉松式談判，於1847年7月簽訂了埃爾祖魯姆條約。該條約規定阿拉伯河以東地區劃歸伊朗，伊朗放棄對蘇萊曼尼亞省的領土要求，雙方承認各自在阿拉伯河的自由航行權。根據這個條約，兩伊的邊界線是阿拉伯河靠伊朗一邊的淺水線，阿拉伯河河面自然爲奧斯曼帝國所有。伊拉克獨立以後，在1934年向國際聯盟提出指控。1937年7月，在英國的壓力之下，伊朗與伊拉克簽署邊界協定。規定兩國邊界在霍拉姆沙赫爾和阿巴丹附近以主航道中心線爲邊界外，其餘阿拉伯河段仍以伊朗一方的淺水線爲界，但伊拉克須將河運收入用於疏浚河道（因卡侖河大量泥沙流入阿拉伯河，不疏浚無法使大型輪船通航）。1969年4月，伊朗政府單方面宣佈廢除該協定，並單方面宣佈兩國在阿拉伯河的邊界全部以主航道中心線爲界。1971年英國從波斯灣撤軍以後，伊朗立即佔據能控制霍爾木兹海峽的阿布穆薩島、大小通布島等島嶼。伊拉克立即表示強烈抗議。1974年1月至3月初，兩國發生邊界軍事衝突，死傷多人。1975年3月6日，在阿爾及利亞布邁丁總統的調解下簽訂阿爾及爾協議，兩國於同年6月13日根據阿爾及爾協議在巴格達簽訂關於國界的睦鄰條約。條約規定阿拉伯河的邊界全部按主航道中心線爲界，陸上邊界則在席林堡附近作出對伊拉克有利的調整（約400平方公里），但一直未能兌現。伊拉克對阿拉伯河邊界的變動一直不滿，對伊朗沒有履行條約規定更是怨恨在心。1979年霍梅尼上台以後，伊拉克就多次向伊朗提出要求修改阿爾及爾協議，但伊朗均予以拒絕。伊拉克總統薩達姆盛怒之下發誓要以戰鬥來收復國土。可見，兩伊之間的邊界糾紛、領土之爭由來已久，積怨也很深，但演變成如此規模巨大的長期戰爭實在出乎人們意料。伊朗和伊拉克之間除此以外還存在民族糾紛，伊朗西南部的胡澤斯坦省有200萬阿拉伯人（伊朗主要民族是波斯人），很早就要求實行自治或歸併到伊拉克。霍梅尼執政後仍未給他們自治權，阿拉伯人因而起來反抗，伊拉克偷偷地向他們提供經費和武器。伊朗自然認爲伊拉克干涉其內政而記恨。同樣，伊拉克東北部爲庫爾德族人聚居區，庫爾德人佔伊拉克人口的20％。他們爭取民族自治已經堅持一個世紀以上了，伊朗對伊拉克的庫爾德人提供援助，伊拉克對此自然也十分惱火，雙方都因對方支持國內少數民族的反叛活動而伺機報復。因此，兩伊戰爭可說是上述多重矛盾激化的總爆發。

2．難解難分的拉鋸戰

　　1980年4月1日，一個伊朗的亡命之徒在巴格達的一次集會上向伊拉克的副總理阿齊茲扔了一顆手榴彈企圖將他炸死。但阿齊茲只受了點傷，卻炸死了兩個伊拉克學生。此次未遂謀殺案大大惡化了兩伊間的關係。同時，兩國邊境交火事件也日益頻繁。9月17日，薩達姆總統單方面宣佈廢除“阿爾及爾協議”。次日，伊拉克政府命令所有在阿拉伯河上航行的船隻只應掛伊拉克國旗（原規定應懸掛兩伊的國旗）、必須向伊拉克繳納通行費。伊朗邊防軍發現在阿拉伯河上航行的外國船隻均只掛伊拉克國旗，就對它們開槍開炮。9月22日清晨，伊拉克出動幾十架以米格23為主力的作戰飛機突然闖入伊朗領空，對德黑蘭、布什爾、大不里士等十五處伊朗的空軍基地進行轟炸。但伊拉克空軍害怕遭到伊朗空軍和防空炮火的攔截，大都在目的地上空忽忽胡亂扔下炸彈就往回飛，以至伊朗機場上排列整齊的作戰飛機未受什麼重大損失。所以第二天，伊朗空軍也出動鬼怪式飛機對巴格達、巴士拉、基爾庫克等城市進行報復性的轟炸。同日晨，伊拉克出動五個師約五萬人、一千多輛坦克，兵分三路攻入伊朗境內。其中北路的目標是席林堡、中路是梅赫蘭、南路是霍拉姆沙赫爾和阿巴丹。由於伊朗猝不及防，伊拉克初戰進展順利。到29日，伊拉克已攻佔席林堡、梅赫蘭等地區，南路則已兵臨霍拉姆沙赫爾城下。爲何伊拉克如此有恃無恐地對伊朗發起突然襲擊呢？原來在 8、9 月間，伊拉克就以反對伊朗輸出伊斯蘭革命的主力身分與其他海灣國家組成了反對伊朗的聯合陣線，並且秘密約定由伊拉克奪回被伊朗搶去的霍爾木兹海峽的三個島嶼，海灣其他國家保證向伊拉克提供財政和武器援助。薩達姆還認爲霍梅尼上台不久，伊朗軍隊剛剛着手進行改組，許多前國王的軍官已被撤換，伊朗軍隊的情況一團糟，此時給它猛烈打擊定無還手的能力。伊拉克遂決定要給伊朗以決定性的打擊，把邊境衝突升級爲全面戰爭。南路伊拉克軍隊經過一個月的血戰，以傷亡五千多人的代價終於在10月24日攻佔霍拉姆沙赫爾城，並將其更名爲"血城"。伊拉克軍隊進而包圍了阿巴丹這個伊朗的最大海港和煉油中心。開戰後一個多月，是兩伊戰爭中伊拉克最得手的時期。它侵佔了伊朗北起席林堡南迄阿巴丹縱深30－90公里的領土。但伊拉克期望霍梅尼政權會因戰敗而垮台的事並未發生。相反，由於國土淪喪、外敵入侵，伊朗全國的民族團結精神空前高漲，霍梅尼乘機號召人民爲收復失地打垮異教徒而進行聖戰。

伊朗經過短時間的動員準備以後，於1981年 1 月 5 日、9 月 2 日、1982年 3 月23日對伊拉克佔領軍發動三次大規模的反攻。除第一次反攻失利以外，第二次反攻伊朗打破了伊拉克軍隊對阿巴丹的包圍。第三次反攻，伊朗雖付出了沉重的代價，終於在1982年 5 月24日收復被伊拉克侵佔達一年半以上的霍拉姆沙赫爾城。伊拉克的第二大城巴士拉已處於伊朗大炮的射程之內，薩達姆被迫於 6 月16

日宣佈從伊朗撤軍。6月29日，伊拉克宣佈它已完成撤軍任務，希望與伊朗舉行和談。但霍梅尼那裏肯就此善罷甘休，他被眼前的勝利沖昏了頭腦，不但拒絕了伊拉克的和談要求，而且提出要伊拉克賠償數千億美元的損失和薩達姆必須立即下台等爲伊拉克所無法接受的要求。同時，伊朗決心要把戰火燒到伊拉克領土上去，以武力向鄰國輸出伊斯蘭革命。爲此，伊朗向伊拉克發起五次大規模的進攻。第一次爲1982年7月14日發起的代號爲"齋月行動"攻勢。該計劃的目標是突破伊拉克防線，奪取巴士拉，然後乘勝直搗巴格達。"齋月行動"攻勢從1982年7月延續至11月。伊朗出動12萬人的兵力（年齡最小的只有9歲），向伊拉克的10萬守軍至少發動過七次大規模的進攻，都未能攻佔巴士拉。1983年2月6日，伊朗又集結15萬大軍向伊拉克發動代號爲"曙光"的第二次攻勢，向伊拉克的阿馬拉地區發起强大進攻。伊拉克也出動10萬人迎戰，雙方拼死廝殺，傷亡慘重，打了個平手。1984年3月開始，兩伊又在波斯灣進行"襲船戰"。雙方用火箭、火炮、導彈和水雷攻擊對方的和其他國家的船隻。"襲船戰"一直持續到1987年7月，當時美國宣佈派戰艦爲科威特油輪護航，西方各國紛紛派軍艦進入波斯灣護航和掃雷，波斯灣形勢頓時緊張起來，兩伊戰爭大有擴大之勢。1986年2月9日，伊朗又發動代號爲"曙光"8號和9號的第三次攻勢。伊朗投入10萬兵力，付出數萬人的代價攻佔了巴士拉東南的法奧半島。在西北方向的伊朗軍隊則攻進蘇曼萊尼亞地區，侵佔了伊拉克的一部分領土。但伊拉克在戰場上使用了化學毒氣，使許多伊朗官兵因此喪生。1986年7月至9月，伊朗又發起代號爲"卡巴拉"1號至3號的第四次攻勢。伊朗奪回被伊拉克侵佔的梅赫蘭地區，粉碎了伊拉克收復法奧半島的企圖。1987年1月至4月，伊朗又出動20多萬兵力發動第五次攻勢（代號爲"卡巴拉"5號至10號）。其目標是攻佔巴士拉城，以便進一步佔據伊拉克最大的油田：魯邁拉油田。伊拉克深知堅守巴士拉的重要性，大力修築立體防禦陣地。所以儘管伊朗不惜代價多次發動進攻也未能達到目的，雙方爲了爭奪，付出了十數萬人的生命。1988年2月底，兩伊又開始了新的一輪襲城戰，伊拉克向德黑蘭等地發射189枚"飛毛腿B"導彈，對伊朗平民的生命財產造成嚴重破壞。4月中旬起，伊拉克軍隊在巴士拉地區向伊朗佔領軍發動進攻。4月18日，收復法奧半島，5月25日收復薩拉姆傑。6月25日，伊拉克發動代號爲"信賴真主行動2號"攻勢，一舉收復了馬季農島。7月中旬，伊拉克又收復北部和中部失地，迫使伊朗軍隊退守伊朗邊境線一側，使兩國戰線基本上恢復到開戰前的局面。至此，伊朗和伊拉克都已被久拖不決的戰爭弄得精疲力竭，兩國經濟崩潰、債台高築、民怨沸騰，都已無心戀戰。

　　1988年7月17日，薩達姆宣佈關於結束兩伊戰爭並建立體面的和平的五條原則：雙方無條件撤軍、交換戰俘、簽訂和約、互不干涉內政、維護海灣安全。次日，伊朗政府致函聯合國秘書長，表示"爲拯救人類的生命，並建立正義和本地區及國際和平與安全，伊朗將接受安理會第

598號決議"。7月20日，霍梅尼發表文告決定無條件接
受第598號決議。598號決議是聯合國安理會在1987年7月
20日通過的。它要求兩伊立即實現停火、把雙方的軍隊撤
到各自的邊境之內、聯合國將派觀察組監督停火等等。伊
拉克政府不久就宣佈接受該決議，但伊朗強調先要查清戰
爭責任者才能考慮是否接受該決議。如今兩伊均已表示接
受598號決議，聯合國秘書長德奎利亞爾立即行動起來，
多次往返於德黑蘭和巴格達之間進行調停。終於在8月8
日宣佈兩伊將從8月20日起正式停火。8月25日，兩伊外
長在德奎利亞爾的主持下舉行和平談判。兩伊戰爭造成的
損失十分巨大，雙方共戰死50多萬人、負傷百萬人，損失
坦克3,500輛、飛機400多架，直接經濟損失高達6,000億
美元。這是一場基本上與兩個超級大國無關的大規模局部
戰爭，它說明美、蘇兩國干預國際事務的能力正在減弱，
也說明民族獨立國家之間如不處理好相互關係，特別是不
處理好邊界爭端，就會演變成大規模的戰爭。兩伊戰爭的
潛在影響也必須予以重視，通過戰爭和擴軍備戰，兩國的
戰爭機器都空前膨脹。兩伊戰爭爆發前，伊拉克軍隊只有
15萬人，戰爭期間猛增至100萬人以上。伊朗的軍隊也由
38萬人增至上百萬人。戰爭結束以後，伊朗的軍隊已減至
50餘萬人，而伊拉克軍隊非但未見減少反而更趨增加。這
就預示着中東地區不知在什麼時候仍會發生人們意料不到
的突然事件。

第十五章

阿以戰爭

一 巴勒斯坦戰爭

1．聯合國分治決議

　　自1897年猶太復國主義者大會提出要在巴勒斯坦建立一個"猶太人之家"以後，移居巴勒斯坦的猶太人逐漸增加。到1919年，巴勒斯坦已有五萬多猶太人在那裏居住了。此時儘管阿拉伯人佔巴勒斯坦總人口的92%，猶太復國主義者仍向巴黎和會提出，在巴勒斯坦建立猶太共和國的要求。這一要求遭到阿拉伯人的強烈反對，但得到美國的支持。美國在巴黎和會上，一方面提議成立一個巴勒斯坦國家，另一方面又提議國際聯盟鼓勵猶太人返回巴勒斯坦，一旦猶太人佔多數時應立即承認巴勒斯坦國家爲猶太人國家。猶太復國主義者和美國的要求沒有被和會接納，國聯於1922年7月通過了關於將巴勒斯坦交給英國統治的委任統治訓令。實際上英國軍隊早在1917年11月已佔領巴

勒斯坦，英國第一任巴勒斯坦高級專員也已於1920年抵達
耶路撒冷。猶太復國主義者希望移居巴勒斯坦的猶太人盡
快增加，以便使猶太人佔巴勒斯坦人口多數時建立猶太人
國家。這種希望由於英國委任統治當局推行"扶猶抑阿"
政策而逐步付諸實施。1920年，英國統治當局曾規定過允
許每月有1,000猶太人移入巴勒斯坦定居，但這個限額很
快變成了每年可以移入16,500人。到1925年，每年移入的
猶太人已增至30,000人。到1933年以後，每年移入的猶太
人更增至40,000人。希特勒上台後鼓吹反猶運動幫了猶太
復國主義的忙。到1939年二次大戰爆發的時候，巴勒斯坦
總人口中阿拉伯人為1,044,000人，佔總人口的70％；猶
太人為445,000人，佔總人口的30％。猶太移民在英、美
猶太人財團的支援下購買巴勒斯坦阿拉伯地主的土地後，
就把原來的阿拉伯佃農驅逐出去，使越來越多的阿拉伯佃
農淪為無地可種的"難民"。因此阿拉伯人激烈反對猶太
人的大量移入，反對英國統治當局的"扶猶抑阿"政策。
阿拉伯人和猶太人之間的衝突也愈演愈烈，並演變成為兩
個民族之間的軍事對抗。英國政府為了平息此種衝突，於
1937年發表了一份所謂"皮爾報告書"建議在巴勒斯坦實
行分治。但這個分治計劃因遭到阿拉伯人和猶太人的反對
而作罷。1939年5月，英國政府又發表了關於巴勒斯坦問
題的白皮書。白皮書聲稱英國政府不贊成使巴勒斯坦變成
一個猶太國，只同意在十年內建立一個巴勒斯坦國，阿拉
伯人和猶太人的主要利益都將得到保證。白皮書還規定自
1939年4月起的五年之內只許75,000猶太人移入巴勒斯

坦，以後除非阿拉伯人默許，再不准有更多的猶太人移居巴勒斯坦。這份白皮書被認爲是英國放棄"扶猶抑阿"政策的文件，因而受到猶太復國主義者的猛烈攻擊。猶太復國主義者於1942年在美國紐約的比爾特摩爾旅館擬訂了一個要求成立猶太共和國的綱領。1944年3月，美國羅斯福總統發表聲明，表示他的政府從未贊成過英國1939年的白皮書。巴勒斯坦猶太人武裝組織在美國人的支持下不斷襲擊英國駐軍和行政機構。二次大戰結束後，英國的經濟十分困難，只得靠向美國舉債度日。英國在巴勒斯坦的10萬駐軍已經成了不堪承受的負擔。就在英國這種困難時刻，美國總統杜魯門卻要求英國立即給10萬猶太人發去巴勒斯坦定居的護照簽證，對英國政府施加壓力。同時猶太人武力反對英國當局的行動也在逐步升級，1946年7月22日，猶太人的一個武裝組織炸毀了耶路撒冷英國駐軍總部所在地大衛王旅社的一部分，當場被炸死91人、傷45人，死傷者多爲阿拉伯和猶太人的文職人員。英國駐巴勒斯坦的官員不斷遭暗殺和綁架，促使英國政府於1947年1月31日下令從巴勒斯坦撤退全部英國婦女兒童及非必需的非軍事人員。英國在這種進退維谷的困境中只得在2月14日將巴勒斯坦問題提交聯合國討論。

聯合國大會立即舉行特別會議，組織了一個有11國參加的聯合國巴勒斯坦問題特別委員會（澳洲、加拿大、捷克斯洛伐克、危地馬拉、印度、伊朗、荷蘭、秘魯、瑞典、烏拉圭、南斯拉夫）。該委員會於6月中旬到7月下旬在巴勒斯坦進行了實地調查，猶太武裝力量乘機對英國駐軍進行襲擊製造緊張氣氛。委員會經過這番考察以後一致認定英國的委任統治已經不可能被當地居民接受了。對巴勒斯坦的今後治理方式，委員會提出了兩個方案。伊朗、南斯拉夫和印度主張建立由兩個國家組成的聯邦國家。其他成員國卻提出成立兩個國家並由這兩個國家建立經濟聯合體的分治計劃。1947年11月29日，聯合國大會以33票贊成、13票反對、11票棄權，通過了"關於巴勒斯坦將來治理（分治計劃）問題的決議"。決議的本意是結束英國在巴勒斯坦地區的委任統治（不得遲於1948年8月1日），並在同年10月1日前成立阿拉伯國和猶太國兩個獨立國家以及耶路撒冷市國際特別政權（歸聯合國管轄），新成立的兩個國家還應建立爲期十年的經濟聯合體制，以便共同發展經濟。以爲這樣一種規定就可以消除阿、猶之間多年來的紛爭以恢復巴勒斯坦地區的和平。但該決議本身就包含了引發阿、以戰爭的重要因素。主要問題是決議確定的兩國領土劃分嚴重地損害了阿拉伯人的利益而明顯偏袒猶太人。當時巴勒斯坦地區總人口爲1,947,000人，其中阿拉伯人有1,269,000人，佔65.2％，猶太人有678,000人，佔34.8％，阿拉伯人口明顯佔多數。但劃給阿拉伯國的領土卻只佔巴勒斯坦總面積的42.88％，且多爲山地和劣質土地。劃給猶太國的土地佔56.47％，且多爲平原和好地。而且該決議通過時，猶太人實際上只擁有巴勒斯坦土地的6％左右。所以如果真的使分治決議實行起來，阿拉伯人還必須把他們許多世代居住耕種的土地交給猶太人。難怪分治決議一通過，猶太復國主義者組織立即表示歡迎，而阿拉伯人一致表示反對。阿拉伯聯盟於1947年12月17日發表聲明支持巴勒斯坦阿拉伯人，指責分治決議違背了“公理和正義的原則”和民族自決原則，決定採取“決定性的手段”“決心爲反對聯合國分裂巴勒斯坦的決議而戰，並且遵照真主的旨意，決戰至最後勝利”。分治決議非但未能消弭巴勒斯坦的軍事衝突，反倒成了更大規模的阿、以戰爭的導火線。

2．阿盟聯軍先勝後敗

1948年5月14日，英軍提前全部撤出巴勒斯坦。當天晚上以色列國宣佈成立，美國立即宣佈予以承認。第二天，阿盟中的埃及、外約旦、敍利亞、伊拉克、黎巴嫩五國聯軍從北、東、南三個方向攻入巴勒斯坦地區。埃及兩個旅約10,000人的部隊兵分兩路進攻巴勒斯坦南部地區，由於以色列來不及在該處設防，埃軍順利地向北挺進，直逼以色列的首都特拉維夫和耶路撒冷。敍利亞和黎巴嫩的12,000人部隊也在巴勒斯坦北部發起進攻並控制了該地區。伊拉克和外約旦的1,750人部隊則從東面渡過了約旦河，迅速控制了約旦河西岸的巴勒斯坦地區，外約旦人還佔領了耶路撒冷市的舊城區。阿盟聯軍對以色列形成了三面包圍進逼的態勢，幾乎即將置以色列於死地。陷入四面楚歌的以色列立即哀告美國政府：如再不制止阿盟軍隊的進攻，它將無法再堅持下去了！美國政府見此狀立即以停止財政援助逼迫英國停止對阿盟的軍火供應、從阿盟各國軍隊中撤出英國軍官，還使英國代表在5月27日的安理會上提出停火四星期的建議。29日安理會通過了停火提案，到6月11日，阿盟部隊與以色列實現了第一次停火。阿盟部隊是在取得勝利的情況下停火的，各參戰國的私利在停戰後就突出地表現出來。其中外約旦國王阿卜杜拉表演得最為突出，他早就企圖吞併約旦河西岸的巴勒斯坦地區。所以當他的軍隊佔領了這個地區後，他就認為反以大功已經告成。但他的此種企圖遭到其他阿拉伯國家的反對，阿盟內部關係緊張。正當阿盟各國互相爭權奪利鬧得不可開交之時，以色列卻悄悄地把它的軍隊從三萬人擴充到六萬人，從國外購買了許多軍火裝備。7月9日，第一次停火期滿時，以色列就迫不及待地向阿盟陣地發起進攻。這次由以軍主動發起的"十天進攻"，主要是打通從特拉維夫到耶路撒冷的通道。以軍集中四個旅的主力部隊在特拉維夫東南方發起猛攻。7月11至12日，以軍攻佔盧德和臘姆拉城，繼而進逼耶路撒冷城郊。北部以軍的進攻由於兵力單薄被敍利亞部隊擊退。7月15日，安理會又通過了在巴勒斯坦第二次停火（無限期停火）的決議，並於7月18日生效。

　　第二次停火以後，阿盟各國才緩慢地向前線增派部隊以應付以色列的再次進攻。但以色列用比阿盟各國大得多的熱情和幹勁擴充軍備，以軍兵力增至十萬人，仍多於阿盟七萬人。以色列還從國外招募志願人員來充實新建的空軍和海軍。以軍準備就緒後找了一個小藉口，於10月15日突然向南部的埃及部隊防線發起了進攻。雖然以軍又集中了四個旅的主力投入戰鬥，起初卻被埃軍挫敗。以軍改變了主攻方向後，於19日晚間才突破了埃軍防線，21日攻佔比爾謝巴鎮，切斷了比爾謝巴以北埃軍的後方補給線和退路，形成了對埃軍的巨大威脅。27日，以軍攻佔特拉維夫以南的阿什杜德，解除了埃軍對特拉維夫的威脅。此後，北部以軍也發起了進攻，佔領了巴勒斯坦北部地區，敍、黎軍隊被迫撤回國境線以內。11月間安理會曾通過一項停火決議案，要求以軍撤回10月14日前的位置。但阿、以雙方均拒絕停火。12月22日，以軍一個旅對加沙地帶發起佯攻，使埃軍主力誤認爲以軍主攻方向是加沙地帶因而集中兵力堅守抵抗。但以軍主力卻直揮比爾謝巴以南，12月27日，以軍攻佔奧買。29日，又攻佔埃及邊境重鎮阿布奧格拉。以軍前鋒直趨埃及軍事要地阿里什城，加沙地帶的埃軍主力有陷入以軍包圍之虞。埃及迫不得已遂於1949年1月7日向以色列提出停戰要求，雙方於2月24日簽訂了停戰協定。但以軍於1949年3月6日派兩個旅的兵力向南挺進，攻佔埃拉特，取得了通往紅海的出海口。3月23日、4月3日、7月20日，以色列又分別與黎巴嫩、外約旦、敍利亞簽訂了停戰協定。這些停戰協定規定的停火線在巴勒斯坦境內是雙方的實際控制線。因此以色列除了佔領原本劃給它的那部分土地以外又佔領了應劃給阿拉伯國的6,700平方公里土地，佔巴勒斯坦全部土地面積的77％。約旦河西岸4,800餘平方公里土地被外約旦佔據，1949年4月，外約旦宣佈將這片土地併入外約旦，並改國名爲約旦哈希姆王國。埃及也佔據了原該劃入阿拉伯國的加沙地帶。通過這次戰爭，猶太人的以色列國版圖擴大了20％以上，巴勒斯坦阿拉伯人非但沒有建成自己的國家，反而有數十萬人（70－96萬）被逐出他們世代居住的家園淪爲難民。猶太人固然實現了復國的夢想，但那是以阿拉伯居民遭殃作爲代價的，這種建立在犧牲另一個民族的苦難基礎上的勝利必然孕育着新的爭鬥、新的爆發。

二 蘇彝士運河戰爭

1. 蘇彝士運河國有化

第二次阿、以戰爭是因蘇彝士運河而起的。蘇彝士運河是埃及人民用12萬生命的代價修築而成的國際海運通道，它使倫敦和馬賽去孟買的航程分別縮短了42％和56％。但蘇彝士運河的所有權和使用權卻被英、法壟斷資本控制，蘇彝士運河公司的96％股票被他們掌握，公司的總辦事處、董事會和股東大會均設在巴黎。運河公司每年只把收入的 3 ％上繳埃及政府，1955年運河收入一億美元，埃及政府只得到三百萬美元，對公司事務埃及政府也無權過問。從運河建成到1875年，蘇彝士運河主要被法國控制，1875年英國趁股票暴跌之機收購了運河公司44％的股票，1882年英國又借鎮壓埃及阿拉比起義的機會出兵侵佔埃及，並在運河區修建軍事基地。1936年英埃同盟條約雖然終止了英國對埃及的軍事佔領，但它仍可在運河區駐紮一萬人陸軍和四百人空軍（後增至八萬人），亞歷山大港仍爲英國海軍基地，英國空軍得以在埃及領空飛行。此條約有效期二十年，於1956年到期。二次大戰期間埃及人民爲擊敗德、意法西斯作出了貢獻，戰後要求廢除這個使埃及喪權辱國的要求日益强烈。埃及政府迫於人民的壓力，於1950年11月16日發表聲明，要求駐埃及英軍立即撤離，但遭英方拒絕。1951年10月15日，埃及政府決定廢除1936年英埃同盟條約及1899年英、埃共管蘇丹的協定。英國對此項決定不但不予理會，還不斷向埃及軍隊發起挑釁，在運河區屠殺埃及羣衆，英國軍艦炮轟塞得港，甚至派英軍佔領了伊斯梅利亞城。埃及共和國成立以後，納賽爾順應歷史潮流積極謀求埃及領土主權的完整。經過與英方的多次談判，終於在1954年10月19日簽署了關於蘇彝士運河基地的協定，規定英軍在二十個月從運河區撤離，埃及方面則應允一旦阿拉伯國家和土耳其遭到進攻，英軍仍可重返埃及。1955年8月22日，埃及又與英國簽訂協定，具體規定英軍應在1956年6月18日前全部撤離運河區，1936年英埃同盟條約宣告廢除。1956年6月12日，英軍如期撤離蘇彝士運河區。

英軍撤離運河區，埃及雖然收回了對運河區的主權，但並沒有收回蘇彝士運河的所有權。埃及與英、法之間圍繞蘇彝士運河所有權的相爭，隨着納賽爾推行獨立的外交政策而日趨尖銳。第一次阿、以戰爭結束以後，埃、以之間在加沙地區曾多次發生軍事衝突，埃及迫切需要大炮、坦克和噴氣機以增強國防實力。起初埃及向美、英、法尋求軍援，但西方國家卻乘機企圖把埃及拉入"巴格達條約"軍事集團。1954年6月，納賽爾聲明埃及不參加任何軍事集團。1955年3月5日，埃及與沙特、敍利亞一起宣

佈不參加"巴格達集團"。美、英、法見納賽爾不肯就
範,遂拒絕向埃及出售武器。納賽爾被迫只得向蘇聯尋求
軍援,蘇聯早已想插足中東只是找不到門道,現在納賽爾
找上門來正是求之不得的機會。但爲了使這筆買賣不致引
起國際轟動,又讓埃及通過捷克斯洛伐克談判軍援問題。
1955年9月27日,納賽爾宣佈埃、捷簽訂了一項武器交易
協定,該協定在1956年的3月和6月曾兩次續訂。價值數
億美元的蘇製坦克、火炮、飛機、軍艦源源運抵埃及。
英、美雖曾設法阻撓終未能得逞。10月31日,埃及同蘇聯
簽訂了友好條約。西方國家見納賽爾態度如此強硬,又向
他施加經濟壓力企圖使他垮台。納賽爾執政後爲了發展民
族經濟提出一項實施修築阿斯旺水電站的宏偉計劃。該水
壩建成後可使埃及國民收入增加四分之一,但所需費用很
大。埃及起初也是向西方尋求經濟援助的,1955年12月,
英、美兩國答應在第一期工程費用中向埃及"贈"款七千
萬美元、世界銀行貸款二億美元。但到1956年7月19日,
美國突然宣佈撤回上述對埃及的援助,隨後英國和世界銀
行也取消了先前答應的援助。西方國家此種行徑反而更加
激勵了埃及人民的民族精神,納賽爾立即表示埃及將永遠
不會向美元或武力屈服,它將用自己的力量建成阿斯旺水
壩。納賽爾要修建水壩缺資金,而本該屬於埃及的運河收
入卻源源流向西方大亨的口袋裏,這太不公平了!7月26
日傍晚,納賽爾在亞歷山大港的解放廣場向25萬羣衆突然
宣讀了"關於國際蘇彝士運河公司國有化的法令"。與此
同時,一個埃及行動小組順利地接管了設在伊斯梅利亞的

運河公司管理處。埃及政府將蘇彝士運河國有化實現了全國人民多年來的願望，埃及全國人民爲此感到自豪和興奮。但此舉對於西方國家、尤其是對英、法兩國有如晴天霹靂。英國首相艾登驚聞這一消息時直叫起來："他怎麼能幹出這種事來！"1955年英國進口的2,800萬噸石油中有2,000萬噸是通過蘇彝士運河運來的。同年通過運河的14,666艘船隻中就有4,358艘是英國的。無怪乎艾登又氣急敗壞地叫喊："埃及人把他的大姆指掐到我們的氣管上來了！"英、法兩國政府立即宣佈採取報復措施：凍結埃及在英、法銀行的存款和蘇彝士運河基金，命令通過運河的英、法船隻拒絕向埃及交納通行費。同時英、法兩國又積極備戰，準備用武力奪回蘇彝士運河的所有權。

2．英、法一無所得

在這緊要關頭，英、法又想拉美國一起對埃及施加壓力。但美國卻有自己的打算，它並不希望看到蘇彝士運河回到國有化以前的狀況，也不希望使埃及主宰運河，而是希望蘇彝士運河交給國際共管，只有這樣美國才能插足控制這條重要的國際水道。所以美國不同意英、法對埃及動武。8月2日，英、法、美三國外長發表會談公報，聲稱蘇彝士運河的國際性，建議在8月16日召開24國會議討論蘇彝士運河問題。對此，納賽爾於8月12日發表聲明加以反對，並決定埃及不參加這種有損國家主權的會議。但討論蘇彝士運河的國際會議仍然於8月16日至21日在倫敦召開，有22個國家參加。美國在會上大肆兜售由一個國際委員會管理蘇彝士運河的計劃，會議未能達成任何協議後決定派一個五國委員會去埃及進行游說。9月2日到9日，五國委員會在開羅與埃及政府進行了多次談判也以失敗告終。9月10日，埃及政府倡議建立一個蘇彝士運河使用國的談判機構，通過協商解決運河問題。9月12日，英、法、美卻擅自單方面達成協議準備成立"蘇彝士運河使用國協會"，埃及政府對西方國家此種蠻橫作法立即予以譴責。但英、法、美又不顧埃及的反對於9月19日至21日召開18國倫敦會議討論此事。10月1日，一個被英、法、美控制的"蘇彝士運河使用國協會"宣佈正式成立，但該組織從未發揮過作用。9月23日，英、法向聯合國安理會提出蘇彝士運河問題的議案。10月5日，安理會開始討論該議案。英、法此舉完全是爲其發動侵略戰爭作政治掩護，所以堅持要對運河實行國際管理，安理會否決了英、法的要求。此時，美國乘機聲稱它在運河問題上的立場與英、法不同，迫使英、法只得在兩種極端的可能性上作選擇：或者默認國有化的既成事實，或者訴諸武力。英、法兩國當然不接受前者，那就只好鋌而走險了。

英、法在策劃這場戰爭時真可謂是機關算盡，它們的如意算盤是既要奪回運河的所有權，又不承擔發動戰爭的風險。爲此，先由法國出面拉攏以色列。以色列早就企圖發動一場大規模的戰爭奪取加沙地帶和打通經紅海通過運河的通道。所以法國和以色列一拍即合，以色列答應由它率先對埃及發動地面進攻，然後英、法介入。10月29日下午5時左右，以色列的空軍突然在埃及西奈半島的米特拉山口空降了一營傘兵（500多人），搶佔了這個通向運河區的戰略要地。同時，45,000名以軍兵分四路突入西奈半島境內。當時埃及政府和軍方的注意力主要放在防備英、法從北方的登陸入侵上，沒有想到以軍會率先發動大規模進攻。所以西奈半島防衛薄弱，待埃及軍方派部隊增援西奈守軍時也已過於遲緩，西奈半島埃、以兵力對比是一比二。以軍憑藉其優勢兵力迅速在西奈半島推進。埃及軍隊雖然英勇抵抗，終因力量過弱離後方太遠未能阻止以軍的推進。薩馬德、納赫勒相繼失陷。10月30日，納賽爾發佈總動員令。同日下午4時許，英、法向埃及和以色列發去最後通牒：埃、以雙方立即停火，各自將軍隊撤離運河16公里；為了"保護運河的通航安全和自由"，運河沿線的富阿德港、伊斯梅利亞、蘇彝士城"暫時"由英、法軍隊佔領；埃、以兩國必須在12小時內作出肯定答覆，否則就進行軍事干涉。這個最後通牒是英、法和以色列事先安排好的雙簧戲，以色列迅即答覆接受它，而且此時它的軍隊離運河尚有60餘公里，按此通牒規定它仍可繼續向西推進。埃及政府和人民立刻就識破了英、法、以的險惡用心，嚴詞拒絕了英、法的最後通牒。10月31日下午7時，英、法空軍開始對埃及的飛機場實施空襲，次日又對埃及的主要城市實施空襲。英、法的空襲配合以軍的進攻企圖一舉殲滅西奈半島境內的埃及軍隊。納賽爾果斷地下令西奈守軍火速撤到運河西岸，以便集中兵力抗擊英、法聯軍的進攻。英、法空軍對埃及進行了四天空襲以後，於11月5日上午開始向塞得港和富阿德港空降傘兵，佔據了飛機場和供水站。次日上午，英、法海軍陸戰隊又在這兩個港口登陸，並沿運河向南推進。但就在同一天，英、法兩國政府不得不宣佈停火。因爲聯合國大會緊急會議在11月2日就已通過了要求雙方立即停火的提案，11月3日又通了譴責英、法侵略埃及的提案。敍利亞、沙特等國繼埃及之後與英、法斷絕了外交關係，有的阿拉伯國家切斷了英國石油公司的油管，沙特決定暫停向英、法供應石油，英、法兩國在阿拉伯國家頓時成了過街老鼠。與此同時，蘇聯和美國也向英、法施加軍事、經濟壓力促其停火。英、法在國際社會中已陷入十分孤立的境地，任何軍事勝利也都已經無濟於事了。蘇彝士運河戰爭雖然使埃及蒙受巨大損失，但終究體面地保住了對蘇彝士運河的主權，在國際上贏得了同情和支持。英、法勞師遠征，損兵耗資，終因師出無名空手而歸，落得個衆叛親離的可恥下場。英、法發動蘇彝士運河戰爭成了殖民主義垂死掙扎的可悲表演，六天戰爭使英、法在中東苦心經營一百多年的殖民事業的影響化爲烏有。

三　"六‧五"戰爭

1．眞假情報戰

在蘇彝士運河戰爭期間，以色列曾侵佔埃及的西奈半島和加沙地帶，但迫於國際上的壓力不得不於1957年3月8日撤出該地區。聯合國緊急部隊進駐加沙地帶和亞喀巴灣沿岸地區。以色列雖然取得了亞喀巴灣航行自由，但仍

*即加薩

念念不忘曾被它侵佔過的西奈半島和加沙地帶。同時以色列又極想侵佔約旦河西岸地區和敍利亞的戈蘭高地。因此以色列在戰後依靠美國的援助加緊擴軍備戰，十年後以色列的常備正規軍兵力已擁有 8 萬人，動員後可增至20多萬人，擁有上千輛坦克、300多架作戰飛機。但是，阿拉伯國家也在大力增強自身的防衛能力，埃及的正規軍有19萬人、1,200輛坦克、650架飛機，敍利亞正規軍有 5 萬人、255輛坦克、160架飛機，約旦有5.5萬人、105輛坦克、72架飛機。以色列自知無論在資源和兵員裝備的數量上都比阿拉伯國家要少，所以決定對阿拉伯國家打先發制人的速決戰，集中兵力各個擊破阿拉伯國家。爲達此目的，以色列絞盡腦汁進行軍事政治僞裝，一步一步把阿拉伯國家誘入被動挨打的陷阱。以色列要側重打擊的國家是埃及，因爲當時埃及軍力在阿拉伯國家中最強，納賽爾的國際聲望也很高。但加沙和西奈半島駐有聯合國部隊，以軍不好發動進攻，以色列也不願主動要求撤走聯合國部隊，它決計要讓埃及來做這件事。由於埃及和敍利亞在1966年11月簽訂了建立聯合防務指揮部的協議，以色列就採取聲北擊南的手法，在敍、以邊境不斷排起武裝衝突製造緊張局勢。1967年 4 月 7 日，以色列軍隊掩護一輛裝甲拖拉機強行開墾非軍事區內阿拉伯人的土地，遭到敍利亞邊防軍的鳴槍警告。以色列立即出動坦克和火炮攻擊戈蘭高地的敍軍防線，同時出動作戰飛機入侵敍利亞領空，敍空軍迎戰中有六架米格21戰鬥機被擊落。這次大規模空戰發生以後，伊拉克和約旦立刻向敍利亞提供了援助，不久埃及總理和空軍司令也前往敍利亞訪問，納賽爾宣佈埃及將派空軍去敍利亞對付以色列的侵略。5月10日前後，以色列故意透露一則"絕密情報"：它已在敍利亞方向集結十一至十三個旅的軍隊，準備在5月17日向敍利亞發動進攻。蘇聯駐以色列大使館得此消息後立即報告了莫斯科。5月12日，蘇聯將此情報告知埃及政府，並建議埃及採取必要措施。次日，蘇聯又將此消息通知敍利亞和其他有關國家。5月14日，埃及爲了支援敍利亞抗戰，決定增派兩個師去西奈半島。5月15日，敍利亞正式揭露以色列侵略敍利亞的陰謀，埃及則宣佈全國進入最高戒備狀態。5月16日，埃及要求聯合國部隊從西奈半島邊境撤離，以便使埃軍可以攻入以色列。但以色列在5月17日並未對敍利亞發動進攻。此時埃及仍於5月18日要求聯合國部隊從加沙、西奈半島全部撤離，埃及軍隊接管了所有哨所。並於21日進駐控制亞喀巴灣入口處蒂朗海峽的沙姆沙伊赫城。5月19日，以色列藉口埃及備戰，也下了局部動員令。5月23日，埃及對亞喀巴灣實施封鎖，以色列立即指責埃及此舉就是對它的"侵略"，就是對它的"武裝進攻"，揚言要用武力打開亞喀巴灣。以色列迅速向埃、以邊境增兵，準備發動先發制人的戰爭。埃及主動要求聯合國部隊撤離爲以軍的進攻創造了方便條件，封鎖亞喀巴灣又爲以色列的進攻提供了口實，實爲下策。但以色列也害怕埃及搶先對它發動先發制人的進攻，更害怕蘇聯進行軍事干預，它就通過美國向蘇聯提供所謂埃及即將進攻以色列的緊急情報。此時美、蘇已秘密達成協議要各自"約束"以色列和埃及。所以蘇聯得到這個情報後，立即讓蘇駐埃及大使在 5 月27日凌晨叫醒納賽爾，要求埃及不要向以色列開第一槍，並說蘇聯已從美國那裏取得保證，以色列不會發動進攻。納賽爾對以色列的所謂情報大惑不解，不但完全否認他有此種意圖，而且向蘇聯大使保證埃及不會開第一槍。蘇聯立即把納賽爾的保證告訴美國，美國又轉告給以色列。以色列得知納賽爾的底牌以後，加緊進行突然襲擊的準備。而納賽爾在得到蘇聯的保證以後就真的相信以色列不會對埃及發動全面進攻了。他接連三次公開發表講話保證埃及不會發動進攻。爲了顯示這種保證的誠意，納賽爾又宣佈解除埃及軍隊的最高戒備狀態。第三次阿、以戰爭就是在這種情形下突然爆發的。

2．希特勒式的突然襲擊

1967年 6 月 5 日上午 7 時許，以色列空軍除12架超級神密式飛機擔任本土警戒外，有196架能作戰的飛機全部分批起飛。它們飛越加沙地帶以後折向西北進入地中海上空，以機飛到亞歷山大港以西海面後突然折向南方，以超低空的高度直撲尼羅河三角洲和蘇彝士運河區的九個埃及軍用機場。這時正好是開羅時間 8 時45分，三角洲和運河區上空雲霧已經消散，能見度很好，埃軍軍官們正在去上班的途中，空軍值班人員正在第二次用餐，雷達站也正在交接班，晨班巡邏機剛剛返航加油，接班飛機還未起飛。以色列空軍恰恰利用了埃軍這15分鐘的空子對埃及軍用機場進行襲擊。當以軍飛機飛臨埃軍機場上空時，只見埃軍飛機一架架整齊地排列在停機坪上。以軍飛機分成17批每隔７分鐘飛入一批，先用500－1,000磅重型炸彈把飛機跑道炸毀，然後轟擊停機坪上的飛機。僅僅不到三個小時的轟炸，埃及空軍的80％能作戰飛機被摧毀（約300架），埃及空軍350名飛行員中有100人被炸死。埃及空軍剛剛裝備的二十個防空導彈連100台薩姆Ⅱ型導彈發射架還未投入使用大多也被摧毀。同日中午，以色列空軍對約旦的機場進行了轟炸，稍後又轟炸了敘利亞的機場。所以在開戰的頭一天以色列就奪取了戰區制空權。

地面戰鬥是由南而北依次展開的。以色列首先在西奈半島發起攻擊。埃軍在西奈半島駐有七個師約12萬人，兵力可謂不弱。但埃軍並不是在戒備狀態下臨戰的，埃軍倉皇應戰已很被動，再加上埃軍已無空中保護，西奈半島多為沙漠，部隊完全暴露在敵空軍面前成為挨打的對象。因此以色列再次兵分四路在空軍的掩護下對埃軍發起進攻後，埃軍雖然英勇抵抗也無法阻擋敵軍的推進。有的地段上以軍遭到堅決抵抗後又在埃軍側後方空投傘兵，對埃軍形成合圍之勢。６月６日，以軍攻陷加沙、阿里什和阿布奧格拉等戰略要地。埃軍總司令得知埃軍失利後，立即命令前線部隊撤退，這種毫無準備和掩護的撤退立刻變成了奔逃。埃軍總司令為制止這種混亂的奔逃又下令停止撤退，但為時已晚。６月７日，以軍一部已推進到運河東岸。８日中午，以軍全線向運河東岸推進，９日晨以軍佔領西奈半島全部土地。埃及被迫同意停火。

在約旦方向的以軍原是奉命堅守。６月５日中午，約旦軍隊應埃及的要求主動出擊起牽制作用。但當晚以軍就開始舉行反攻，以軍的主要目標是耶路撒冷舊城，經過激戰，以軍於 7 日下午攻陷舊城。同日晚 8 時，約旦同意停火，約旦軍撤到約旦河以東。

在敍利亞方向敍軍尚未發起攻擊就因埃軍失利而被迫轉入防禦，8 日，敍利亞宣佈接受停戰決議，停火令將在 9 日晚間生效。但以色列迅速從西奈和約旦方向抽調部隊到北部。9 日中午，十個旅的以軍突然向敍軍發起進攻，敍軍被迫退卻。6 月10日下午以軍攻陷庫奈特拉城，以軍侵佔了整個戈蘭高地。6 月10日中午，聯合國通過了停火決議，敍、以雙方也同意接受該決議但實際上這裏到 6 月13日才完全停止戰鬥行動。以色列通過六天戰爭奪取了西奈半島、約旦河西岸、戈蘭高地共67,400平方公里的領土，又使百萬以上阿拉伯人淪爲難民。埃、敍、約三國不但丟失大片國土，還在軍事上遭到嚴重挫折，三國共有20,000餘官兵陣亡、35,000多官兵負傷、6,500人被俘。而以色列傷亡僅3,300多人、19人被俘。阿拉伯國家軍隊元氣大傷，以色列乘機鼓吹其軍隊不可戰勝的神話，以色列的侵略氣焰更加驕橫不可一世。

四　十月戰爭

1．打破“不戰不和”局面

1967年11月22日，聯合國安理會通過第242號決議。該決議規定“以色列軍隊撤離其於最近衝突所佔領的領土"。雖然它未提第一次阿、以戰爭中以色列擴佔的土地，但總是要以色列吐出在"六·五"戰爭中所侵佔的別國領土，這當然是埃、敍、約三國的共同要求。該決議又規定"尊重並承認該地區每一國家的主權、領土完整及政治獨立，與其在安全及公認的疆界內和平生存、不受威脅及武力行爲的權利"。這是要阿拉伯國家承認以色列國，這自然符合以色列需要的。但以色列卻不肯從被其佔領的領土上撤軍，阿拉伯國家怎能容忍自己的國土被以色列永遠霸佔呢？阿拉伯各國人民要求收復失地的呼聲很高，軍隊也不斷爲收復失地而請戰，這些國家的領導人也深感自己的責任重大，爲收復失地積極作準備。埃及和敍利亞先後向蘇聯購進價值54億美元的武器裝備，其中有坦克、飛機、防空導彈等等。但是美、蘇兩個超級大國卻不許阿拉伯國家爲收復失地而戰。美國當時正陷入越戰的泥淖而不能自拔，蘇聯也因1968年入侵捷克斯洛伐克事件而聲名狼藉。再加之美、蘇戰略核武器的差距迅速縮小，它們都不願爲中東國家之間的爭鬥去冒風險，寧可使中東保持一種"不戰不和"的局面以便牢固地控制各自的勢力範圍。所謂"不戰不和"，就是中東地區保持在"六·五"戰爭結束的狀態。阿、以之間沒有全面的大戰，但也沒有真正的和平，阿、以之間不斷發生較小的武裝衝突，使雙方保持緊張的對峙。1967年6月，蘇聯部長會議主席柯西金和美國總統約翰遜的會談。1972年5月，美國總統尼克遜與蘇共總書記勃列日涅夫的會談都曾商討過中東對策，他們一致認爲應把中東問題凍結在冰箱裏二十至三十年。爲此美、蘇竭力向中東各方，尤其是向阿拉伯國家兜售政治解決辦法。1970年 6 月19日，美國國務卿羅傑斯寫信給埃及外交部長里亞德，拋出了一個所謂"以土地換取和平"的計劃：埃及、約旦和以色列相互承認主權、領土完整和政治獨立，然後以色列從1967年衝突中佔領的領土上撤走。羅傑斯聲稱美國在中東是執行"不偏不倚"的政策，他認爲如果要求以色列在沒有取得承認其主權的情況就撤軍，那就是偏袒阿拉伯國家。而如果要求阿拉伯國家在以色列沒有撤退的情況下接受和平，那將是偏袒以色列的態度。其實羅傑斯的計劃真正是一種偏袒以色列的政策，因爲計劃的前提是要阿拉伯國家首先承認以色列的主權。這猶如一個强盜搶了別人的東西後聲稱被搶者要承認强盜是好人才能把東西交還他是一樣的道理。所以羅傑斯計劃遭到許多阿拉伯國家的反對。至於蘇聯對維持中東地區"不戰不和"局面感興趣的原因，埃及《金字塔報》的主編曾一針見血地指出這種局面會使這個地區的多數阿拉伯國家更加依賴蘇聯！蘇聯不但用提供軍援和經援來控制阿拉伯國家，而且利用向阿拉伯國家派遣顧問和專家的機會建立"國家之國"的軍事基地，同時還在這些國家培植親蘇勢力，干涉這些國家的内政。1970年 9 月，埃及總統納賽爾突然去世，薩達特繼任總統。1971年 5 月，薩達特破獲了一起政變陰謀案，陰謀分子大多爲親蘇分子。1972年 7 月 8 日，薩達特召見蘇聯大使，明確宣佈你們無權充當我們的監護人，結束蘇聯顧問和專家的使命，限令他們從 7 月17日起10天内離開埃及回國。埃及驅逐蘇聯顧問之舉立刻引起了國際轟動，埃及從此擺脫了蘇聯强加的種種束縛。
同時此舉卻蒙蔽了以色列，以軍方認爲蘇聯顧問一走，埃
及的作戰能力必然大大下降。美、蘇共同製造的中東"不
戰不和"局面就這樣戲劇性地被打破了。

2．互有勝負的戰爭

　　埃及擺脫了蘇聯的束縛，但要收復西奈半島還需攻破
被以色列人吹噓爲攻不破的巴列夫防線。"六·五"戰爭
以後，以色列爲了用最少的兵力取得最大的防禦效果，耗
資三億美元，歷時三年沿蘇彝士運河東岸修建了這條防
線。以色列把運河東側河堤加高到25米（相當於六層樓
高），並把向水面削成55度的陡坡，在其上佈滿了鐵絲網
和地雷。在河堤沿線的交通要道和渡口處修建了25個地堡
羣，埋設了可儲存200噸油料的儲油罐及通向河面的油
管。這條防線只用3,000人防守，可說是十分現代化的。
在這條防線的後方又修築了三道防線，以色列在西奈半島
共部署了四個旅的兵力可以隨時出動支援前線。埃軍爲了
攻破巴列夫防線在開羅以南地區進行絕密的訓練。埃及和
敍利亞事前商定，在1973年10月 6 日（星期六）同時發動
進攻。因爲這天正值猶太教的贖罪節，猶太教徒在這一天
從日出到日落整個白天不得進食喝水，以軍官兵餓着肚子，
戒備最爲鬆懈。10月 6 日下午 2 時正，250架埃及飛機突
然飛臨巴列夫防線上空對以軍陣地實施轟炸，同時兩聲巨
響把以軍防線堤岸炸開兩個缺口，100名埃軍乘橡皮艇衝
過運河奪取了這兩個缺口。 2 時零 5 分，埃軍2,000門火

炮也一齊向巴列夫防線開火，把以色列守軍打得抬不起來。8,000埃軍突擊隊分乘無數橡皮艇和水陸兩用裝甲車迅速渡過運河，這些突擊隊只用37分鐘就佔領了登陸場。埃軍工兵使用高壓水龍沖垮河堤，打開了60個缺口，架起10座浮橋和50個門橋供埃軍主力過河。八萬埃軍只用24小時就被送到了運河東岸，收復東岸三至四公里的地帶，巴列夫防線土崩瓦解。渡河作戰中埃軍僅損失148個士兵，以如此輕微的代價攻破了巴列夫防線，極大地振奮了埃及軍民的抗戰決心。與埃軍發起攻擊的同時，敘利亞的數百門火炮向以軍陣地發起猛烈轟擊，然後八個旅的敘軍在飛機的掩護下分三路突破了以色列多年構築的防線。敘軍很快就包圍了戈蘭高地的重鎮庫奈特拉。埃、敘兩軍初戰告捷以後沒有集中兵力大膽迂迴穿插，而是平分兵力一線平推的穩紮穩打，因而不能在敵軍驚魂未定之際發展戰果，使敵軍有喘息應付的間隙時間。因此，從10月6日到9日，埃軍只控制了運河東岸縱深約十公里的狹長地帶。敘軍也只奪回庫奈特拉，未將以軍全部趕出戈蘭高地。在初戰階段埃、敘方面有兩件新式武器使以軍十分膽寒。一是反坦克火箭和導彈在戰場上初露鋒芒，許多以軍坦克就是被這些新式的反坦克武器擊毀的。二是低空防空導彈薩姆6和薩姆7。這種防空導彈裝在履帶裝甲車上，機動性能好，生存力極強，能擊中低飛一百米的目標。且能自動搜索、自動跟蹤、自動計算、自動發射。以軍的飛機原已裝備能報警的"黑匣子"（能通知飛機已被敵方導彈捕捉的電子儀器），可以對付薩姆2和薩姆3防空導彈。但這回

"黑匣子"不靈了，戰爭的頭一天，以空軍八架飛機像往常一樣闖入大馬士革上空逞兇，但忽然之間飛機紛紛爆炸墜地，只有一架僥倖逃回。埃、敘防空部隊正是用這種導彈打得以色列飛行員心驚肉跳。埃、敘兩軍初戰獲勝的政治意義大於軍事意義。因爲巴列夫防線被攻破、以軍坦克部隊和空軍的慘敗粉碎了以軍不可戰勝的神話。當一個黎巴嫩人在電視上看到示衆的以色列俘虜後說：10月6日以後，我又可以揚眉吐氣地說我是一個阿拉伯人了！足見其影響之巨大真是非同小可。

以色列在初戰失利後立即在全國緊急動員，徵召50歲以下的公民服役，使它的軍隊人數由115,000人迅速增至400,000人。以軍指揮部決定集中兵力先北後西的順序進行反攻。10月9日，戈蘭高地的以軍已增至22個旅約10萬人。次日，以軍開始發起反攻，敘軍被迫撤退到原出發地。到13日，以軍攻至距大馬士革僅34公里的薩薩鎮附近，揚言要在24小時內侵佔大馬士革。正當敘軍危急之際，一支伊拉克坦克部隊（310輛坦克）開到增援，挫敗了以軍的攻勢，雙方從此只得掘壕據守對峙。以軍在北線取得反攻勝利後就將部分軍隊調往西線，西線以軍增至23個旅。10月14日，埃軍應敘利亞的要求，出動1,000輛坦克向米特拉山口等以軍陣地發起猛攻，以軍出動800輛坦克反擊，雙方展開了一場歷史上規模最大的坦克戰（比庫爾斯克戰役中的那場坦克戰多600輛坦克）。經過數小時的激戰，埃軍沒有防空導彈的掩護（距離太遠）遭到以空軍的攻擊，損失200多輛坦克後被迫撤退，以軍也損失50

輛坦克。此時，以色列從美國獲得的衛星偵察照片中得知埃軍在大苦湖以北地段的防衛薄弱，於是決定從該處突入運河西岸到埃軍後方作戰。15日下午5時，一支身穿埃軍軍服、口操阿拉伯語、駕駛13輛蘇製坦克的以軍偷渡到運河西岸以便接應後續部隊。16日凌晨以軍兩個旅開始渡河並搶佔了橋頭陣地，架起了浮橋，以軍源源開到西岸。埃軍指揮部發現有以軍渡過運河西岸作戰時以爲只是小股以軍的騷擾活動未予重視。及待數萬以軍分南北兩路進攻河西岸埃軍時，埃及指揮部又不立即回師合擊河西之敵，終於招致蘇彝士城失陷，使河東埃及第三軍團陷入敵軍包圍的危險境地。10月24日，埃及被迫同意停火，敍利亞也宣佈停火。第四次阿、以戰爭前後歷時18天。以色列傷亡10,000多人，被俘500多人，損失坦克840輛，飛機百餘架。埃、敍傷亡26,000人，被俘8,000餘人，損失坦克2,500多輛、飛機440架。10月25日晚，蘇聯下令七個空降師進入戒備狀態，準備開赴中東前線"監督"停火。美國得知此消息以後也於當晚下令美軍進入三級戒備，在地中海的第六艦隊進入二級戒備。蘇聯見美國如此動作只得取消派兵計劃，並指責美國在嚇唬蘇聯，但是"找錯了對象"云云。在此次戰爭期間，蘇聯出動206架運輸機，給埃及和敍利亞運去了16,000噸武器彈藥。美國也出動56架大型運輸機，給以色列運去了22,000噸武器彈藥。美、蘇在中東地區的爭霸已經成爲中東局勢動蕩的一個重要根源。1974年1月和5月，埃及和敍利亞分別與以色列簽訂了脫離軍事接觸協議；雙方軍隊之間建立脫離接觸區和緩衝區，由聯合國部隊進駐。

五　埃及收復西奈半島

1.戴維營協議

　　由於美國對以色列施加了壓力，迫使它同意將軍隊後撤建立脫離接觸區，美國和埃及、敍利亞關係開始改善。1974年2月和6月，美國先後與埃及、敍利亞恢復了外交關係。與此同時，蘇聯卻向埃及逼債，使得埃及經濟惡化。1976年3月15日，埃及遂宣佈廢除埃蘇"友好合作條約"，稍後又取消向蘇聯海軍提供海港的便利。美國乘機邀請薩達特訪美，1977年4月，薩達特去美國與卡特總統討論中東等問題。7月，美國宣佈準備向埃及等國提供武器和軍事裝備。9月底，蘇聯拒絕埃及延期償債的要求，埃及宣佈從1978年元月起，停止償還欠蘇聯的軍火債務。11月19日，埃及薩達特總統訪問以色列，謀求與以色列建立"公正、持久的和平"。隨後就邀請美、蘇、以和其他阿拉伯國家在開羅舉行會議以便爲恢復關於中東問題的日內瓦會議作準備，但爲蘇聯及其他阿拉伯國家拒絕。12月25日，以色列總理貝京抵達伊斯梅利亞與薩達特舉行會晤。1978年1月，埃、以和談開始。2月，蘇、敍兩國領導人共同指責埃及採取了"分裂阿拉伯國家統一的投降行動"。9月5日至17日，埃、以、美三國最高級會談在美國的戴維營舉行。會上簽署了統稱爲"戴維營協議"的兩個文件：《關於實現中東和平的綱要》、《關於簽訂埃及和以色列之間的和平條約的綱要》。協議規定雙方應在聯合國第242號和第338號決議的基礎上，在三個月內締結和平條約以結束戰爭狀態。1979年 3 月24日，薩達特、貝京、卡特在華盛頓正式簽署埃及、以色列和平條約，4 月25日，埃、以交換和約批准書，該和約正式生效，宣告埃、以間戰爭狀態正式結束。條約規定：以色列軍隊在三年內全部撤出西奈半島，雙方承認並尊重對方的主權、領土完整和政治獨立，埃及將允許以色列船隻在蘇彝士運河和亞喀巴灣航行，雙方建立正式外交關係互派大使。1982年 4 月，以色列軍隊最後撤出西奈半島，埃及恢復其在西奈的國家主權。埃及領導人認爲這是一個巨大的成就，它將鞏固東部的邊疆，開擴了新的視野。

2．阿拉伯國家的暫時分裂

薩達特訪問以色列一事在阿拉伯國家引起了軒然大波。1977年12月 5 日，敘利亞、阿爾及利亞、南也門、利比亞和巴解組織在的黎波里召開首腦會議，宣佈成立“拒絕陣線”（後改稱“堅定陣線”）。此次會議的宣言譴責了薩達特總統訪問那個猶太復國主義實體，指責薩達特此舉是爲了取消阿拉伯事業和巴勒斯坦事業，肢解阿拉伯民族，損害它的民族利益，因而是對阿拉伯民族的叛賣。埃、以簽署戴維營協議以後，上述五國和組織於1978年 9 月23日在大馬士革召開第三次首腦會議並作出決議和宣言。決議宣佈這些國家和組織斷絕與埃及的政治和經濟關係，要求把阿盟總部從開羅遷出，委託敘利亞總統以陣線的名義出訪蘇聯以便取得蘇聯的支持。10月15日，阿薩德出訪蘇聯，雙方在聯合公報中一致譴責薩達特嚴重損害阿拉伯和非洲人民利益的行爲。1979年3月，蘇聯駐聯合國代表在安理會上譴責了擬議中的埃、以和約。1982年4月，蘇聯塔斯社又把埃及收回西奈半島一事稱之爲"演出了一場鬧劇"，是意味着以色列對西奈的佔領換成了美國對西奈的佔領，從而使美國得到直接干涉中東事務的基地。

　　1978年11月，第九次阿拉伯國家首腦會議在巴格達召開。會議公報說戴維營協議危害了巴勒斯坦人民和阿拉伯民族的權利、違背了阿盟憲章和聯合國關於巴勒斯坦問題的決議。1979年3月27日，埃及宣佈暫停它在阿拉伯國家聯盟的活動。同日，阿盟外交和經濟部長會議在巴格達舉行。會議建議各阿拉伯國家與埃及斷絕政治和外交關係，停止給埃及的一切財政和技術援助，停止埃及的阿盟成員國資格，暫時把阿盟總部從開羅遷往突尼斯。埃及立即照會阿盟秘書處，拒絕上述決議。接着，埃及先後與科威特、沙特、卡塔爾、阿聯酋、毛里塔尼亞、巴林、黎巴嫩、摩洛哥、突尼斯、阿拉伯也門、伊朗等國斷絕外交關係。以後幾次阿盟首腦會議又重申了對埃、以和約的譴責。但埃及不顧阿盟對它的制裁，1979年5月27日，薩達特與貝京又在阿里什舉行會談，決定自即日起開放兩國邊界。在阿拉伯國家中，支持薩達特謀求收復西奈失地行動的國家只有蘇丹、約旦、索馬里、阿曼等國，但它們對戴維營協議也持保留態度。阿拉伯國家因埃及的政策變化而暫時陷於分裂狀態。

第十六章

海灣戰爭^{**}
**＊即波斯灣戰爭

一　冰凍三尺非一日之寒

1．夾縫中求生存的科威特

　　科威特在古代被稱爲"科特"，其意或爲糧倉，或爲要塞，可能兩者兼而有之。科威特曾出土一些古希臘時代的文物，如亞歷山大帝的雕像、各種女神像等等。法拉卡島在古代曾是波斯灣航海者歇腳的地方，上面留有兩座古代神廟。亞歷山大帝國、羅馬帝國、阿拉伯帝國的勢力都曾到達科威特。奧斯曼帝國的版圖在十六世紀中葉也擴展到科威特以南地區（但不包括科威特）。十七世紀中葉，原居住在阿拉伯半島西北部希賈兹地區（舊譯漢志）的哈立德人擊敗奧斯曼人，成爲從伊拉克南部到卡塔爾[＊]這一片土地的統治者。哈立德人的統治中心在哈薩地區，他們在科威特派有駐軍，修建了倉庫和要塞。科威特位於阿拉伯河口附近，瀕臨波斯灣，是東西方貿易的重要通道。科威

＊即卡達

特人以採珍珠和航海爲業，到十八世紀中葉，它已有近萬人口。此時從阿拉伯半島中部納季德地區（舊譯内志）遷出來的薩巴赫家族已從卡塔爾轉移到了科威特。1756年，哈立德人放棄了對科威特的統治權，薩巴赫家族的族長薩巴赫·伊本·賈比爾被推舉爲科威特酋長，這一年就成爲科威特酋長國建立的確切日期。薩巴赫家族對科威特的統治延續至今已更替過十三位酋長（後改稱埃米爾）。他們按在位時間順序排列分別爲：薩巴赫一世（1756－1762）——阿卜杜拉一世（1762－1812年）——賈比爾一世（1812－1859年）——薩巴赫二世（1859－1866年）——阿卜杜拉二世（1866－1892年）——穆罕默德（1892－1896年）——穆巴拉克（1896－1915年）——賈比爾二世（1915－1917年）——薩利姆（1917－1921年）——艾哈邁德（1921－1950年）——阿卜杜拉三世（1950－1977年）——賈比爾三世（1977－今）。1776－1779年間，波斯人佔據了巴士拉，英國東印度公司將聯結印度到阿勒頗（敘利亞）的陸上郵路中心由巴士拉轉移到科威特。從印度經海路運來的貨物要卸在科威特再轉運到巴格達、大馬士革等地。隨着科威特的重要性增加，許多國家對它產生了野心。

奧斯曼帝國對科威特在地理上形成了三面包圍的形勢，巴格達省的奧斯曼官員覬覦科威特已非一日。在賈比爾一世時，巴士拉的蒙塔克部落酋長班德爾·賽耳頓就曾準備進攻科威特。消息傳到科威特，賈比爾一世一方面下令修復加固城牆，加强戰備。另一方面又派人去告訴班德爾，科威特人民決心抵禦外來入侵者，如果抵抗失敗，他們就揚帆遠去。班德爾得知科威特人的這種堅決心和準備以後只得取消原先的入侵計劃。後來有過一位奧斯曼巴格達省長官納米格帕夏，也企圖將科威特兼併進巴士拉縣，但被拒絕。1893年，科威特遇到了一種複雜的局勢。當時駐巴士拉的奧斯曼軍隊勾結一部分沙特遊牧民族準備進攻科威特。他們向科威特酋長送去了最後通牒，命令他立即離開科威特，否則他們就要用武力把他趕走。正當科威特酋長穆巴拉克犯難之際，兩艘英國鐵甲艦來到科威特，英國海軍將領通知穆巴拉克酋長：英國已和奧斯曼政府達成一項協議，規定奧斯曼不得干預科威特的事務，如若奧斯曼軍隊進攻科威特，英國有權予以反擊。由於英方態度強硬，奧斯曼軍隊終於撤銷了進攻計劃。有人拿奧斯曼政府曾授予阿卜杜拉二世陸軍中校軍銜一事，作爲科威特曾是奧斯曼帝國一部分的證據。其實此次授銜是因爲他在1872年曾派科威特海軍援助奧斯曼巴格達省長官進攻哈薩地區的回報，只是一種酬謝的表示。

英國也曾企圖侵佔科威特。它在波斯灣擊敗葡萄牙人和荷蘭人以後，此種慾望尤爲強烈。1820年就有一批英國人在科威特登陸，向買比爾一世酋長提出在科威特城升掛英國國旗及建造房屋居留的無理要求，後被買比爾一世拒絕。但是奧斯曼帝國和沙特阿拉伯對科威特的經常性威脅，賜給英國人極好的機會。1898年，德國取得修築巴格達大鐵道的租讓權以後，英國更急於想控制科威特這個戰略要地。英印總督冠松勳爵奉命派人向科威特酋長遞交了一份英科協定草案。1899年1月23日，穆巴拉克酋長爲了抵禦來自鄰國的威脅決定接受這項協定。它規定如不經英國許可，科威特不得向第三國割讓、出賣、租借、抵押或贈送國土的任何部分，酋長也不得接受任何其他國家的代表或臣民。因此，該協定使科威特喪失了領土和外交主權，科威特事實上從此成爲英國的保護國。1904年，英國向科威特派駐了外交代表。1913年7月，英國與奧斯曼帝國簽訂"海灣協定"。奧斯曼政府正式承認英、科間的特殊關係，但英國也承認科威特歸屬奧斯曼帝國的主權範圍之內，科威特懸掛奧斯曼的國旗。因此，在一次大戰前科威特已處於英國（實際的）和奧斯曼（名義的）的雙重控制之下。一次大戰後，奧斯曼帝國土崩瓦解。1921年伊拉克取得了獨立，它成了科威特最直接的威脅者。

2．伊、科衝突的由來

一次大戰後，科威特酋長國仍是英國的保護國，它也積極與沙特和伊拉克謀求建立睦鄰關係。1915年、1922年，科威特兩次與沙特阿拉伯締結條約，確定了兩國的邊界線。1922年，當時的伊拉克王國政府也承認了伊、科之間的邊界線。1961年6月19日，英國和科威特簽訂新協定，宣佈廢除1899年的保護協定。英國承認科威特爲獨立國家，在必要時英國仍將向科威特提供援助。但此時的伊拉克已在1958年推翻了費薩爾王朝，伊拉克共和國的卡塞姆政府卻聲稱科威特在奧斯曼時代是巴士拉縣的組成部分，現在仍應爲屬伊拉克。伊、科關係頓時趨於緊張。科威特被迫向英國求援，英國派三艘軍艦運送海軍陸戰隊在科威特登陸。英國在蘇彝士運河戰爭時已開罪了阿拉伯國家，所以英軍在科威特登陸又激起阿拉伯世界的一片譴責聲。7月14日，卡塞姆政府乘機指責英軍進駐科威特，聲稱伊拉克將用武力趕走帝國主義勢力並"收回"科威特。在此情形下，阿盟出面調解。阿盟開會通過決定，要求科威特在最短時間內使英軍撤離，伊拉克也應保證不使用武力兼併科威特，阿盟將向科威特提供援助以保衛其國家獨立。8月12日，科威特埃米爾阿卜杜拉在《阿拉伯聯盟國家聯合防禦和經濟合作條約》上簽字，阿盟秘書長宣佈科威特將接受阿拉伯部隊的援助。科威特埃米爾採取依靠阿盟的集體力量捍衛獨立和全權的方針是明智的選擇。9月19日，英軍開始撤離科威特，一支由沙特、約旦、蘇丹、摩洛哥和埃及軍人組成的阿盟部隊取代英軍進駐科威特。伊拉克政府立即宣佈退出阿盟會議，後來還和大多數阿拉伯國家中斷了外交關係。這是伊、科之間在戰後的第一次嚴重衝突。1963年2月，伊拉克阿拉伯復興社會黨發動軍事政變推翻了卡塞姆政府。同年10月，伊拉克新政府承認了科威特的獨立，兩國關係才稍有改善。從1963年11月到1968年7月，伊拉克又先後發生三次政變，建立起復興社會黨的一黨政權。1969年11月，32歲的侯賽因·薩達姆被選爲伊拉克革命指揮委員會副主席（相當於政府總理）。薩達姆上台後又改變了伊拉克對科威特的政策。1973年2月，伊拉克拒絕了科威特政府關於通過談判解決邊界爭端的建議。3月間又派軍隊侵佔了科威特的部分領土，並向科威特要求沃爾貝和布比延兩個島嶼。這是戰後第二次伊、科之間的嚴重衝突。十年以後，薩達姆升任伊拉克革命指揮委員會主席、共和國總統及元帥。他的迅速上升標誌着伊拉克青年軍官集團的胃口愈來愈大。

　　導致伊、科衝突的原因，除了上述政治、邊界爭端以外，還有一個石油之爭也是十分重要的原因。伊拉克和科威特的石油儲量都佔世界總儲量10％左右，但伊拉克的領土面積是科威特的30倍。伊拉克爲何越來越想要兼併科威特，就是因爲如能實現這一計劃，伊拉克的石油儲量立即可以提高一倍，並將成爲僅次於沙特阿拉伯的世界第二大石油資源國。於是伊拉克猛烈攻擊科威特"偷採"魯邁拉石油和"超產壓價"使它遭受巨大損失。伊拉克南部的魯邁拉油田像一根黃瓜呈南北走向，其南端伸入科威特境內（稱拉夫赫油田）。這個油田的地勢是北高南低，因此科威特境內的油井壓力很高，似有採之不盡之勢。伊拉克指責科威特已經"偷採"了價值24億美元的魯邁拉石油，它要求得到賠償。所謂"超產壓價"，是因爲早在1981年歐佩克爲了刹住石油價格的下跌趨勢，曾決定要求成員國採取"減產保價"的政策。但由於各成員國意見不能統一而未能實施。直到世界石油價格由1981年的每桶34美元跌至1986年的每桶7－9美元以後，各成員國才初步達成"減產保價"的協議，石油價格才又回升到每桶18美元左右。歐佩克給科威特的石油生產限額是每月150萬桶，而實際上每月產量均在180－200萬桶之間。伊拉克據此指責科威特超產壓價，使世界石油價格再度下跌，伊拉克因而蒙受

140億美元的石油收入損失。針對伊拉克的攻擊，科威特政府只得向聯合國和阿盟喊冤，指控伊拉克蓄意挑起事端。伊拉克方面決計一不做二不休，命令它的精銳的共和國衛隊開赴伊、科邊境，對科威特施加軍事壓力。科威特也被迫下令它的兩萬軍隊進入戒備狀態。這是伊、科之間第三次呈現出爆炸性局面。埃及、沙特、敍利亞等阿拉伯國家擔心伊、科衝突的惡化會破壞阿盟國家反抗以色列侵略的團結，因而紛紛表示希望兩國通過協商解決爭端。1990年7月24日，埃及總統穆巴拉克對伊、科、沙特等國進行調解訪問，提出了解決伊、科衝突的四點建議。穆巴拉克自信自己的努力有了希望。因為薩達姆曾親口向他保證伊拉克是想嚇唬一下科威特人，不會採取進一步的行動。同時，聯合國秘書長也表示相信經過埃及人的努力，伊拉克不會襲擊科威特，美國也不會對那裏進行干預，一切都將平靜下來。7月26日，伊拉克突然停止了反對科威特的宣傳攻勢，並將軍隊從伊、科邊境後撤。7月31日，伊拉克革命指揮委員會副主席易卜拉欣和科威特王儲薩阿德在沙特吉達港舉行會談。易卜拉欣向阿德提出的要求（租借沃爾貝和布比延兩島99年）遭到拒絕後怒氣沖沖地退出了會場，伊拉克與科威特的談判宣告破裂。但此時美、蘇等國的注意力仍集中於東歐事變，都未曾預料海灣會出大問題。

二　伊拉克兵敗科威特

1．薩達姆冒天下之大不韙

　　1990年8月2日凌晨2時許，10萬伊拉克軍隊以350輛坦克爲先導，突然越過伊、科邊界，沿着筆直的超級公路殺向科威特城。40架伊拉克作戰飛機牢牢地控制住科威特的領空。伊軍雖然迅即搶佔了科威特國際機場，但科威特埃米爾買比爾早已率領絕大部分王族和官員，乘直升飛機逃往巴林後又轉移到沙特避難。未及逃離的亞奧理事會主席法赫德親王率領他的兩個兒子及衞兵，在達斯曼宮對伊軍進行英勇抵抗終因彈盡援絕而犧牲。次日，伊軍已進抵沙特邊境線附近，科威特全境被侵佔。科威特人在保衞自己家園的戰鬥爭中有數百人犧牲。伊軍侵佔科威特表明阿拉伯國家的調解已完全失敗，穆巴拉克直呼上了薩達姆的當。國際輿論在震驚之餘，均認爲伊拉克此舉置國際公法於不顧，對弱鄰施暴，是一種赤裸裸的地區霸權主義野蠻行徑。因此，聯合國安理會於伊侵科的當天就通過了要求伊拉克無條件撤軍的第660號決議。次日，阿盟也作出了類似的決議。但伊拉克對此概不理睬，爲了使侵略行爲合法化，謊稱科威特年輕的"革命者"在推翻了薩巴赫王室以後，要求伊拉克給予援助，伊軍正是爲援助科威特的"革命"才開進去的。8月4日，巴格達電視台果然宣佈侯賽因·阿里上校已出任"自由科威特臨時政府"的首腦兼武裝部隊總司令、國防部長和内政部長。科威特王室立即指出阿里係伊拉克人。8月7日，巴格達宣佈所謂"科威特共和國"成立。可是只過一天，這個"共和國"就宣佈併入伊拉克，阿里也改任伊拉克的副總理。薩達姆爲此發表講話時，竟情不自禁地説科威特原本就是伊拉克這棵大樹上的一根枝椏！他宣佈科威特已成爲伊拉克的第十九個省。伊拉克終於依仗其強大的軍力一舉實現多年來未能實現的目標。薩達姆甘冒風險迫不及待地吞併科威特還有一個近因。在兩伊戰爭中，海灣國家因懼怕霍梅尼的"伊斯蘭革命"而支持伊拉克，伊拉克曾向它們舉債360億美元（其中僅科威特就借給150億美元）。債台高築的伊拉克，戰後百廢待興無力償還，薩達姆就向海灣國家要求根據《古蘭經》的教義勾銷這筆巨債，同時還希望這些國家（主要是指沙特、科威特、阿聯酋）各自再向它提供100億美元的贈款，以資助其復興經濟。這些要求從國際關係準則來看確乎太過分了，海灣國家表示難以接受。薩達姆就宣稱是伊拉克用生命"保衛"了海灣國家免遭伊朗的進攻，所以這些國家借給伊拉克的是一筆"血債"應予勾銷。海灣國家卻認爲伊拉克這是在賴債，是一種恩將仇報的不義行爲。伊拉克賴債不成，就準備動用其膨脹了的軍事力量對海灣國家"輸出革命"。恰好海灣國家多爲經濟富裕、政治落後、軍事上無力自衛的弱國，自然成了伊拉克"輸出革命"的極佳對象，而科威特又是這些國家中第一個可以攫取的目標。

2．多國部隊雲集海灣

伊拉克侵吞科威特以後，不斷向伊沙、科沙邊境增兵，對沙特阿拉伯形成了威脅態勢。沙特僅有正規軍六萬餘人，根本不足以保衛其240萬平方公里的國土。其他海灣小國如巴林、卡塔爾、阿聯酋、阿曼也都憂心忡忡，深恐伊軍繼續南侵厄運臨頭。同時，美國、西歐、日本對伊拉克此舉也大爲驚怒。因爲在1990年第一季度，它們從海灣地區進口的石油在各自的石油進口總量中已分別佔：26.9％、51.9％、64.6％。伊拉克的薩達姆政權一向以堅決反美著稱，它如若在海灣地區稱霸，很可能會扼住這條石油進口渠道。因此，一貫全力支持以色列侵略擴張的美國，在西歐和日本的支持下，突然高舉起堅決反對伊拉克侵吞科威特的旗幟。8月2日，美國總統布殊下令駐海灣美軍對伊拉克實施經濟封鎖。8月3日，美國又拉蘇聯發表聯合聲明要求全面地執行第660號決議。8月4日，美國軍方制定代號爲"沙漠盾牌"的行動計劃。美國此舉正好與海灣國家爲防範伊拉克的需要相吻合。故當美國國防部長切尼攜計劃去徵詢沙特國王的意見時，法赫德國王不但極表贊同，答應軍費開支的一大部分由他和科威特政府來付，而且還要求美國一定得堅持到底不得中途退出。8月7日，布殊正式簽署"沙漠盾牌"行動計劃。同日，美國就開始從本土將第82空降師的先頭部隊2,300人空運去沙特。次日，在首批美軍抵達沙特以後，布殊向全國發表電視講話。他宣佈美國已應沙特的請求派兵進駐該國，其

＊即沙烏地阿拉伯　＊＊即錢尼

目的是：藉此謀求使伊拉克立即無條件地從科威特撤軍、恢復科威特的合法政府、爲了海灣的安全與穩定、保護在國外的美國公民的財產安全。同時，英、法、埃及、敍利亞等國也紛紛派兵進駐沙特，組成了以美軍爲主的多國部隊。8月10日，薩達姆在電台公開號召推翻沙特王室，並對美國實行"聖戰"。他的講話暴露了伊拉克企圖進一步入侵海灣其他國家的野心。海灣國家面臨的威脅確非子虛烏有。

針對多國部隊的不斷增加、經濟制裁日趨嚴厲，薩達姆又錯誤估計形勢，公然扣押在伊、科境内的西方國家公民作人質，樹起所謂"人質盾牌"進行對抗。8月16日，伊拉克宣佈所有敵視它的國家的公民都不許離開伊、科，直至有充分證據表明對伊戰爭的威脅確已不再存在爲止。8月18日，伊又宣佈要減少被扣人質的食品奶粉供應，以便讓外國嬰兒也嘗嘗經濟制裁所帶來的痛苦。8月20日，伊更宣佈已將人質分別安置在重要軍事設施内，用以阻止多國部隊的襲擊。"人質盾牌"之舉對滯留在伊、科境内的其他外國公民也構成了巨大威脅，他們紛紛擇路而逃，約旦境内難民如潮湧入。伊拉克此舉顯然極不得人心，招致來自全世界各方面的譴責。因此，到8月28日，它不得不宣佈釋放所有被扣留的外國婦女和兒童。然後又分批釋放那些未派兵參加多國部隊國家的人質。許多國家的政界要人也紛紛去巴格達說項，謀求釋放本國的人質。伊拉克原想用分批釋放人質來分化瓦解反伊陣線，但收效甚微。11月28日，聯合國安理會通過第678號決議，它強硬規定，伊拉克如在1991年１月15日前不撤離科威特，安理會就准許聯合國成員採取"一切必要措施"來促使這一目標的實現。這意味着多國部隊可以對伊拉克採取軍事行動了。伊拉克這才意識到它的"人質盾牌"已全然無效，不得不在12月６日宣佈釋放全部被扣人質。在美國和伊拉克都不斷向前線增兵的同時，蘇聯、中國、阿爾及利亞、利比亞、摩洛哥、乃至法國都不斷呼籲要求和平解決海灣危機。美國爲避免外交被動，在1991年１月３日，由布殊總統發出倡議：美、伊兩國外長直接舉行會晤。１月４日，伊拉克表示接受倡議。１月９日，貝克與阿齊茲在日內瓦舉行了一次長達六小時的毫無結果的會談。１月12日，美國參、衆兩院分別通過決議，授權總統可以對伊拉克使用武力，除非伊拉克在格林威治時間16日５時以前撤出科威特。１月14日，法國爲避免戰爭作了最後一次努力，向安理會提出了一項和平解決海灣危機的六點計劃。但在同一天，伊拉克國民議會卻通過以戰爭來維護其兼併科威特的決定。薩達姆也發表講話表示無意在１月15日之前撤離科威特。此時，雙方都已在前線部署了龐大的兵力。多國部隊總人數已達62萬人，其中美軍有40萬人，英軍３萬人，埃及軍隊3.5萬人，敍利亞軍２萬人，法軍1.5萬人。多國部隊擁有坦克3,500輛、飛機1,400架、軍艦245艘。伊拉克在其南部地區及科威特也部署了54萬人，擁有坦克4,000輛、飛機500架、艦艇70艘。伊拉克和沙特分別頻繁舉行防空演習，海灣地區已經戰雲密佈，形勢到了一觸即發的地步。

3．三十八天大空襲

1991年1月17日巴格達時間2時40分，在這個無月黑夜裏，伊拉克人和科威特人正好熟睡的時刻，停泊在科威特海城的美國戰艦"密蘇里號"和"威斯康星號"突然向伊軍陣地發射一百多枚"戰斧"式巡航導彈。與此同時，美、英、法空軍，以美國的二十架F-117"潛隱"式戰鬥轟炸機爲先導突然飛臨巴格達等城市和伊軍指揮中心上空，擲下了頭一批靈巧炸彈，一舉摧毀了伊拉克的通訊中樞和其他一些軍事設施。大空襲的第一天，多國部隊先後出動上千架次飛機，進行了四次輪番轟炸。此次大空襲代號爲"沙漠風暴"行動，前後共持續了三十八天之久。在此期間，多國部隊共計出動94,000架次作戰飛機，平均每天出動2,500架次。大空襲的第一階段主要轟炸伊方的通訊、機場、導彈發射場，以便摧毀伊軍的空中反擊能力。這個目標在20日就已經達到。伊軍除發射幾枚"飛毛腿"導彈以外，它的空軍基本上沒有出動反擊，多國部隊掌握了制空權。20日以後，大空襲進入第二階段，其主要目標是轟炸橋樑道路系統以及伊軍重兵集團，以便破壞伊方的運輸補給能力和作戰能力。結果伊拉克南部50％的橋樑和三分之一的軍事裝備被摧毀，人員傷亡也很慘重。巴格達水電全停，居民食物供應十分困難，物價飛漲黑市盛行。伊拉克在顯然支撐不住的情況下，於2月15日發表了願意執行第660號決議的聲明。這比以前拒不撤軍有了進步，可是它又提出要求廢除其他十一項安理會有關伊、科衝突的決議。這表明它的願意撤軍聲明仍缺少誠意，因爲這些決議中就有不承認它兼併科威特的內容。蘇聯等國抓住這個機會再次尋求和平解決海灣危機避免發生地面戰爭的途徑。2月18日，蘇聯向伊拉克建議，要求它立即從科威特撤軍，並實現停火。2月22日，美國卻要伊拉克從23日起在一周之內將軍隊全部從科威特撤出，並要在48小時內釋放所有戰俘。23日，伊拉克外長在莫斯科宣佈接受蘇聯的六點和平計劃（以停火的次日起三周內撤完、停火三天後釋放戰俘）。但這個計劃與美方提出的要求相距甚遠，美國聲稱除非伊拉克照美國的要求辦，否則多國部隊即將發動地面進攻。此時，多國部隊已增至76萬人，其中美軍已增至54萬人，相當於美軍投入越南戰場的兵力。伊方部署在前線的兵力也已有42個師，大約54.5萬人。

4．一百小時地面戰鬥

伊軍前線兵力部署曾發生過較大變化，而此種變化顯然對它是不利的。起初，伊軍主力部署在巴士拉以南和伊、沙邊境一帶，在科境內有17萬人的兵力駐守。多國部隊的指揮官卻設計促使伊軍改變這種部署態勢。他們把源源不斷增加的美軍大部分部署在科威特正面戰線上。同時又讓美軍艦隊運載的18,000名海軍陸戰隊在科威特海岸多次舉行兩棲登陸演習，使之最先進入登陸作戰的待命狀態。這就以東、南兩個方向對科威特形成強大的軍事壓力，使伊軍指揮部誤以爲多國部隊的主攻地段就是科、沙邊境。因而把前線38個師集中在巴士拉以南和科威特，防守伊、沙邊境僅留四個師的薄弱兵力。但在開戰前十天，美軍已將其主力悄悄地轉移到伊、沙邊界的東段，準備從伊軍防線的薄弱點直插其主力的側後方。此計劃的目標是：切斷伊軍主力的退路及阻止巴格達方面的增援；地面戰鬥將會局限在科威特和伊拉克南部地區；能對伊軍主力形成鉗形攻勢聚而殲之，以避免陷入長期的陣地戰。由於伊拉克的偵察通訊系統被炸，它對多國部隊的調動和意圖可說是基本無知。

1991年2月24日格林威治時間1時，多國部隊兵分三路向伊軍陣地發起進攻。其西路是美國第18空降軍（內含第82、101空降師、第24機械化師）、法國的第六輕裝甲師。中路是美國第七軍（內含五個師）、英國第一裝甲師。東路是美軍兩個海軍陸戰師及阿拉伯國家部隊。投入進攻的多國部隊有11個國家的15個師，約30餘萬兵力。兩路進攻部隊首先派第101空降師2,000名空降兵，分乘300架直升飛機以沙特的13個基地起飛，直升機羣分六隊進入伊境縱深80公里處着陸，美軍未遇多大抵抗就佔據了約150餘平方公里地域修築起第一個前進補給基地。然後直升機羣又繼續向前開進，在納西里亞城以南建立新的前進補給基地。第24機械化師、第82空降師的一個旅及法國第六輕裝甲師從臘夫哈地區突破伊拉克防線，在兩天內推進160公里抵達幼發拉底河南岸，沿途殲滅伊軍一個師，俘虜官兵3,000人。西路軍的順利推進，完成了對伊南部和科威特境內伊軍主力的大戰略包圍，切斷了伊軍主力的退路。然後西路軍揮戈東進，配合中路軍圍殲伊軍。中路軍於24日下午在伊、科、沙三國邊界交匯處以西對伊軍發起進攻。美、英軍隊前出到伊拉克主力集結的西側後方，他們粉碎了伊軍的反攻。多國部隊的西、中兩路部隊對伊軍主力形成了鉗形攻勢。東路軍在炮火準備以後，以掃雷裝甲車爲先導，沿着排雷以後的安全通道，迅速突破伊拉克的"薩達姆防線"，向北推進50餘公里。25日，東路軍已深入科威特境內約100公里，逼近科威特城。26日，前線伊軍已經面臨全軍覆沒的危險，巴格達突然宣佈伊拉克決定無條件從科威特撤軍，駐科威特伊軍紛紛往北逃竄，部分伊軍在撤離前炮轟和焚燒科威特城的公共建築物，抓走了許多科威特人作人質。27日清晨 6 時，科威特"殉難者"旅率先開進科威特城。 9 時許，科軍在市中心的國際和平廣場重新升起了科威特的國旗。同日，在巴士拉以西地區，多國部隊800輛坦克包圍了伊軍共和國衛隊的200多輛坦克，雙方展開了激戰。多國部隊動用攻擊坦克的直升飛機 (AH-64) 和火炮摧毀了被圍的絕大部分伊軍坦克。至此，多國部隊已經殲滅、重創了伊軍40又半個師。伊軍損失慘重：有10萬以上官兵傷亡， 6 萬以上官兵被俘，3,700輛坦克被擊毀、被俘，損失裝甲車1,800餘輛，火炮2,000餘門，飛機150架。而多國部隊僅付出傷亡600餘人的輕微代價，（其中美軍陣亡79人，傷213人。）在多國部隊取得地面戰鬥決定性勝利的情況下，布殊總統於28日宣佈停止地面進攻。同時，巴格達也宣佈伊軍停止戰鬥行動，並接受安理會的全部有關決議。 4 月 3 日，聯合國安理會通過了第687時決議。決議要求伊拉克接受1963年伊、科邊界線，邊界線伊方一側寬10公里、科方一側５公里闢爲非軍事區，伊拉克應在國際監督下銷毀它擁有的化學、生物武器及遠程導彈，同時伊拉克還不准擁有或研製核武器，聯合國將繼續對伊拉克實行武器禁運，伊拉克還應向科威特等受害國繳付賠款等等。伊拉克被迫接受該決議以後，海灣戰爭終告正式結束。

三　深遠的影響

1．中東格局重整

海灣戰爭使中東地區的國際關係格局發生了重大變化。最明顯的是中東地區的軍事格局發生了變化。從軍隊人數看，伊拉克軍隊的人數，由於戰敗，由中東各國的第一位（90餘萬人）降至50－60萬人，已與其他中東大國相當。伊拉克被剝奪了擁有生物、化學、核武器的權利，它的中東第一軍事強國地位已不復存在。伊拉克軍事強國地位的削弱究竟對誰有利，卻是一個十分複雜的問題。雖然，對於科威特、沙特等海灣弱國是減輕了來自北方的軍事壓力，但伊拉克尚存的軍力對它們仍然足以構成威脅。伊朗在與伊拉克的長期戰爭中未能摧毀伊拉克的實力，反而使它成爲中東第一軍事強國。這次海灣衝突中，伊朗雖然保持中立，但在戰爭結束後卻拒絕全部歸還逃到它那裏避難的伊拉克飛機，明顯地表示出它對伊拉克軍事力量削弱的慶幸心理。目前，伊朗已成爲中東地區軍力最强的國家，這種地位是多國部隊戰勝伊拉克的客觀結果。同時，並非海灣國家的埃及和敍利亞，由於出兵參加多國部隊，它們在海灣的軍事影響和作用已大爲增強。當然還應看到，伊拉克的削弱也使以色列大爲高興，因爲伊拉克也是以堅決反對以色列著稱的。所以和一切事物一樣，伊拉克的削弱也有利弊兩個方面。但從最近十多年伊拉克的軍隊矛頭所向來分析，它已成爲威脅海灣其他國家主權和安全的地區霸權主義勢力，從這個意義上説，伊拉克軍力的削弱對中東地區是利大於弊的。

　　比起中東的軍力變化，中東的國際政治格局的變化更爲重要。在海灣戰爭前，阿拉伯國家在1978年因埃、以簽署"戴維營協議"發生過分歧，大多數阿拉伯國家反對埃及用承認以色列的方式換取失地，埃及也因此被從阿盟中除名。兩伊戰爭爆發後，由於多數阿拉伯國家是遜尼派掌握政權，它們出於害怕伊朗十葉派鼓吹的"伊斯蘭革命"，絕大多數都站在伊拉克一邊反對伊朗。只有敍利亞由於與伊拉克矛盾太深才支持伊朗。這是戰後阿拉伯國家第二次發生大的分歧。海灣戰爭自然也使阿拉伯國家第三次發生分歧。由於伊拉克突然吞併科威特，海灣六國（沙特、科威特、巴林、卡塔爾、阿聯酋、阿曼）立刻由支持伊拉克轉爲堅決反對伊拉克的侵略行徑。1990年12月下旬，在多哈召開的第十一次海灣合作委員會首腦會議上，六國首腦一致表示要同伊朗改善關係。它們希望睦鄰、互不干涉、尊重主權與獨立的基礎上同伊朗建立特殊關係。伊朗也改變了過去那種咄咄逼人的僵硬態度，順勢將昔日敵人的朋友化作自己的朋友，一舉擺脫了在海灣地區的孤

立狀態。伊、科衝突出現後，埃及總統穆巴拉克奔走於
伊、科等國之間竭盡調解之努力。調解失敗以後，埃及明
確反對伊拉克侵吞科威特，並迅即派兵數萬前往沙特。埃
及與海灣六國的關係立刻親密起來，沙特、阿聯酋、卡塔
爾和科威特宣佈免除埃及欠它們的65億美元債款。美國也
勾銷了埃及所欠的71億美元債款。敘利亞一向依靠蘇聯的
援助和支持，使它與西方特別是與美國關係不好。它還因
爲帶頭反對“戴維營協議”，與埃及的關係也很緊張，一
度曾斷絕外交關係。蘇聯在推行外交新思維的過程中逐漸
減少了對敘利亞的援助和支持，使敘利亞亟需尋機擺脫這
種不利的外部環境。海灣戰爭給它提供了良機。伊拉克出
兵科威特，敘利亞迅即表示堅決反對，派兵參加多國部
隊。此舉促使敘利亞和埃及迅速改善關係，成了同一戰壕
的戰友。同時敘利亞又借此機會修補與西方國家的關係。
海灣六國決定成立一個擁有160億美元基金會，用以援助
埃及、敘利亞等在戰爭中曾幫助過它們的阿拉伯國家。戰
爭剛結束，海灣六國與埃及、敘利亞外長就在大馬士革討
論戰後海灣地區的安全問題，研究建立一支以埃及和敘利
亞軍隊爲主的維持和平部隊進駐科威特和沙特的可能性。
這表明埃及、敘利亞和海灣六國通過反對伊拉克的戰爭很
自然地緊靠在一起了。今後它們也必然會在中東國際事務
中相互協調和支持，如今人們在談論開羅——大馬士革
——利雅德軸心也就是這個意思。但中東國際關係是否會
圍繞這個軸心轉動那還很難説。

　　與以上這些國家相反，那些曾一度同情甚至支持伊拉

克的阿拉伯國家，雖然因爲伊拉克的敗北而在外交上受到損害，但它們也不會因此而沉默。它們對美國、英國、法國等西方國家陳兵海灣仍然持激烈的批判態度，強烈要求它們立即無條件撤離海灣地區。它們還堅持認爲中東地區的核心問題是巴勒斯坦問題，以色列應撤出所有被它侵略的阿拉伯領土。要求召開由聯合國主持的中東國際和平會議，以便全面、持久和公正地解決中東問題。這個要求正在爲越來越多的國家所接受。海灣戰爭使巴勒斯坦解放事業受害尤深，因爲伊拉克堅決反對以色列的侵略，大力支持巴解組織。所以海灣衝突伊始，巴勒斯坦解放組織就表示支持伊拉克，後來甚至對伊侵佔科這種惡行也予以支持。這就不能不使巴解組織的聲譽受到嚴重損害。海灣六國見狀乾脆宣佈停止對巴解組織的財政援助，並斷絕與它的往來。巴解組織在外交上犯此大忌也是不得已而爲之，回顧歷史，每逢阿拉伯國家之間發生重大分歧時，巴解組織都是處境困難無所適從。因爲它需要阿拉伯國家的團結支持，單靠一個或幾個國家對它的支持是不夠的。巴解組織所代表的巴勒斯坦解放事業的正義性不會因爲它的某些挫折而改變。這一點連法國外長迪馬也不得不承認，現在除巴解外還沒有其他什麼組織可以代表巴勒斯坦人民的。阿拉伯國家的分歧和對抗只對以色列有利。以色列在海灣戰爭期間屢遭伊拉克的“飛毛腿”導彈的襲擊（共17次38枚），卻破天荒第一次未予還擊。以色列此舉既破壞了薩達姆欲使戰爭轉變爲另一場阿、以戰爭的企圖，又贏得了西方國家的同情。以色列據此繼續在被佔領土上推行移民定居和暴力鎮壓巴勒斯坦人反抗的政策。它繼續聲稱猶太人在被佔領土上定居的問題不能談判，態度愈益頑固。

總之，從1990年 8 月11日舉行的阿拉伯聯盟緊急首腦會議時起，中東國際關係格局已經重新改組。埃及、敍利亞、摩洛哥、海灣六國等組成反伊拉克聯盟，它們有時被稱爲阿拉伯國家中的"溫和派"。伊拉克、也門、約旦、巴勒斯坦等國被稱爲阿拉伯國家中的"激進派"。而阿爾及利亞、利比亞等國處於上述兩派之間。但中東地區的基本矛盾，即阿拉伯國家與以色列之間的矛盾格局沒有發生大的變化。

2．美國與中東

戰後美國一直以國際憲兵的角色插手中東事務，一向全力支持以色列與阿拉伯國家爲敵。所以在阿拉伯國家中，反美情緒很強烈，美國在中東地區早已聲名狼藉十分孤立。而另一個超級大國蘇聯卻打着"天然盟友"的旗幟，大力支持阿拉伯國家。蘇聯向阿拉伯國家派遣專家、運送武器裝備，阿、蘇關係相當密切。美國對此當然十分惱火，欲拆蘇聯的台腳苦於尋不到機會。1978年，美國作居間人，拉埃及同以色列簽署"戴維營協議"，搞所謂"以土地換和平"的交易。但這土地原本就是以色列通過戰爭從埃及搶佔來的。所以此招被絕大多數阿拉伯國家所拒絕。埃及在1989年才恢復阿盟成員國的資格，美國在中東的處境也未見明顯的改善。伊拉克侵吞科威特事件發生以後，美國立即抓住伊拉克行動明顯的踐踏國際法這一點，打出恢復科威特合法政府、伊拉克應立即無條件撤軍的旗號全力以赴地介入海灣衝突。美國介入海灣衝突的方式是：爭取西方盟國及多數阿拉伯國家的贊同，並組成以美軍爲主體的多國部隊，避免單槍匹馬蠻幹；充分利用聯合國安理會的作用，使安理會通過一系列由美國及其盟國提出的決議案，使得師出有名；利用蘇聯外交收縮自顧不暇的機會，謀求與它合作制裁伊拉克，並使自己能在蘇聯默許之下出兵海灣。這種情況是戰後美國多次派兵海外所僅見的。多國部隊輕取勝利主要是由於伊拉克師出無名的非正義性決定的。海灣戰爭的勝利者籠統地說是多國部隊。具體的分析，科威特恢復了國家的獨立，沙特等其他海灣國家解除了來自伊拉克的入侵威脅，這都是被侵略者的正義戰勝了侵略者的邪惡。埃及、敍利亞等阿拉伯國家根據阿盟盟約第六條的規定，履行了援助被侵略的兄弟國家的義務。但上述勝利者卻又都要仰仗美國的軍隊和指揮。美國通過海灣戰爭成了反伊聯盟的盟主，成了科威特、沙特阿拉伯等國的“恩人”，從而擺脫了長期以來在中東的孤立地位。這種新的有利地位是薩達姆“幫助”美國取得的。美國正在利用這種有利地位來達到它所追求的戰略目標。目標之一是要確保美國及其盟國從海灣地區取得石油的主渠道。因爲能否保住這個主渠道，事關九十年代、乃至下個世紀美國及其盟國經濟發展的大計。伊拉克被打敗以後，美國必然還要預防在海灣地區再出現另一個類似伊拉克的地區強國，再度威脅這個石油主渠道。戰爭結束以後，美國積極兜售其中東軍備控制計劃的真實用意即在此。目標之二是美國要參與海灣地區的安全體系。海灣國家的政府懾於於人民的反美情緒，向來都對美國及西方國家的軍隊進駐持謹慎或拒絕態度。此次海灣衝突期間，海灣國家紛紛敞開大門讓美、英、法軍進駐以求庇護。至此，海灣戰後的安全體系已成了非要有美國參加不可的局面了。美國在海灣戰爭中炫耀了它的高科技常規武器及其快速反應能力，海灣地區成了美國推銷其常規武器的大市場。所以，美國嘴裏大喊中東要實行軍備控制，一面又將先進武器源源輸往海灣國家。目標之三是借此機會鼓吹建立美國牌的"世界新秩序"。1991年1月29日，布殊總統在其國情諮文中就說要抓住這個機會，來實現建立一種世界新秩序，美國在這種努力中承擔着重大的領導工作。可見，美國的"世界新秩序"的核心是它在世界上的領導作用，如同此次戰爭中，多國部隊要以美軍爲主、要由美國將軍指揮等等。因此，這種"世界新秩序"並不是以各國平等參與爲基礎的，實質上仍要推行以美國爲中心的強權政治。爲此，美國國防部正要求把它的陸軍全都改編爲快速反應部隊，要求增加供這些部隊使用的潛隱式飛機和其他新式武器，要求加強對第三世界的情報工作，以便哪裏出事就可將美軍部署到哪裏去。目標之四是企圖借此機會來加強以色列的國際地位。以色列通過多次戰爭，侵佔了許多阿拉伯人土地，使幾百萬阿拉伯人淪爲難民，以色列已成爲衆矢之的。海灣戰爭中，以色列遭伊拉克的導彈襲擊，美國卻不許它還擊，其目的不光是不讓伊拉克轉移國際視線，也有爲以後替以色列謀取利益埋下伏筆。巴解組纖倒向伊拉克後聲譽下降，美國就落井下石，聲稱不再和巴解代表接觸對話，以便日後逼它接受更爲不利的和平條件。美國還利用與埃、敍、海灣國家結成反伊聯盟的機會來爲以色列謀好處。但以色列的侵略擴張政策一天不改變，它與阿拉伯國家的對抗性矛盾也就一天不可能消除。美國的上述如意算盤也就不太好打。可以説，美國在中東的多重目標全都是從自身國家利益出發的。但如今的世界已趨向多極化，美國在戰後初期那種居高臨下的地位已一去不復返。此次戰爭中，美國第一次要其盟國出錢，自己充當"僱傭軍"的角色，正説明它還要在這個多事的世界上充當國際憲兵確已力不從心了。

3. 聯合國在中東

作爲維護國際和平的聯合國，在歷次中東危機中並非無所作爲。每次阿、以戰爭爆發，它都曾通過要求雙方停火的決議，但每次決議都只在雙方認爲對自己有利時才予以執行。以色列至今也拒不執行安理會要它從被佔領土撤軍的第242號和第338號決議。這是因爲聯合國没有强制力量，它的作用確實極爲有限。但在此次海灣衝突期間，聯合國的作用有了明顯的增强。安理會先後通過15項（660－692號）有關伊、科衝突的決議。1990年8月2日通過第660號決議時，有14票贊成，1票棄權。以後又陸續通過了對伊拉克實施經濟制裁、不承認伊拉克兼併科威特、要求伊拉克釋放所有人質、對伊拉克實行空中封鎖、規定伊拉克撤離科境的最後限期、正式停火條件、伊拉克賠償戰爭損失等等決議案。聯合國安理會的這些決議案不但數量多，內容也很全面，包括政治、經濟、軍事、人口各個方面。伊拉克對安理會的決議先是一概置之不理，後來在大軍壓境的情況下釋放人質，實際上執行了第674號決議。地面戰鬥明顯失敗後，伊拉克才肯接受全部有關的決議案。可見，聯合國安理會的決議只有在某種強制力量配合下才能被接受執行。以色列之所以膽敢拒絕執行安理會的多項決議，就是因爲缺少針對它的強制力量。安理會處理海灣衝突顯得堅強有力還在於五個常任理事國的意見較一致或比較接近，它們對這麼多的決議案未使用過否決權。常任理事國一致反對某種侵略行動，這在聯合國歷史上還不多見。聯合國不是一個超級政府，它不可能擁有像主權國家那樣的強制力量，人們不能對它要求過高。在這次處理海灣危機的過程中，聯合國的聲望有所提高，應付危機的能力在增強。聯合國的這種變化是在東西方局勢緩和、南北矛盾日趨突出的國際形勢下出現的。但人們也不難發現，聯合國正是依靠多國部隊的勝利才得以發揮自己的作用。這又意味着美國在聯合國中的作用和影響在增強。此次海灣危機中，美國及其盟國的利益客觀上恰好與海灣六國的實際需要吻合，安理會的討論才容易取得一致。這種情況是特殊的還是經常出現？諸如環境保護、禁毒掃毒、反對國際恐怖主義等非政治性國際事務中很可能會重新出現在這種大國一致的局面。但在許多國際政治衝突中，就很難會經常出現這種局面了。例如阿、以衝突再次激化，美國會拋棄以色列而支持阿拉伯國家嗎？這顯然

是不可能的事。海灣戰爭結束以後，阿、以衝突再次突出
起來，這可能是對聯合國的更嚴重考驗。我們期望聯合國
在維護世界和平、解決全球性問題方面發揮更大的作用。
聯合國在監督海灣停火、實現和平的方面正在起着重要的
作用，我們也希望它作好這件工作，以便給海灣地區帶來
持久的和平。

中東國際關係大事年表

公元前

1878－1843年
　　埃及法老四次遠征努比亞。
1720－1570
　　喜克索斯人統治埃及。
1600
　　赫梯出征敍利亞、巴勒斯坦、巴比倫。
1570－1546年
　　雅赫摩斯一世驅逐喜克索斯人。
1504－1450年
　　吐特摩斯三世統治，埃及版圖最大時期。
1304－1237年
　　埃及拉美西斯二世與赫梯戰爭。
1280年

　哈吐舒爾和約。

13世紀後期

　特洛伊戰爭。

671年

　亞述征服埃及。

626年

　新巴比倫王國建立。

605年

　米底、新巴比倫聯軍滅亞述。

538年

　波斯滅新巴比倫王國。

525年

　波斯征服埃及。

518年

　波斯侵入印度。

500年

　米利都反波斯起義。

492－449年

　希臘波斯戰爭史。

490年

　馬拉松戰役。

480年

　薩拉米斯戰役。

478年

　提洛同盟組成。

332年

　亞歷山大佔領埃及。

331年

　高加米拉戰役，波斯帝國滅亡。

323年

　亞歷山大帝國瓦解。

305－64年

　塞琉古王朝（條支）。

305－30年

　埃及托勒密王朝。

301年

　伊普斯戰役。

276－168年

　馬其頓安提柯王朝。

247年

　安息建國。

180年

　羅馬擊敗塞琉古王朝侵入西亞。

53年

　克拉蘇征安息，敗亡。

公元

106年

　羅馬征服阿拉伯。

113－117年

圖拉真侵入兩河流域。

226年

薩珊波斯滅安息。

260年

薩珊大敗羅馬，俘羅馬皇帝瓦勒里安。

384年

薩珊波斯同羅馬訂約，瓜分亞美尼亞。

395年

羅馬帝國分裂爲東西兩部分。

527－565年

查士丁尼一世。

534年

拜占庭征服汪達爾王國。

535－555年

拜占庭征服東哥特。

562年

拜占庭與伊朗締結和約。

570－632年

伊斯蘭教創始人穆罕默德。

630年

穆罕默德征服麥加。

630－631年

"代表團之年"。

632－661年

阿拉伯四大哈里發時期。

635年

　　阿拉伯征服大馬士革、耶路撒冷。

637年

　　噶底西葉戰役。

641年

　　阿拉伯人攻佔埃及、巴比倫尼亞。

642年

　　尼哈溫德戰役，阿拉伯人全殲波斯主力。

647年

　　阿拉伯人攻克的黎波里。

655年

　　船桅戰役，阿拉伯海軍打敗拜占庭艦隊。

661－750年

　　阿拉伯帝國倭馬亞王朝。

674－679年

　　阿拉伯人圍攻君士坦丁堡。

8世紀初

　　阿拉伯人征服馬格里布。

711年

　　阿拉伯人東侵印度。

711－714年

　　阿拉伯人西侵西班牙。

732年

　　普瓦提埃戰役，法蘭克勝阿拉伯。

750－1258年

阿拉伯帝國阿拔斯王朝。

751年

阿拉伯軍在怛邏斯敗唐將高仙芝。

756－788年

阿卜杜勒‧拉赫曼（阿布‧杜拉曼）佔據西班牙，建立後倭馬亞王朝（白衣大食）。

788－985年

摩洛哥伊德利斯王朝。

820－872年

伊朗東部塔黑爾朝。

868－905年

埃及和敘利亞的圖倫王朝。

909－1171年

北非法提瑪王朝。

1071年

曼西克特戰役，塞爾柱突厥人打敗拜占庭。

1076年

塞爾柱人攻陷大馬士革。

1078年

塞爾柱人攻陷大馬士革。

1096－1099年

第一次十字軍東征。

1099年

十字軍佔領耶路撒冷。

1147－1149年

第二次十字軍東征。

1147－1269年

北非阿爾摩哈德朝。

1171－1250年

埃及阿尤布王朝。

1187年

阿尤布王朝收復耶路撒冷。

1189－1192年

第三次十字軍東征。

1202－1204年

第四次十字軍東征。

1204－1261年

拉丁帝國。

1250－1517年

埃及瑪木魯克王朝。

1253－1260年

旭烈兀西侵。

1258年

旭烈兀率蒙古軍攻陷巴格達，滅阿拔斯朝。

1260年

艾圖・札魯特戰役，埃及軍大敗蒙古軍。

1261年

拜占庭帝國復國，拉丁帝國亡。

1291年

阿克被攻破，十字軍失去在東方的最後堡壘。

十三世紀中葉

　　奧斯曼土耳其人在中東地區崛起。

1326年

　　奧斯曼土耳其人攻佔拜占庭帝國重鎮布魯薩，定該城爲
　　奧斯曼國都城。。

1331年

　　奧斯曼土耳其人佔領拜占庭帝國的尼西亞城。。

1337年

　　奧斯曼土耳其人佔領拜占庭帝國城市尼科米府亞。

1362年

　　土耳其軍隊攻佔亞得里亞諾堡，並遷都該城，土耳其人
　　開始落腳歐洲。

1380年－1393年

　　蒙古族帖木兒帝國征服波斯。

1389年

　　土耳其軍隊在科索沃戰役中戰勝巴爾幹各國聯軍，並征
　　服了巴爾幹地區大片土地。

1391年

　　奧斯曼軍隊圍攻拜占庭帝國都城君士坦丁堡。

1396年

　　奧斯曼軍隊在尼科波爾大敗遠征這裏的歐洲十字軍。

1400年

　　帖木兒率蒙古人侵入小亞細亞。

1402年7月

　　帖木兒率蒙古軍隊擊敗奧斯曼軍隊。

1405年

帖木兒去世，波斯瓦解爲許多封建領地。

1453年4月－5月

奧斯曼軍隊攻佔君士坦丁堡，並以該城爲奧斯曼帝國的首都。

1456年

奧斯曼軍隊圍攻貝爾格萊德，隨後塞爾維亞、波斯尼亞併入奧斯曼帝國。

1500年

北方游牧部落烏茲別克人侵入中亞，帖木兒帝國滅亡。

1502年

薩非家族伊恩邁爾，自立爲波斯國王，定都大不里士，薩非王朝興起。

1507年

葡萄牙人進入波斯灣。

1508年

薩非王朝佔領巴格達，征服整個波斯。

1510年

薩非王朝軍隊在莫夫擊敗烏茲別克人，佔領呼羅珊等地。

1514年

奧斯曼軍隊擊敗波斯軍隊，攻佔薩非王朝首都大不里士。

1515年

葡萄耳人佔領霍爾穆茲島、巴林羣島。

1516年8月

　　奧斯曼軍隊在敘利亞的阿勒頗擊敗埃及軍隊，不久又征
　　服敘利亞。

1517年1月22日

　　奧斯曼軍隊佔領埃及首都開羅，埃及變成奧斯曼帝國行
　　省。

1519年

　　薩非王朝征服格魯吉亞。

1520年

　　蘇里曼大帝即位，奧斯曼帝國開始進入鼎盛時期。

1521年

　　奧斯曼軍隊攻佔貝爾格萊德。

1526年8月

　　奧斯曼軍隊在摩哈赤戰役中大敗歐洲聯軍，進入匈牙
　　利。

1534年

　　奧斯曼軍隊侵入阿塞拜疆和大不里士城，並佔據巴格
　　達。

1548年

　　奧斯曼軍隊再次進攻大不里士，薩非王朝從大不里士遷
　　朝至喀茲文。

1555年

　　奧斯曼帝國與波斯締結劃分領土的和約。

1570年

　　奧斯曼帝國征服塞浦路斯。

1571年10月

　　西班牙國王腓力二世率西班牙和威尼斯聯合艦隊在勒頒多海戰中擊潰奧斯曼艦隊。

1578年

　　薩非王朝內亂，奧斯曼帝國入侵波斯。

1587年

　　阿拔斯大帝即位，波斯薩非王朝進入強盛時期。

1590年

　　奧斯曼帝國與波斯簽訂伊斯坦布爾和約。

1597年

　　波斯軍隊在赫拉特城大敗烏茲別克人。

1598年

　　阿拔斯大帝開始僱用兩位英國人製造火炮，並從喀茲文遷都至伊斯法罕。

1602年

　　波斯軍隊驅逐葡萄牙人，征服巴林羣島。

1603年－1612年

　　波斯軍隊向奧斯曼帝國宣戰，收復被土耳其人佔領的全部波斯領土，並佔領巴格達等幾座城市。

1612年

　　波斯與奧斯曼帝國簽訂伊斯坦布爾停戰和約。

1622年

　　波斯軍隊與英國人聯合奪取被葡萄牙佔據的霍爾穆茲島。

1638年

奧斯曼軍隊攻佔巴格達。

1666年

蘇萊曼在波斯即位，薩非王朝開始衰落。

1684年

奧斯曼軍隊在與奧地利、波蘭、威尼斯聯軍的作戰中連遭敗績。

1686年

奧斯曼帝國控制的布達佩斯被奧地利佔領。

1687年 8 月12日

奧斯曼軍隊在摩哈赤被奧地利軍擊敗，奧斯曼帝國在匈牙利的統治地位由此喪失。

1688年 9 月

奧地利軍隊攻佔了奧斯曼帝國控制的貝爾格萊德。

1689年

俄國彼得一世明確提出南下擴張目標，着手進攻奧斯曼帝國。

1695年－1696年年

彼得一世率軍進攻奧斯曼帝國控制下的亞速要塞。

1697年 2 月

俄國與奧地利、威尼斯締結爲期三年的反土耳其同盟。

1698年－1699年

反土耳其同盟國奧地利、波蘭、威尼斯和俄國與土耳其（奧斯曼帝國）在卡爾洛維茨召開會議，並簽訂《卡爾洛維茨和約》。

1700年

奧斯曼帝國與俄國締結爲期三十年的《君士坦丁堡和約》。

1709年

吉爾札部落阿富汗人在坎大哈起義反對波斯薩非王朝的統治。

1710年11月

奧斯曼帝國與俄國重開戰端，俄國軍隊在巴爾幹地區的普魯特河畔遭到慘敗，俄、土（奧斯曼帝國）雙方簽訂《普魯特和約》。

1716年

阿勃達里阿富汗人在赫拉特起義，反對波斯薩非王朝的統治。

1718年

奧地利與土耳其（奧斯曼帝國）簽訂巴沙洛維茨和約，土耳其承認奧地利對貝爾格萊德[*]及其他一些地區的佔領。

                  *即貝爾格勒

1722年

阿富汗人攻佔伊斯法罕，薩非王朝中斷俄國軍隊，開始進攻高加索地區。

1723年

奧斯曼帝國攻佔格魯吉亞。

1724年6月

俄國與奧斯曼帝國締結瓜分波斯西北部各省條約。

1729年

納迪將阿富汗人逐出伊斯法罕，薩非王朝新王即位。

1730年

阿富汗人被全部逐出波斯。

1732年

俄國與波斯簽訂《臘什特條約》。

1735年

俄國與波斯簽訂《岡扎條約》，俄國軍隊再次對奧斯曼帝國發動進攻，並佔領亞速要塞。

1736年

納迪自立爲王，薩非王朝遂亡。

1739年

納迪攻佔德里，征服印度莫臥兒王朝，俄國與奧斯曼帝國締造貝爾格萊德條約。

1740年

奧斯曼帝國與法國簽訂治外法權條約，法國在奧斯曼帝國享有治外法權。

1750年－1779年

桑德王朝在波斯居統治地位。

1768年

俄國以追捕波蘭愛國者爲藉口，大舉進攻奧斯曼帝國。

1774年7月

奧斯曼帝國與俄國簽訂《庫楚克－凱納吉條約》。

1780年

俄國與奧地利締結共同瓜分奧斯曼帝國的同盟。

1782年

俄國制訂旨在肢解奧斯曼帝國的"希臘計劃"。

1787年

奧斯曼帝國與俄國再次爆發戰爭。

1792年 1 月

奧斯曼帝國與俄國締結《雅西和約》。

1794年

卡扎爾王朝在波斯興起。

1798年 5 月

拿破侖入侵埃及。

1798年 5 月19日

拿破侖率法軍從土倫港出發，進攻土耳其統治下的埃及。

1798年 7 月25日

法軍進駐開羅。

1789年 8 月 1 日

納爾遜率領的英國艦隊在阿布基爾擊敗法國海軍。

1798年10月21日

開羅人民反法大起義。

1801年 9 月

法軍從埃及撤退。

1804年

塞爾維亞爆發了反對奧斯曼統治的起義。

1804年－1813年

第一次俄、伊戰爭。

1806年－1812年

俄國對土耳其的戰爭。

1807年7月

　法、俄簽訂《提爾西特條約》。

1812年3月

　英、俄訂立同盟條約。

1821年3月

　希臘獨立運動開始。

1826年4月

　英、俄就希臘問題簽署《彼得堡議定書》。

1826年6月－1828年2月

　第二次俄、伊戰爭。

1827年7月6日

　英、俄、法簽訂了希臘問題的《倫敦條約》。

1827年10月20日

　納瓦里諾之戰，英、法、俄聯合艦隊擊敗土、埃海軍。

1828年4月－1829年9月

　俄國對土耳其的戰爭。

1829年9月14日

　俄、土簽訂《亞得里亞那堡和約》。

1831年－1833年

　第一次土、埃戰爭。

1833年5月16日

　土、埃簽訂《屈塔希亞條約》，土、埃爭端暫告平息。

1833年7月8日

　俄、土簽署《溫加爾－伊斯克列西條約》。

1837年11月

赫拉特危機。

1839年－1841年

　第二次土、埃戰爭。

1839年－1842年

　第一次英、阿戰爭。

1840年 7 月15日

　英、法、普、奧、土簽署《倫敦協定》。

1841年 1 月 2 日

　阿富汗首府喀布爾爆發反英大起義。

1841年 7 月13日

　英、法、俄、普、奧與土耳其於倫敦簽署《海峽公約》。

1853年10月－1856年 3 月

　克里米亞戰爭。俄國戰敗後與英、法、土、撒丁四國簽訂《巴黎和約》。

1853年11月30日

　俄、土錫諾普海戰，俄國海軍大獲全勝。

1854年 9 月－1855年 9 月

　塞瓦斯托波爾爭奪戰。

1857年 3 月

　英、伊訂立《巴黎和約》，英伊戰爭結束。

1877年 4 月－1878年 3 月

　俄國對土耳其的戰爭。

1878年 3 月 3 日

　俄強迫土簽訂《聖斯特芬諾和約》，保加利亞等獲得自治，塞爾維亞、羅馬尼亞和門的內哥羅獨立。

1878年6月

　德、英、奧、法、意、俄、土在柏林召開會議，重申《聖斯特芬諾和約》，締結《柏林條約》，俄與英、奧矛盾加深。

1878年－1879年

　第二次英、阿戰爭。

1879年5月26日

　阿富汗與英印代表簽署《甘達馬克條約》。

1902年

　奧斯曼帝國准許德國修建巴格達鐵路。

1905年－1911年

　伊朗發生羣衆起義，英、俄分別出兵佔據了伊朗南部和北部。

1907年8月

　瓜分伊朗和阿富汗的英俄協定締結。

1908年

　青年土耳其黨人革命。

1912年

　第一次巴爾幹戰爭。

1913年

　第二次巴爾幹戰爭。德國軍事使團到達伊斯坦布爾*。

1914年7月　　　　　　　　　　　*即伊斯坦堡

　"薩拉熱窩*事件"，點燃了第一次世界大戰的導火線。

1914年8月2日　　　　　　　　　*即塞拉耶佛

德國與土耳其簽訂德土同盟條約，同時土耳其宣佈"嚴守中立"。

1914年 8 月10日

兩艘德國軍艦駛入達達尼爾海峽，併入土耳其海軍。

1914年 8 月29日

英、法、俄向土耳其提出"三國宣言"，要求土耳其保持中立。

1914年 9 月23日

土耳其宣佈封鎖達達尼爾海峽。

1914年10月29日

德、土聯合艦隊突襲俄國黑海艦隊。

1914年11月 3 日

英國艦隊炮轟達達尼爾海峽。土耳其蘇丹宣佈對協約國進行"聖戰"。

1915年

土耳其軍隊強渡蘇彝士運河，進攻埃及英國，連遭失敗。

協約國發動達達尼爾海峽戰役，未能成功。

英國鼓動阿拉伯地區脫離奧斯曼帝國。

1916年

俄國對土耳其軍隊實行反攻，佔領了埃爾祖魯姆等城。

伊拉克戰線的部分英軍向土耳其軍隊投降。

協約國簽訂"薩克斯－皮柯協定"。

1917年

英軍佔領巴格達，開進巴勒斯坦，發表"貝爾福宣言"。

俄國發生十月革命。

1918年

土耳其人簽訂"瑪德洛斯協定",向協約國投降,協約國軍隊佔據土耳其的戰略要地。

1918年1月19日

蘇維埃政府廢除1907年瓜分伊朗的俄、英協定。

1918年8月

英軍佔領外約旦。

1918年11月13日

埃及札魯格爾等人向英國提出撤回對埃"保護權"的要求。

1919年5月

希臘軍隊在土耳其伊茲密爾登陸。

1919年7月

土耳其護權委員會選出了以凱末爾爲首的"代表委員會"。

1920年初

外約旦劃歸英國管轄。

1920年4月

協約國聖莫雷會議上決定將伊拉克置於英國委任統治之下。敍利亞和黎巴嫩置於法國委任統治之下。

土耳其召開大國民議會,成立以凱末爾爲首的新政府。

1920年6月5日

在蘇軍支持下,在伊朗北部成立了吉朗蘇維埃共和國。

1920年 8 月

　協約國與土耳其蘇丹簽訂色佛爾條約。

1921年

　伊本・沙特獲得素丹稱號。

1921年 2 月26日

　蘇伊友好條約在莫斯科簽訂。

1921年 3 月

　開羅會議確定英國對外約旦實行委任統治。

1921年 3 月16日

　蘇土簽訂友好條約。

1921年 8 月23日

　英國立費薩爾爲伊拉克國王。

1922年 2 月28日

　英國宣佈承認埃及獨立，但附有保留條件。

1922年11月20日

　協約國與土耳其簽訂洛桑條約。

1923年 4 月

　埃及頒佈憲法，宣佈爲君主立憲國家。

1923年 5 月25日

　英國宣佈外約旦“獨立”。

1925年

　蘇土簽訂中立和互不侵犯條約。

　禮薩・汗即位爲伊朗國王，開創了巴列維王朝。

1926年 5 月23日

　黎巴嫩宣佈成立共和國。

1926年

　伊本・沙特建立"漢志、內志與歸併地王國"。1932年
改名爲沙特阿拉伯王國。　　　　　＊即沙烏地阿拉伯

1930年

　英國與伊拉克簽訂同盟條約。

1930年11月

　法國同黎巴嫩簽訂友好同盟條約。

1932年10月

　伊拉克參加國際聯盟。

1936年7 月20日

　關於黑海海峽的蒙特勒公約簽字。

1939年5 月17日

　英國發表關於巴勒斯坦的白皮書。

1939年10月19日

　英法土簽訂三國互助條約。

1940年9 月19日

　意大利軍隊攻佔埃及西迪巴臘尼。

1940年9 月

　意軍從利比亞進攻埃及,英軍後撤。

1940年12月

　英軍將意軍逐出埃及。

1941年4 月

　伊拉克發生政變。

　德國非洲軍團兵臨埃及邊境。

1941年5 月底

英軍平息伊拉克叛亂。

1941年 6 月 8 日

英軍向駐敍黎法軍發動進攻，7 月14日英國與法國簽訂停戰協定。

1941年 6 月18日

土德簽訂友好與互不侵犯條約。

1941年 8 月25日

英蘇共同出兵伊朗。

1941年11月26日

黎巴嫩獲得獨立。

1941年12月

德國非洲軍團深入埃及阿拉曼。

1942年 1 月底

英蘇伊簽訂三國同盟條約。

1942年10月底

英國第八集團軍發動阿拉曼戰役。

1942年11月

德、意軍被逐出埃及。

1943年

敍利亞舉行選舉，庫阿特利當選爲總統。

1943年 9 月 9 日

伊朗對德國宣戰。

1943年11月22日

黎巴嫩獨立。

1943年11月23日至12月 1 日

英、美、蘇三國首腦在德黑蘭會晤。

1945年2月

黎巴嫩對德、日宣戰。

1945年2月14日

美國羅斯福總統會見伊本沙特。

1945年2月23日

土耳其向德、日宣戰。

1945年2月26日

埃及向德、日宣戰。

1945年2月27日

敘利亞對軸心國宣戰。

1945年3月19日

蘇聯宣佈提前廢除蘇土條約。

1945年3月22日

阿拉伯國家聯盟成立。

1946年3月22日

外約旦獨立。

1946年4月17日

敘利亞獨立。

1947年11月29日

聯合國通過巴勒斯坦分治決議。

1948年5月14日

以色列國成立。

1948年5月15日－1949年7月20日

巴勒斯坦戰爭。

1952年 7 月23日

　埃及“七月革命”。

1956年 1 月 1 日

　蘇丹獨立。

1956年 7 月26日

　埃及收回蘇彝士運河主權。

1956年10月29日－11月 6 日

　蘇彝士運河戰爭。

1958年 7 月14日

　伊拉克成爲共和國。

1960年 9 月14日

　石油輸出國組織成立。

1962年 9 月26日

　阿拉伯也門*共和國成立。　＊即阿拉伯葉門

1964年 1 月13日

　阿拉伯國家首居首腦會議開幕。

1964年 5 月

　巴勒斯坦解放組織成立。

1967年 6 月 5 日－13日

　“六·五”戰爭。

1967年 6 月－ 9 月

　阿拉伯產油國實行石油禁運。

1967年11月30日

　南也門獨立。

1971年 8 月14日

巴林獨立。

1971年9月11日

　　卡塔爾獨立。　＊即卡達

1971年12月2日

　　阿聯酋獨立。　＊即阿拉伯聯合大公國

1973年7月17日

　　阿富汗成爲共和國。

1973年10月6日－24日

　　十月戰爭。

1975年3月6日

　　伊朗與伊拉克簽訂阿爾及爾協議。

1975年4月13日－1990年10月

　　黎巴嫩内戰。

1977年12月5日

　　"堅定陣線"建立。

1978年3月15日－6月13日

　　以色列入侵黎巴嫩。

1978年9月17日

　　埃、以、美簽訂"戴維營協議"。

1979年1月16日

　　巴列維國王逃出伊朗。

1979年12月28日－1989年12月15日

　　蘇軍入侵阿富汗。

1980年1月14日

　　緊急特別聯大譴責蘇軍入侵阿富汗。

1980年9月22日－1988年8月20日

　兩伊戰爭。

1982年6月6日

　以色列大舉入侵黎巴嫩。

1988年11月15日

　巴勒斯坦國成立。

1990年8月2日

　伊拉克入侵科威特。

　聯合國安理會通過第660號決議。

1990年8月8日

　伊拉克吞併科威特。

1991年1月17日－2月23日

　多國部隊空襲伊拉克。

1991年2月24日－2月27日

　多國部隊擊敗伊拉克。

1991年4月3日

　聯合國安理會通過687號決議，伊拉克被迫接受。